# 일제의 흔적을 걷다

남산 위에 신사
제주 아래 벙커

# 일제의 흔적을 걷다

정명섭 · 신효승 · 조현경 · 김민재 · 박성준 지음

더난출판

# 우리 안의 낯선 땅을 찾아서

시작은 작은 호기심이었다. 우연찮게 부산에서 열린 학술 세미나에 참석했다 뒤풀이 자리에서 들은 얘기 때문이었다. 부산 남쪽 가덕도 끝자락에 일본군이 러일전쟁 때 만들어놓은 포대가 고스란히 남아 있다는 얘기였다. 흥미가 느껴져서 다음 날 오전 서울로 올라갈 계획을 취소하고 몇 명이 함께 그곳으로 가기로 했다.

산 중턱에 차를 세우고 30분 정도 걸어 올라간 곳, 햇빛조차 외면할 것 같은 외진 산속에는 부서지고 뒤틀린 역사가 남아 있었다. 그리고 그 옆에 난 길을 따라 내려가서 마주친 것은 110여 년 전 일본 해군이 가덕도 남쪽 외양포에 만들어놓은 포대였다. 교과서, 혹은 책에서만 봤던 러일전쟁의 흔적을 예기치 않게 찾게 된 것이다. 누군가에게는 이상한 콘크리트 덩어리에 쓸모없는 잔해일지 모르지만, 그 안에 서린 기억들의 무게감이 나에게는 전혀 다르게 다가왔다. 그것은 19세기와 20세기 우리가 겪었던 혼돈과 아픔의 흔적이었다.

그것이 시작이었다. 이런저런 인연으로 답사에 동행하고 세미나에 참석하면서 나는 그 시절의 일본이 남겨놓은 건축물이 우리 곁에 얼마든지 있음을 깨달았다. 70여 년 전에 광복이 되었으니 거의 사라졌을 것이라는 선입견이 무색하게 우리 주변 곳곳에는 그들의 건축물이 남아 있다. 단지 우리가 모르거나 외면하고 있을 뿐이다. 한 발 더 나아가 임진왜란 시기 일본군이 만들어놓은 왜성도 상당수 남아 있는 것을 확인했다.

용산에 주둔 중인 미군이 쓰는 일본군 보병 막사의 박공에는 일본 황군을 상징하는 노란별이 박혀 있던 흔적이 있다. 광화문 광장에서 600미터 떨어진 경희궁 모퉁이에는 일본이 전쟁에 대비하기 위해 파놓은 대규모의 방공호가 문을 굳게 닫은 채 남아 있다. '캠프마켓' Camp Market이라는 이름이 붙은 부평 일본군 조병창의 굴뚝은 여전히 푸른 하늘을 향해 뻗어 있고, 평택 비행장에 만들어진 일본군 격납고는 오늘날 국군의 창고로 사용되고 있다. 아름다운 동백꽃으로 유명한 거제의 지심도에는 일본군이 만들어놓은 해안포와 탄약고, 서치라이트 창고들이 그대로 남아 있다. 일본군 병사들이 매일 경건한 마음으로 일장기를 올리고 내리던 국기 게양대도 바다가 내려다보이는 언덕에 서 있다. 목포 앞바다의 고하도에는 유사시 상륙할 미군을 공격할 자살특공보트의 발진 기지들이 상처처럼 남아 있다.

전라북도 군산시 발산초등학교 뒤편에는 일본인 지주가 만들어 놓은 2층짜리 초대형 금고인 시마타니 금고가 남아 있다. 그 옆에는 그가 수집한 우리 문화재들이 전시되어 있으며, 그중 보물로 지정된 것도 두 개가 있다. 삼랑진역 건너편 산기슭에는 일본인 역무원들이 지내던 관사들이 고스란히 남아 있다. 구룡포처럼 아예 일본인들이 살던 시절의 마을을 재현해놓은 곳도 있다. 마산 시내에는 일본식 가옥의 지붕 위에 그대로 새로운 지붕을 올린 건물들도 있다. 거제 도의 안골포 언덕 위에는 넝쿨에 싸인 왜성의 흔적이 남아 있다.

누군가는 묻는다. 그런 흔적들을 찾아서 어디에 쓸 것이냐고. 사실 그 문제는 역사 전체에 해당하는 문제이기도 하다. 이미 지나간 시간은 현상 혹은 기록으로만 존재한다. 실제의 과거는 소멸되어 현재와 미래에 직접적인 영향을 미치지 못하는 것이 사실이다.

하지만 기억한다는 것이 쓸모없다손 치더라도 돌이켜본다는 것에 전혀 의미가 없지는 않다. 인간은 앞날이 불투명하면 무의식적으로 뒤를 돌아보기 때문이다. 또 일제 강점기와 임진왜란은 우리가 두 번 다시 겪지 말아야 할 불행한 과거다. 그 과거를 돌아보는 것은 더 나은 미래를 위한 예방책이라고 할 수 있다.

몇 차례의 답사와 자료조사를 통해 그 사실을 알게 되었을 때 반드시 책으로 정리해야겠다는 의무감을 느낀 것 역시 바로 그 때문이었다. 상처는 시간이 지나면 아물지만 역사는 그렇지 않다. 잊어버리면 또다시 반복된다. 그것이 '역사란 무엇인가'라는 케케묵은 물음에 대한 내 나름의 대답이다.

이번 작업에는 공저자들의 많은 도움과 조언이 있었다. 신효승, 조현경, 김민재, 그리고 박성준 소령이 아니었다면 답사를 할 엄두를 내지 못했을 것이다. 헌신적으로 도와준 동료들에게 감사의 말을 남긴다. 이 책에 실린 글에 문제가 있다면 전적으로 내 책임이라는 점을 밝혀둔다. 아울러 여기에서 말하거나 밝히는 사실들은 대부분 앞선 연구자들의 노력으로 얻은 결과물을 인용한 것이다. 남산과 해방촌 부분은 역사문제연구소가 해방 70주년으로 기획한 '해방의 마을로' 답사에 동행하면서 얻은 결과물이다. 1장에 등장하는 용산 미군기지는 역사와공간연구소의 답사에 어렵사리 따라가서 볼 수 있었다. 인천 지역을 그린 2장에는 한양대 비교역사문화연구소가 시민들을 대상으로 진행한 인천 지역 답사 '진센과 런촨 사이를 걷다'에 동행하면서 보고 배운 것들을 담았다.

그리고 답사한 곳들 중 더욱 의미가 있거나 쉽게 접근할 수 없는 장소들을 가려 이 책에 실었다. 꼭 넣고 싶었지만 들어가지 못한 이야기들은 다음 기회에 풀어낼 수 있기를 기대한다.

차 례

# 3장 남쪽 바다는 더없이 푸르러

# 4장 들판 곳곳에 남아 있는 기억들

# 5장 언제랑 돌아가실 거꽝

# 1장
# 이곳에 역사가 있었지

경희궁 방공호

용산 미군기지

서울은 삼국시대에는 삼국이 번갈아 차지하려고 했던 지역이다. 고려시대부터 남경으로 불리면서 개경 다음으로 중시되었고, 천도 후보지로도 주목받았다. 비록 얼마 후에 돌아오긴 했지만 공양왕은 실제로 천도를 하기도 했다. 서해와 바로 연결된 한강을 통해 전국 어디서나 쉽게 오갈 수 있고, 적당한 평야와 함께 주변이 산으로 둘러싸여 있기 때문이다. 조선이 건국되면서 드디어 도읍으로 자리매김했다. 주변에 성곽이 둘러지고 궁궐과 관청, 시장이 들어서면서 명실상부한 조선의 중심지가 되었다.

일제 강점기가 되면서 경기도의 한 지역으로 격하되었지만 성장은 멈추지 않았다. 일본은 이곳을 '대경성'이라 부르며 개발을 계속했다. 일본인이 가장 많이 거주한 지역이고, 총독부를 비롯한 행정관청이 세워지고 용산을 중심으로 군사기지들이 들어서면서 많은 흔적들을 남긴 곳이기도 하다. 물론 한국전쟁을 거치면서 그중 많은 곳이 파괴되었고, 총독부처럼 정치적 결정과 국민정서에 의해 철거되거나 재개발과 재건축을 통해 사라진 곳도 많다. 하지만 아직도 서울에는 일제의 흔적이 곳곳에 남아 있다.

용산은 한강을 등지고 서울을 올려다보는 곳이다. 따라서 서울과 주변 지역으로 단시간 내에 군대를 보낼 수 있고, 한강을 통해 보급도 받을 수 있다. 그래서 용산은 임진왜란 때 한양을 점령한 일본군, 동학농민전쟁 때 진주한 청나라군, 청일전쟁에서 승리한 일본군이 자리 잡은 곳이기도 하다. 한강 유역을 장악해야 한반도 전체를 장악할 수 있기 때문이다. 일본군은 이곳에 조선

남산과 해방촌

에 주둔하는 주둔군의 사령부 시설을 만들었다. 광복 이후에는 미군이 그 시설들을 접수해서 그대로 사용 중이다. 아이러니하게도 미군의 손에 들어가면서 일본군이 만든 막사와 사택들은 고스란히 남게 되었다. 용산의 일본군 시설들은 일제가 이 땅에 남겨놓은 가장 거대하고 잔혹한 기억이다. 따라서 답사의 시작점으로 용산만 한 곳은 없다.

용산에 일본이 무력으로 이 땅을 지배하려고 했던 흔적이 남아 있다면, 남산에서는 정신적으로 지배하려고 한 흔적을 찾아볼 수 있다. 일본은 식민지가 된 이 땅에 자신들이 섬기던 신을 모셔 왔다. 그리고 남산에 그 신을 모셔놓는 신사들을 지었다. 강화도조약으로 개항이 되고 한양에 온 일본인들이 남산 일대에 집중적으로 거주했기에, 일본의 신들도 자연스레 이곳에 터를 잡았다. 높다란 남산은 경성이 된 한양을 내려다볼 수 있고, 반대로 경성 어디서나 올려다볼 수 있어 신들의 위엄을 과시하기에 더없이 좋은 곳이었다. 수백 개의 계단을 자랑하는 가장 격이 높은 조선신궁을 비롯, 노기신사, 경성신사 등이 이곳에 자리 잡았다. 마치 시간이 냉동된 것처럼 생생한 흔적이 남아 있는 용산과 달리, 남산에서 일제의 흔적을 찾으려면 탐정이 되어 돋보기를 들이대야 할 정도였다.

남산에 기댄 해방촌은 식민지 시절에는 일본인들이 머물렀고, 광복 후에는 이북에서 내려온 실향민들이 깃든 이방인의 땅이다. 최근 이태원과 함께 각광받는 지역으로 부각되었지만, 이곳의 골목에는 일본식 주택의 흔적들이 고스란히 남아 있다. 태평양전쟁의 전황이 날로 불리해지자 일본은 공습에 대비하여 곳곳에 방공호를 짓기 시작했다. 대부분은 재개발과 재건축 과정에서 철거되었지만 경희궁 뒤편의 방공호는 아직도 손을 댈 엄두를 못 내고 있다. 너무 크고 거대하기 때문이다. 100미터가 넘는 길이를 자랑하는 그 방공호는 복원된 경희궁 아래에 숨어 있다. 물론 방공호 건설 당시에는 땅 위가 학교 운동장이었지만 경희궁이 일부 복원되면서 겹쳐진 것이다. 일본의 의도가 무엇이든 보는 사람들을 분노하게 만드는 건축물이다. 현존하는 궁궐 중 가장 많이 훼손된 것이 경희궁이기에 더욱 그러하다. 조선총독부가 사라진 지금 경희궁의 방공호는 일본의 흔적이 가장 많이 남은 곳이 아닌가 싶다.

대학로의 중앙시험소 건물은 매우 독특한 곳이다. 목조로 석조 건축물을 흉내 내서 만든 건축양식도 그렇고, 석조보다 보존하기 어려웠음에도 100년이라는 세월을 견뎌낸 것도 그렇다. 또 한동안 대한제국이 세운 공업전습소라고 잘못 알려져 있던 특이한 이력이 있기도 하다. 서구의 건축양식을 일본식으로 소화해낸 목조 건축양식을 '의양풍'이라고 부른다. 중앙시험소는 흔히 볼 수 없는 의양풍 건물의 하나이면서 오래된 목조 건물이기도 하다. 서울에 남아 있는 일본의 건축물 중에서 이렇게 독특한 이력을 가진 건물은 없을 것이다. 이 책에 담고 싶은 메시지 중 하나인 다양성에도 잘 부합되는 장소다.

# 일본과 미국,
# 우리 안의 낯선 땅

●
용산 미군기지

## 용들이 사는 땅

'용산'이라는 지명은 말 그대로 용처럼 생겼다고 해서 지어졌다. 그 이름처럼 용산은 구한말과 일제 강점기를 거쳐 지금까지 우리 역사를 향해 용처럼 불을 뿜었다. 용산은 한성의 배후지로서 한강을 거쳐 한성으로 들어오는 관문에 해당하는 곳이었다. 자연스레 이곳에는 곡식을 보관하는 창고들이 들어섰다. 평화롭던 이곳이 갑작스러운 변화를 맞이하게 된 것은 구한말의 개항 때문이었다. 외부인들이 보기에도 용산은 한성의 문을 활짝 열어젖힐 수 있는 최적의 장소였다. 무엇보다 넓은 평야였기 때문에 한성으로의 이동이 편하다는 점이 중요했다.

1884년 조선 정부는 일본을 비롯한 외국 정부의 요구대로 용산을 개항장으로 지정했다. 5년 뒤 1889년에는 용산역이 세워지고 1900년에는 경인선이 완공되었다. 또 같은 해에 한성까지 연결된 전차가 놓였다. 근대화라고 부를 만한 변화지만 그 이면에는 조선을 집어삼키고자 하는 열강, 특히 일본의 야심이 자리하고 있었다. 용산의 결정적인 변화 역시 일본에 의해 일어났다.

1904년 러시아와 전쟁을 벌이게 된 일본은 조선과 '한일의정서'를 체결했다. 그중에는 일본이 필요하다고 판단한 지역을 마음대로 사용할 수 있다는 조건이 붙어 있었다. 러일전쟁이 시작되자 일본은 진해를 시작으로 전국의 섬과 포구, 토지를 점거했다. 용산도 그중 하나였다. 그들은 러일전쟁이 승리로 끝난 후에도 그곳에서 물러나지 않았다. 일본이 이렇게 점거한 땅은 전국적으로 975만 평에 달했다. 이로써 수많은 주민이 졸지에 생활 터전을 잃고 말았다. 그러나 일본은 헐값을 지불하고 이 땅을 계속 점유할 뜻을 비쳤다. 하루아침에 날벼락을 맞은 주민들은 조정에 몰려가 해결을 요구했지만 무력한 정부는 해줄 수 있는 것이 없었다. 그중에는 용산 지역의 땅 300만 평도 있었다. 용산에는 1,000여 채의 가옥이 있었고, 농토는 물론 조상을 모신 무덤들도 있었다. 하지만 일본은 일방적으로 토지를 점거하고 무덤을 파헤치며 군사기지 건설을 강행했다.

주민들의 계속된 반발과 외국의 눈길을 의식한 일본은 점거한 땅의 일부를 반환하면서 생색을 냈지만, 용산 지역은 여전히 100만 평 넘게 차지하고 돌려주지 않았다. 한성 남쪽의 개활지였던 데다 경인선과 경부선이 지나는 곳이기에 한반도는 물론 대륙에 진출할 때도 요충지가 될 것이라고 판단한 것이다. 일본은 이곳에 철도역뿐 아니라 대규모 군대가 주둔할 수 있는 병영과 보급창을 설치했다. 그리고 한반도에 주둔하는 두 사단 중 하나인 제20사단과 조선주둔군 사령부를 설치했다. 조선을 무력으로 지배하기 위한 군사적 기반을 마련한 것이다. 용산은 이후 일본이 대륙을 침략할 때 중간 거점으로서의 역할을 충실히 수행했다.

1945년 광복 후에는 미군이 일본이 물러난 그 땅을 고스란히 차지했다. 일제가 사라졌지만 한반도, 특히 서울을 통제할 수 있다는 장점은 사라지지 않은 것이다. 1948년, 미군이 철수하면서 잠시 우리 곁에 돌아왔지만 한국전쟁이 발발하면서 다시 미군에게 점유되어 현재에 이르고 있다.

일부가 반환되기는 했지만 여전히 미군은 일본군이 사용하던 용산 기지를 거의 대부분 사용 중이다. 이후 미군 주둔지 주변으로 도로가 깔리고 전철역이 들어서면서 번화가가 조성되었지만, 여전히 용산의 그 땅은 우리가 들어가 볼 수 없는 곳으로 남아 있다.

역설적으로 그렇게 우리 손을 떠나면서 일본이 만들어놓은 각종 시설은 사라지지 않고 그대로 남게 되었다. 2013년 5월 17일 《한겨레신문》에 실린 '용산 기지 유적의 재발견'이라는 기사에 따르면, 현재 용산 기지 내에는 132동의 일본군 관련 건축물이 남아 있는 것으로 추정된다. 여러 가지 이유로 조사하지 못한 곳이 많기 때문에 수효가 늘어날 가능성도 크다.

─────── 좌우는 문인석이고, 가운데는 쌍상투를 튼 동자석이다. 용산 지역의 어느 무덤을 지키고 있다 일본군에게 파괴되면서 이곳에 흘러든 것으로 보인다.

그래서인지 복잡한 출입 절차를 거쳐 미군 부대가 된 용산 안으로 들어갔을 때 대한민국 국토라는 느낌은 거의 받지 못했다. 어리둥절해 있던 내 눈에 들어온 것은 작은 석상들이었다. 용산에 있던 무덤을 지켜온 문인석과 동자석이었다. 오랫동안 타인의 땅으로 존재해온 이곳이 여전히 우리들의 고향이라는 점을 알려주고 싶었던 것일까? 죽은 자를 지키던 석상들은 이제 우리의 땅을 지키고 있었다.

## 용산의 일본군

용산을 차지한 일본은 이곳에 총독관저를 비롯한 각종 시설을 집중적으로 건설했다. 경리과와 임시건축과를 설치하고 모든 과정을 체계적으로 진행했다. 기지 건설은 크게 두 단계로 나뉘었다. 1단계 공사는 1913년에 종료되었고, 이후 두 개 사단이 한반도에 주둔했다. 그리고 그중 한 개 사단이 용산에 머물기로 결정된 1915년부터 2단계 공사가 진행되었다. 그러면서 그들은 마치 바이러스를 퍼뜨리듯 용산 곳곳에 자신들의 흔적을 남겼다.

출입 절차를 마치고 용산 미군기지로 들어가서 맨 처음 만난 것은 주한미군이 사용 중인 야전병원이었다. 붉은 벽돌로 지어진 이 병원은 본래 조선을 통치하는 총독의 관저가 있던 자리였다. 러일전쟁을 치르고 남은 전비로 올린 2층 저택은 너무나 화려하고 거창해서 세간의 비난을 받았다. 결국 당초 군사령관 관저로 만들어진 이 저택은 이후 조선 총독의 관저로 용도가 바뀌었다. 하지만 용산은 경성 시내와 많이 떨어져 있고, 전기세를 비롯한 관리비가 많이 들어 실제로 사용되지는 않았다. 일본이나 외국에서 귀빈이 왔을 때 연회장으로 사용되는 정도가 전부였다. 결국 비용을 낭비했다는 비난을 받으며 세간의 기억 속에서 잊히다가 한국전쟁 때 파괴되면서 건물 또한 사라졌다.

그 후 일본군 사령관 관저는 지금은 병원이 된 총독관저의 뒤쪽 언덕 너머에 따로 세워졌다. 이곳 역시 어느 시점엔가 흔적도 없이 사라졌는데, 위치는 현재 미군들이 사용하고 있는 드래곤 힐 호텔

――――― 총독관저와 군사령관 관저를 연결했던 것으로 추정되는 방공호 터널의 출입구. 미군이 철문에 몇 차례 도색을 하고 주변을 콘크리트로 보강했다.

부근인 것으로 추정된다.

1910년, 조선을 강제로 병합한 일본은 당연하다는 듯 조선에 주둔하는 군대의 수를 증강했다. 그러면서 이곳은 조선주둔군 사령부로 바뀌었다. 주둔군 사령관은 조선총독과 더불어 조선을 통치하는데 쌍두마차 역할을 맡았다. 조선주둔군 사령관은 일본군 내부에서도 상당한 요직으로, 두 개 사단을 지휘할 수 있는 것은 물론 상당수의 헌병들에게 명령을 내릴 수도 있는 자리였다.

1930년대 들어 일본은 만주와 중국에 대해 노골적인 야욕을 드러내며 전쟁을 일으켰다. 조선은 대륙으로 향하는 통로 역할을 했으며, 조선주둔군 사령관은 본국 내각의 명령을 어기고 국경을 넘어서 중국을 침략하는 일을 반복했다. 그 모든 일이 이뤄지고 결정되었던 사령부 관저 역시 사라졌지만, 관저가 있던 근처에서 우리는 흥미로운 흔적을 찾아볼 수 있다. 그곳에는 총독관저와 사령부 관저를 연결하는 방공호 터널로 추정되는 시설이 고스란히 남아 있다.

태평양전쟁이 시작되자 일본은 공습에 대비하여 방공호 건설에 매달렸다. 백화점에 방공호 모형을 전시하면서 분위기를 돋우기도 했고, 군사기지인 용산에도 방공호를 건설했다. 사진에 나온 방공호 역시 그중 하나였을 것이지만, 정확한 기록이 남아 있지 않아 누가 언제 만들었는지는 알 수 없다. 다만 철문 자체는 일본이 만들었던 것을 미군이 그대로 사용하고 있는 것으로 추정된다. 안쪽은 미군이 다른 용도로 이용 중이어서 들어가 볼 수 없었다.

따사로운 햇살을 맞으면서 언덕을 오르며 주위를 둘러보니 이곳이 대한민국의 용산인지 미국의 어느 도시인지 알 수 없다는 생각이 들었다. 상상하지도 못한 풍경에 잠시 발걸음을 멈췄다. 널따란 잔디밭과 여기저기 들어선 고풍스러운 주택들이 보였기 때문이다. 푸른 잔디밭에는 군복을 입은 미군과 군무원, 가족들이 돌아다니고 있었다. 사방에서 영어가 들려오고 차량들도 영어로 된 번호판을 달고 있었다. 나중에 알았지만 이곳의 전화번호와 우편번호는 미국 캘리포니아와 똑같다. 미국에서 이곳에 전화를 할 때는 국제전화를 이용할 필요가 없다. 이곳에서 복무하는 미군과 가족들에게 먼 타국이라는 느낌을 주지 않도록 하기 위해서 취한 조치지만, 우리에게는 낯선 일임에 분명하다. 또 이곳에는 미국 대학의 분교도 자리 잡고 있다. 한국 속의 미국이라고 불러도 무방할 정도다. 수도 한복판에 이런 공간이 있다는 것은 우리의 근대사가 그만큼 험난했다는 방증일 것이다.

용산 일대가 일본군의 손에 넘어간 후에도 이 지역에는 민간인들의 마을이 남아 있었다. 쓸모없는 구릉지라고 생각해서 놔둔 것이다. 하지만 둔지리라고 불리는 이 마을은 1915년부터 시작된 2단계 기지 공사로 인해 사라졌다. 용산에 사단 병력을 영구 주둔시키기로 결정하면서 장교들이 머물 관사를 세워야 했던 것이다. 둔지리 주민들은 지금의 보광동 지역으로 강제 이주를 당했다고 전해진다.

이 관사들이 1915년에 세워졌다면 한 세기 동안 이 자리를 지켜 온 것이다. 외부는 벽돌로 만들었지만, 지붕에는 기와를 깔고 실내에는 다다미를 까는 등 일본인의 생활 습관에 맞도록 설계되었다. 흥미로운 점은 높은 계급의 사관이 이용하는 관사는 내부 구조를 서양식으로 꾸미고 추위를 견딜 수 있도록 온돌을 깔았지만, 낮은 계급의 사관이 이용하는 관사는 전통적인 일본식으로 내부를 꾸몄다는 것이다. 그래서인지 주택들은 크기가 모두 제각각이었다. 오르막길을 따라 잔디밭 위에 펼쳐진 관사들을 지나면서 나는 1세기 전쯤으로 돌아간 느낌을 받았다. 그러다 처마에 설치된 국내 가전제품 회사의 에어컨 실외기를 보면서 퍼뜩 현실로 돌아왔다.

내가 다음으로 향한 시설은 먼발치에서만 바라볼 수 있는 곳이었다. 기지 밖에 세워진 두 채의 높은 빌딩 사이에 웅크리듯 자리 잡고 있는 건물은 한눈에도 튼튼해 보였다. 일본군이 만들어놓은 벙커들 중 하나였는데, 통신지휘 시설인 것으로 보였다.

——— 잔디밭 위의 주택. 일본군 장교들이 머물렀던 관사였고, 지금은 미군 장교들이 사용하고 있다. 현관 앞의 나무 전신주도 그만큼 오래되어 보인다.

——— 빌딩 아래 자리 잡은 것처럼 보이는 일본군 통신 벙커

——— 현재 미군 병원으로 사용 중인 일본군 위수감옥. 높다란 담장이 이곳이 감옥이 있음을 알려준다.

1948년 미군 철수 이후 국군이 이 시설을 접수해서 사용했는데, 그때도 통신 관련 시설로 사용했다고 전해진다. 한국전쟁이 발발했을 때 국군은 이곳에서 전방의 절망적인 소식을 들어야 했다. 파죽지세로 서울을 함락한 북한군 역시 용산의 일본군 기지에 주둔했었다고 전해진다. 콘크리트로 만든 통신 벙커는 현재도 사용 중이기 때문에 가까이 가볼 수는 없었다.

다음으로 방문한 장소는 두꺼운 화강암으로 기단을 올리고 붉은 벽돌을 5미터 높이로 쌓은 위수감옥이었다. 1909년에 지어진 이 건물은 일본군 죄수들을 수용하기 위해 만들어졌다. 죄수들을 수용하는 감방과 간수들의 사무실 등이 만들어졌는데, 현재 미군은 병원으로 이용 중이다.

위수감옥을 지을 때 사용된 벽돌은 지금의 국립중앙박물관 부근에 있던 연와제작소에서 만든 것이다. 야트막한 아치형 문의 네 귀퉁이에는 두툼한 문을 지탱했을 법한 쇠 경첩이 붙어 있었다. 경첩이 붙은 곳만 화강암으로 따로 보강한 것이 눈에 띄었다. 내부의 건물들은 대부분 없어졌고, 그 자리에는 미군의 건물들이 세워졌다.

기록에 의하면 이곳에는 간수들이 사용하던 청사와 감방, 그리고 병든 죄수들을 치료하는 병원 건물이 있었다. 특히 병원은 2층 목조 건물로 서양 건축양식을 흉내 내서 만드는 등 굉장히 신경을 써서 지은 건물이었다.

현재 위수감옥 안에는 병원 건물 한 채와 부속건물 한 채가 남아 있다고 한다. 이곳은 한때 헌병보조원이었다가 의병에 투신해서 맹활약한 뒤 체포된 의병장 강기동이 1911년 4월 17일 처형된 장소로 추정되기도 한다. 또 남한단독선거를 반대했던 백범 김구를 암살한 육군 소위 안두희가 1949년 8월부터 한국전쟁 직전까지 수감되었던 곳이기도 하다. 안두희는 한국전쟁이 터지자 육군에 복귀하면서 이곳에서 나오게 되었다. 한국전쟁은 대다수의 한국인들에게 기억하고 싶지 않을 비극이겠지만, 안두희에게는 감옥에서 풀려날 빌미를 제공해준 고마운 전쟁이었을지도 모른다.

안으로 들어가 보지 못하고 담장을 따라 돌던 내 눈에 재미있는 모습이 보였다. 출입문에서 왼쪽으로 몇 십 미터 떨어진 곳에 또 다른 출입구가 있었던 것이다. 감옥이었을 때는 출입문이 많으면 곤란했지만, 병원으로 사용할 때는 출입문이 적은 것이 문제가 될 터였다. 그래서인지 담장 한쪽을 허물어 출입문을 만들었는데, 그 흔적들에 눈길이 갔다. 양쪽에 비스듬하게 남은 처마 자국을 보니 그냥 벽이 아니라 위병소나 면회소가 있던 곳 같았다. 그 옆에 남아 있는 창문을 보자 이곳에 뭔가 있었던 것을 알 수 있었다. 이 역시 미군이 시멘트 블록으로 막아버린 것 같았다. 이쪽 벽에는 총탄 자국이 가득했는데, 이는 한국전쟁 당시 생긴 것이라고 한다.

여기까지 둘러보는 데도 적잖은 시간이 걸렸지만, 사실은 전체 면적의 10분의 1도 돌지 못한 것이었다. 한국전쟁으로 인해 적잖이 파괴되었고, 미군이 부순 것도 꽤 되었을 텐데 이렇게 많은 흔적이 남아 있는 것을 보고 지나온 역사의 무게감을 새삼 느꼈다. 무거운 마음을 안고 다음으로 향한 곳은 하텔 하우스였다.

## 레스토랑이 된
## 사단장 관사

이 건물 역시 용산 못지않게 기구한 역사를 안고 있는 곳이다. 원래는 이곳에 주둔하던 일본군 제20사단 사단장의 관사였다가 지금은 주한미군이 이용하는 고급 레스토랑으로 변했다. 두 번째 방문했을 때 이곳에서 식사를 할 기회가 있었는데, 벽지 정도를 제외하고는 내부 구조가 거의 변하지 않아서 식사를 하는 것도 잊고 계속 바라봤다. 일제 강점기, 사단장을 비롯한 고위급 장성이 사용하는 관사에는 하급 장교의 관사들과 달리 서양식 응접실과 벽난로가 설치되어 있었다.

이 건물의 현재 이름은 하텔 하우스인데, 식당 출입문 옆의 동판에 그 이름의 유래가 적혀 있다. 미군은 1951년 8월 27일 고방산리에서 전사한 미국 제2보병사단 제15야포대대 A중대 리 하텔Lee R. Hartell 중위를 기리기 위해 이곳에 그의 이름을 붙였다. 그 후에도 이곳은 용도가 바뀌면서 인테리어가 추가되고 새로 도색되긴 했지만, 원형은 거의 훼손되지 않고 유지되고 있다.

───── 측면에서 본 하텔 하우스 입구

하텔 하우스 앞에는 작은 원형 정원이 있었다. 근대 건축물 중 관공서나 높은 신분의 소유자가 사는 집 앞에는 이런 식의 원형 정원이 예외 없이 만들어져 있었다. 건물을 일부 가리면서 위엄을 돋보이게 하고, 또 차량을 현관 앞에 댈 수 있도록 유도하는 원형 로터리 역할도 하는 구조물이다.

전면부에서 가장 눈에 띄었던 것은 역시 현관을 덮고 있는 지붕인 포치Porch였다. 관공서 같은 경우에는 차를 댈 수 있을 정도로 크게 짓기도 하는데, 이곳 역시 공적인 건물이라 포치가 있을 만도 했다. 하지만 이 건물의 포치는 차량이 두 대는 들어갈 수 있을 만큼 길어

——— 이름이 바뀐 사단장 관사와 함께 살아남은 초소

서 건물보다 더 눈에 띄었다. 현재는 아래쪽에 주차장이 마련되어 있어서 이곳에 차를 대는 경우는 없다고 한다.

하텔 하우스를 둘러보고 주차장으로 내려오다가 재미있는 것을 발견했다. 한 사람이 겨우 들어갈 만한 작은 공간에 문도 없고, 창문도 없었다. 하지만 벽에 붙은 장식은 범상치 않았다. 한참을 바라보고 있는데 동행한 신효승 씨가 사단장 관사를 지키던 초병의 초소였다고 알려줬다. 사단장 관사가 일본제국이 무너지고 하텔 하우스라는 새로운 이름으로 살아남은 것처럼 초소 역시 주차장 한쪽에 끈질기게 살아남았던 것이다.

하텔 하우스를 끝으로 사우스 포스트에서 메인포스트로 넘어갔다. 두 곳은 고가도로로 연결되어 있었는데, 사우스 포스트에는 드래곤 힐 호텔을 비롯한 생활편의 시설들이 집중되어 있었다면 메인포스트에는 각종 지휘부가 있었다. 메인포스트는 일본군 기지였던 시절 2단계 공사의 핵심인 보병영이 세워진 곳이기도 했다. 그들은 1단계 공사 때와 마찬가지로 임시건축과를 세우고 공사에 박차를 가했다. 앞서 본 하텔 하우스구 제20사단장 관사와 장교 관사들이 둔지리 언덕에 세워졌고, 위수감옥에 병원 건물이 증축되었다. 기병과 포병, 공병들을 위한 공간이 마련되었고, 연병장과 사격훈련장이 추가되었으며 독신 장교들이 머물 관사도 별도로 세워졌다. 1922년 2단계 공사가 마무리되면서 우리가 아는 용산의 일본군 기지가 완성되었다. 그중 가장 심혈을 기울여 지은 건물인 병사들이 머무는 보병영은 오늘날까지 잘 보존되어 있다.

용산에 주둔한 일본군 제20사단의 핵심은 보병 제78연대와 제79 연대였다. 일본군 보병연대는 예하에 3개 대대가 있었고, 각 대대는 4개 중대로 구성되었다. 나란히 자리 잡은 두 개 연대는 각각 6개동 의 보병영과 연병장, 그리고 부속건물들로 이뤄졌다. 한 개의 보병 영에는 두 개 중대가 수용되었다. 보병영은 두 개 연대 모두 붉은 벽 돌로 만든 2층짜리 건물이다. 나중에 지어진 제79연대 보병영의 난 방설비가 보강되면서 굴뚝이 많아진 것을 제외하고는 거의 동일한 형태를 유지하고 있다. 출입문은 모두 세 군데로 중앙과 양쪽 끝에 위치해 있다.

보병영을 처음 보고 느낀 점은 웅장하다는 것이었다. 벽돌이 주는 특유의 무게감, 그리고 병사들의 막사치고는 휘황찬란한 현관과 지 붕 장식 때문이었다. 출입문은 아치형으로 만들어져 있었는데, 가운 데에 화강암으로 된 쐐기돌 키스톤key stone이 박혀 있어서 포인트가 되고 있었다. 종석이라고도 불리는 키스톤은 아치형 구조물의 꼭대 기에 넣는 돌이다. 이것이 파괴되면 아치형 구조물 자체가 무너지기 때문에 굉장히 중요하고 의미 있게 취급된다. 보병영의 경우 벽돌로 아치형 문을 만들면서 시멘트를 발랐기 때문에 키스톤이 없다고 문 이 허물어지지는 않는 구조였다. 하지만 기능이 사라져도 의미가 남 는 경우는 굉장히 많아 키스톤은 장식물로도 자주 사용된다.

아치형의 창문은 위쪽은 벽돌로, 아래쪽은 화강암으로 보강되어 있었다. 층을 구분하는 돌림띠는 벽돌로 되어 있어 별다르게 눈에 띄지 않았다. 하지만 벽과 지붕이 만나는 처마에 벽돌을 바깥쪽으로

————— 보병영의 현관문과 지붕. 노란별이 박혀 있던 자리가 선명하게 남아 있다.(위)

————— 제79연대 보병영. 제78연대 보병영과 몇 가지 차이점이 있다.(아래)

내밀어서 장식품처럼 쌓은 코벨링 디테일은 그저 보병영이라고 보기 힘들 만큼 섬세했다. 특히 내 눈길을 사로잡았던 것은 황군을 상징하던 별이 붙어 있던 중앙 현관의 2층 페디먼트Pediment였다. 근대 건축물의 창문이나 지붕 위의 삼각형 구조물을 뜻하는 페디먼트에는 건물을 상징하는 그림이나 조각이 붙는 경우가 많았다. 건물의 목적과 의미를 상징적으로 드러낼 수 있는 가장 좋은 공간이기 때문이다. 이 건물의 페디먼트는 그리스 신전을 연상케 하는 사각형 벽기둥인 화강암 필라스터Pilaster에 떠받들어져 있어서 그런지 더 눈에 띄었다. 저곳에 박혀 있었을 노란별은 미군이 빼냈지만, 든 자리보다 난 자리가 더 눈에 띈다는 말처럼 내 눈에는 그 빈자리가 오히려 더 선명하게 보였다.

제78연대 보병영은 현재도 형태가 잘 남아 있어 미군들이 사무실로 사용 중이다. 가운데 출입문을 없앤 것을 보면 내부도 어느 정도 개보수되었을 것으로 추정된다. 반면 제79연대 보병영은 해당 토지가 반환되면서 전쟁기념관이 들어서는 바람에 사라지고 한 개 동만 남았다. 미군이 사용하던 때는 잘 남아 있다가 반환된 이후 사라졌다는 얘기를 들으면서 잠깐 의아했다. 어두운 기억을 잊어버리려고 하는 건 아닐까 싶어서였다. 건물이 없다고 기억이 사라지는 것은 아닐 텐데.

다행히 한 개 동밖에 남지 않았다는 제79연대 보병영도 먼발치에서는 바라볼 수 있었다. 한반도의 추위를 견디기 위해서인지 벽을 따라 굴뚝을 많이 올린 것이 제78연대 보병영과의 가장 큰 차이였다. 또 창문이 아치형에서 직사각형으로 바뀌었고, 2층 창문 위쪽에 키스톤을 박아 넣고 층과 층 사이에 돌림띠를 만들지 않았다는 차이점도 있었다. 그리고 측면에 난 출입문의 양쪽에는 마치 문을 지키는 것 같은 기둥을 올렸다는 점도 눈에 띄었다.

버트레스Buttress라 부르는 이 버팀벽은 중세 서양의 성당이나 궁궐에서 흔히 볼 수 있는 것으로, 석축으로 된 건물을 보강하는 역할을 한다. 전면과 후면의 굴뚝들이 난방뿐 아니라 버팀벽의 역할도 했다면 측면의 이 구조물은 그저 돌출된 모양으로만 보였다. 미군이 페인트로 칠해서 확신할 수는 없지만, 벽돌로 쌓아올린 뒤 끝부분을 콘크리트나 화강석으로 마무리하지 않았나 싶었다. 측면 박공의 꼭대기 부분에 다락창이라고도 불리는 도머 윈도Dormer window가 설치된 것도 눈에 띄었다. 이는 채광을 위해 만든 창문인데, 일본인들은 유독 채광에 신경을 많이 쓰는지 2층 가옥이나 관공서 건물, 창고에는 항상 여닫을 수 있는 다락창이나 루버Louver, 미늘판을 가로로 붙인 채광과 환기용 창문를 설치한다. 대부분 단층이고 대청이 있는 한옥에 햇빛을 막기 위해 설치된 겹처마와는 확연히 다르다.

이 건물에서는 측면의 처마를 따라 벽면이 사각형으로 돌출되어 있었다. 벽돌을 반 칸씩 뺀 것으로 보였는데, 굴뚝이 있는 전후면과 달리 상대적으로 밋밋한 측면을 보강하기 위한 장식적인 요소가 아닌가 싶었다.

## 일본과 미국,
## 그리고 우리

유일하게 남은 제79연대 보병영 옆에는 미군이 세운 건물이 있었다. 그리고 두 건물 너머로 전쟁기념관의 원형 돔이 보였다. 우리 땅이지만 오랫동안 우리 땅이 아니었던 지금 용산이 가지고 있는 여러 가지 복잡한 의미들을 상징적으로 보여주는 구도였다. 격동의 근대사가 고스란히 남아 있는 이곳에 서보니 역사가 단지 과거의 유물이라는 생각이 얼마나 잘못된 것인지 알 수 있었다.

나는 떨어지지 않는 발걸음으로 다음 목적지로 향했다. 어디선가 물 흐르는 소리가 들렸다. 고개를 들어보니 어느 틈엔가 하천과 동행하고 있다는 걸 깨달았다. 남산에서 시작해 한강으로 흘러 들어가는 만초천이었다. 본래 구불구불했던 물길은 제78연대가 들어서면서 해자 역할을 위해 직선으로 변형되었다. 연대 정문으로 들어가기 위해서는 아치형 돌다리를 건너야 했다. 돌다리 건너편 연대 정문에는 화강암으로 만든 문기둥과 초소 등이 설치되어 있었지만, 지금은 문기둥만 남은 상태다.

만초천의 제방 역시 전형적인 일본식 축조법으로 쌓았던 것이 확인되었다. 하천을 따라 걷다가 도착한 곳은 일본군 장교 관사였다. 독신의 초급 장교들이 사용하던 곳인데, 원래 두 개 동이 만들어졌지만 한국전쟁 때 파괴되면서 하나만 남았다. 1908년 세워진 장교 관사는 보병영처럼 2층 건물이지만 세세한 측면에서 다른 점이 보였다.

——— 만초천과 아치형 다리 건너편에 있는 제78연대 문기둥

우선 1층은 화강암 같은 돌로 만들어졌고, 2층은 벽돌로 올려져 있었다. 또한 일자형인 보병영과 달리 건물 양끝이 뒤쪽으로 돌출된 형태였다. 1층과 2층 사이에 돌림띠가 있었고, 전면의 아치형 창문들이 큰 반면 측면과 후면의 창문들은 작았다는 점도 달랐다. 아마 채광을 고려한 듯한데, 코벨링 디테일도 좀 더 섬세한 편이었다.

가장 큰 차이점은 현관이었다. 보병영의 현관이 단순한 출입문 형태였다면 이곳은 긴 포치와 함께 돌출된 베란다 형태를 갖추고 있었다. 또 지금은 막아두었지만, 예전 사진을 보면 2층으로 포치 위에

——————— 현재 주한미합동군사 업무단이 사용 중인 일본군 장교 관사의 전경. 주변의 철책이 없어지고 앞에 원형 정원이 생긴 것을 빼면 예전 모습 그대로다.

난간이 있고 베란다에서 밖으로 나올 수 있는 문이 있는 것을 확인할 수 있다. 지금은 미군이 한 가지 색으로 도색했지만 예전 사진을 보면 1층은 흰색이나 회색이었고, 2층은 붉은색이었다. 아마 1층과 2층의 재료가 다르다는 점을 강조하기 위해서 구분한 것 같다. 벽의 색깔이 바뀐 것과 주변의 철제 담장이 사라지고 하텔 하우스처럼 앞에 원형 정원이 조성되어 있다는 점을 빼면 예전 모습을 그대로 유지하고 있는 것이다.

현재 이 건물은 주한미합동군사 업무단JUSMAG-K이 사용하고 있다.

이 건물 자체가 주한미군 주둔의 역사를 상징하기도 하는 것이다. 1948년 정부수립 이후 한반도에서 미군 전투부대가 철수한 뒤에는 소수의 주한미군 군사고문단KMAG만이 남았다. 그들이 사용한 건물이 바로 이곳이었다.

이 건물은 우리 역사에 중대한 발자취를 남긴 곳이기도 하다. 광복 후 한반도의 운명을 결정짓기 위한 미소공동위원회가 개최될 당시, 회담에 참석하기 위해 온 소련군의 숙소로 사용되었던 것이다. 일본이 무단 점거한 땅에 세운 건물에 외국에서 온 사람들이 머물며 한반도의 운명을 결정지었다는 아이러니는 이곳을 향한 내 시선을 떠나지 못하게 했다.

용산은 미군기지로 사용되면서 시간이 냉동되어버린 듯했다. 그들이 무심하게 사용한 건물들은 우리 역사에 결정적인 영향을 미쳤고, 우리로 하여금 그 역사를 지금까지 기억하게 만들었다. 청나라가 탐을 냈고 일본이 차지했던 용산에는 이제 미군이 자리 잡고 있다. 달러로 결제해야 하고, 우편번호와 전화번호 모두 캘리포니아의 것을 사용하고 있는 이곳은 우리 근대사의 혼란을 말없이 보여주고 있다.

이런저런 생각을 하면서 마지막 답사 장소인 병기지창을 보기 위해 걸음을 옮겼다. 한반도를 영구히 차지할 욕심을 가지고 있던 일본은 무기와 물자 보급에도 만전을 기했다. 당초 인천에 있던 병기지창은 곧 용산으로 옮겨졌다. 1908년 완공된 병기지창은 79평의 본 건물과 23평의 부속건물로 구성되어 있었다. 본 건물은 무기와 물자를 보관했던 창고 건물이었고, 부속건물은 관리하는 군인이나 군무원들이 머물던 곳으로 보였다. 현재는 부속건물은 사라져 있고 본 건물만 남아 있다. 비교적 초기에 만들어져서 그런지 다른 건물들과는 달리 장식적인 측면은 거의 보이지 않았다. 이 붉은색의 2층 벽돌 건물에는 아치형 창문이 달려 있는데, 특이하게도 창틀 위쪽은 별다른 장식이 없는 반면 아래쪽에는 화강암이 덧대어져 있었다.

현관에는 포치가 없었고, 현관문에도 별다른 장식이 없었다. 이 건물에서 가장 눈에 띄는 것은 외벽에 벽돌을 기둥처럼 쌓았다는 점이었다. 제79연대 보병영의 측면 출입구 좌우에 올린 버트레스와

─────── 병기지창 건물. 벽돌을 버트레스 삼아 창문 사이로 쌓은 것이 눈에 띈다. 병기지창 건물만의 고유한 특징이다.

같은 역할을 하고 있는 셈이었다. 보병영의 버트레스가 장식적인 의미가 강했다면, 병기지창의 버트레스는 지붕을 지탱하는 실질적인 역할을 하는 것으로 보였다. 버트레스의 기둥이 지붕과 닿은 처마 부분은 화강암으로 마무리되어 있었다. 어떤 물자가 보관되었는지는 알 수 없지만 창문이 여러 개 있는 것으로 봐서는 폭발성이 있는 화약을 제외한 총기류와 각종 군용 물품을 보관했던 장소로 추정되었다. 그로 인해 다른 건물에서 볼 수 없는 독특함이 엿보였다. 현재 이곳은 미군이 사무실로 사용 중이다.

이곳까지 둘러보자 해가 지기 시작했다. 해가 지면 더 이상 머무를 수 없기에 답사를 종료해야 했다. 남들이 보기 힘든 곳들을 종일 둘러보는 행운 아닌 행운을 누렸다는 생각에 나는 피곤함도 잠시 잊어버렸다. 잠시 보류되기는 했지만, 미군은 현재 평택에 새로운 기지를 건설 중이기 때문에 언젠가는 용산에서 벗어날 것이다. 한국에 반환될 이 땅을 어떻게 보존해야 할지 논의해야 할 때가 되었다고 할 수 있다. 현재 유네스코에 세계문화유산으로 등재하기 위한 준비를 해야 한다는 학계의 의견이 제시되고 있다. 우리 근대사에 막대한 영향을 미친 이곳을 잘 보존해야 한다는 얘기다. 하지만 앞서 반환된 지역에 있던 건물들을 부수고 전쟁기념관을 세운 우리의 모습을 보면 과연 미군이 돌려준 이 지역의 건축물들을 제대로 보존할 수 있을지 의문스럽다.

역사는 지나간 과거를 기억하는 것을 의미한다. 세상 모든 것이 그러하듯 역사에도 빛과 어둠이 존재할 수밖에 없다. 사람들은 본능적으로, 의식적으로 빛만을 기억하려고 한다. 새로 만들어질 국정교과서에서도 부정적인 서술이 사라진다고 했으니 근대사는 더욱 깊은 어둠속으로 사라질 것이다.

병기지창으로 오면서 마주쳤던 담벼락이 문득 떠올랐다. 화강암 기초 위에 올린 붉은 벽돌은 한눈에도 대단히 낡았다. 아마 용산이 일본군의 손에 넘어가면서 만들어진 수많은 벽돌담 중 하나였을 것이다. 그 담장에는 위수감옥에서 봤던 총알 자국이 군데군데 나 있었다. 우리가 살던 땅에 일본에 세운 벽돌 담장이 있고, 여기에 분단을 초래한 전쟁의 기억이 얹힌 채 고스란히 남아 있는 것이었다. 사우스 포스트와 메인포스트를 잇는 직선도로는 물론, 만초천 옆에 깔린 콘크리트 블록에서도 일본의 흔적을 어렵지 않게 느낄 수 있었다. 더욱이 그 담장을 보기 위해서는 복잡한 절차를 거쳐서 허가를 받아야만 했다. 또 일본이 만들어놓은 건물과 길들은 미국이 이어받아서 고스란히 사용 중이다. 어떤 것이 옳고 그르다는 말을 하기 전에 이 답사 자체가 어쩌면 우리의 아픈 근대사를 상징적으로 보여주는 것이 아니었을까 하는 생각이 들었다. 용을 닮은 이 땅이 온전히 우리 것이 되는 날, 과연 우리는 아픈 기억들을 똑바로 바라볼 수 있을까?

## 찾아가는 길

용산 미군기지는 한국인이 출입할 수 없는 곳이다. 그중 일부를 반환받아서 만든 국립중앙박물관에 가면 미군기지의 일부를 살펴볼 수 있다. 국립중앙박물관은 지하철 4호선 이촌역 2번 출구로 나와서 직진하면 왼편에 있다.

## 용산 미군기지 연표

1884년 용산 개항장 지정

1889년 용산역 건설

1904년 용산 일대 강제 매입, 기지 공사 시작

1913년 1단계 기지 공사 완료

1915년 2단계 기지 공사 착수

1922년 2단계 기지 공사 완료

1945년 일본군 항복 후 미군 접수

1948년 미군 철수 후 국군 접수

1953년 미군 사령부 이전

# 궁궐에 스며든 전쟁

●
경희궁 방공호

## 슬픈 경희궁

　　　　　연인끼리 걸으면 헤어진다는 속설이 전해지는 덕수궁 돌담길에는 볼거리가 많다. 덕수궁 수문장 교대의식의 출발 지점이 정동길 중간쯤의 로터리 근처이기 때문에, 시간만 잘 맞춰 가면 인파에 시달리지 않고 느긋하게 볼 수 있다. 서울시청 서소문 별관 13층의 정동전망대에 오르면 덕수궁은 물론 서울시청 광장이 한눈에 내려다보인다. 무엇보다 관광객들로 가득해진 덕수궁과 달리 그럭저럭 사색을 하면서 걸을 수 있다.

　　정동의 터줏대감 격인 우리나라 최초의 감리교회 정동교회를 지나면 왼편에는 이화여고가 고풍스러운 자태를 뽐내고 있고, 오른편에는 커피와 브런치를 파는 카페와 오래된 음식점들이 사이좋게 서 있다. 이제는 탑만 남아 있는 구 러시아 공사관 터를 지나면 한때 MBC 정동 사옥이었던 경향신문사 건물이 나타난다. 정동 사거리에 도착한 것이다. 딱히 목적지가 정해져 있지 않다면 그곳에서 오른편 내리막길로 가라고 권하고 싶다. 그곳에 가면 서울시립미술관과 서울 역사박물관, 그리고 역사박물관에 전시된 옛 전차들을 볼 수 있다. 더 내려가면 사통팔달을 자랑하는 광화문 광장에 도달한다. 어느 날 오후 시간이 남을 때 무작정 걸을 수 있는 길이다. 번잡함을 눈앞에 두면서도 고즈넉한 발걸음을 옮길 수 있기 때문이다.

그중에서도 백미는 알려지지 않아서 슬픈 궁궐 경희궁이다. 총독부 청사에 침탈당한 경복궁이나 동물원이 된 창덕궁 못지않은 수난을 겪은 경희궁은 아예 흔적도 없이 사라졌다가 최근에 조금씩 복원 중이다. 하지만 경희궁이 있던 자리에 이미 미술관과 박물관이 함께 들어왔기 때문에 가까운 시일 내에 제 모습을 찾기는 힘들 것이다.

경희궁 안에는 한반도의 아픈 과거를 보여주는 또 하나의 상징이 자리하고 있다. 태평양전쟁 말기에 일본이 구축한 초대형 방공호다. 경희궁 흥화문을 지나 숭정문이 있는 담장의 오른편 언덕을 넘어가면 서울 역사박물관에서 운영하는 주차장이 있다. 밖에서는 전혀 보이지 않고, 보일 필요도 없는 이 주차장 한구석에는 아주 오랫동안 잠들어 있는 전쟁의 흔적이 남아 있다. 이 방공호에 관해 얘기하려면 먼저 경희궁에 대해서 얘기하는 게 순서가 아닐까 싶다.

경복궁과 창덕궁, 창경궁밖에 모르던 우리에게는 생소하지만 경

——— 현재의 모습을 담은 미니어처. 흥화문이 있던 좌측에 서울 역사박물관이 있고, 우측에는 미술관이 있다. 숭전전 오른쪽과 주차장 사이에 방공호 입구가 작게 보인다.

희궁은 한때 조선의 임금이 살던 당당한 궁궐 중 하나였다. 애초에 조선은 경복궁을 법궁으로 삼고, 창덕궁과 창경궁을 이궁으로 두는 체제였다. 하지만 임진왜란으로 인해 경복궁을 비롯한 모든 궁궐이 잿더미가 되었다. 한성으로 돌아온 선조는 정릉동에 있는 성종의 형 월산대군의 집을 임시 궁궐로 삼았다. 정릉동 행궁이라고 불리던 이 궁궐은 오늘날의 덕수궁이 되었다.

선조의 사후에 즉위한 광해군은 규모가 큰 경복궁의 재건을 포기하고 종묘와 창덕궁, 창경궁의 중건을 서둘렀다. 그리고 이에 만족

하지 않고 새로운 궁궐을 지으려 했다. 광해군이 새로 지은 궁궐은 인왕산 기슭의 인경궁과 서대문 안쪽의 경희궁이었다. 경희궁의 원래 이름은 경덕궁으로, 이복동생 정원군의 집에 지은 궁궐이다. 그곳에 왕기가 서려 있다는 말에 궁궐을 짓기로 결정한 것이다. 당사자인 정원군은 왕위에 오르지 못하고 죽었지만, 아들 능양군이 반정을 일으켜 인조로 즉위한 것을 보면 왕기가 서려 있다는 말이 완전히 틀린 것은 아니었던 셈이다.

광해군이 궁궐을 중건하고자 했을 때 신하들은 국가 재정의 고갈을 이유로 반대했다. 명청 교체기인 외부 상황도 한가롭게 궁궐이나 늘리고 있을 때가 아니라는 주장에 힘을 실어줬다. 하지만 광해군은 광적으로 새로운 궁궐에 집착했다. 결국 인경궁과 경덕궁이 차례로 완성되었지만 당사자인 광해군은 인조반정으로 실각했고, 온갖 비난을 받으면서 지은 궁궐에서 제대로 살아보지 못했다.

그렇기에 인조 입장에서는 광해군이 세운 경덕궁이 꺼림칙했을 것이다. 하지만 인조반정 당시 반정군이 창덕궁에 불을 질렀고, 여기에 이괄의 난이 일어나면서 창경궁까지 불타고 말았다. 인조는 할 수 없이 경덕궁에 머물러야 했다. 이후 경덕궁은 법궁이 된 창덕궁의 이궁으로서 입지를 굳혔다. 이곳에서 태어난 숙종은 13년을 머물렀고, 영조는 경희궁으로 이름을 바꾸면서 19년을 지냈다.

정조가 자객의 살해 위협을 받았던 곳도 경희궁의 존현각이었다. 조선 임금들의 사랑을 받던 경희궁이 우리 곁에서 멀어진 것은 고종의 아버지 흥선대원군이 경복궁을 중건한 다음부터였다. 법궁인 경복궁이 세워지면서 기존의 법궁이었던 창덕궁이 이궁이 되었고, 경희궁은 설 자리가 없어진 것이다. 설상가상으로 경희궁의 전각들은 경복궁 중건으로 인해 헐렸고, 경희궁은 경작지로 사용되거나 창고 부지가 되었다. 그리고 경희궁은 점차 잊혀갔다.

고종이 일본의 위협을 피해 러시아 공사관으로 피신했던 아관파천 시기에 바로 근처에 있던 경희궁은 연병장이나 행사장으로 사용되었다. 하지만 20세기 초반의 사진들을 보면 경희궁은 상당히 쇠락해서 숭정전의 문들이 사라지고 주변에 잡초가 무성하게 자란 것을 확인할 수 있다. 그리고 강제병합이 되던 1910년 이곳에는 일본인 학생들을 위한 경성중학교가 세워졌고, 건물들은 숭정전과 몇몇 전각을 남기고 모두 철거되었다. 그러면서 이곳은 궁궐터가 아니라 학교로서 명맥을 이어가게 되었다.

일제 강점기에 접어들면서 경희궁의 훼손은 가속화되었다. 그나마 남아 있던 전각들은 하나둘 팔려나갔고, 도로의 확장과 부지 매각으로 인해 궁궐의 규모는 계속해서 줄어들었다. 법궁인 경복궁에도 총독부가 들어서고 창경궁에도 동물원과 식물원이 들어서는 와중이었으니 경희궁에 신경을 쓰는 사람이 있을 리 만무했다. 남아 있던 전각 중 숭정전은 일본의 불교 종파인 조계사에 팔렸고, 정문인 흥화문은 이토 히로부미를 기리는 사찰인 박문사에 팔려 정문으로 이용되기도 했다.

전각들은 이후 우여곡절 끝에 돌아오는 데 성공했지만 원래 있던 자리에는 다른 건물이 들어서 있었다. 그리고 어쩔 수 없이 현재의 위치에 세워지게 되었다.

흥화문의 기묘한 운명과 모험은 요동치던 근현대사를 상징적으로 보여준다. 그래서인지 언덕 위의 흥화문은 어딘지 모르게 슬퍼 보였다. 사실 근대의 역사가 묻혀 있는 곳 어디에서나 슬픔은 찾아볼 수 있다. 슬픈 근대는 경희궁에게도 아픔이었지만 우리에게도 비켜갈 수 없는 슬픔을 안겨주었다. 나무와 흙, 종이로 만든 수백 년 전의 건축물에 이렇게 감정을 이입하고 분개하는 이유는 고통의 역사가 떠오르기 때문일 것이다.

그렇게 훼손되어가던 경희궁의 심장에 말뚝을 박은 것이 방공호였다. 중일전쟁이 발발하고 분위기가 험악해지던 1930년대 후반부터 일본은 공습에 대비한 훈련을 강화하고, 방공호를 건설하도록 독려했다. 백화점에 방공호 모형을 전시해서 관람하게 하는 등 한반도에 전쟁 분위기를 고조시켰다. 그리고 태평양전쟁의 전세가 악화되자 본격적인 방공호 건설에 나섰다.

## 방공호와 만나다

한반도의 중심지이자 최대 인구밀집지역인 경성에도 곳곳에 방공호가 건설됐다. 그중 일부는 삼청동과 장충동 지역에 남아 있다. 일본은 미군의 공습이 본격화되자 폭격의 피해를 줄이기 위해 종묘 앞에서 필동까지 주거지를 강제로 철거하고 공터를 만들기도 했다. 경희궁 역시 이런 흐름에서 벗어나지 못했다. 태평양전쟁이 끝나갈 무렵인 1944년, 숭정전 동쪽에 있는 내전인 회상전 자리에 대규모 방공호가 건설된 것이다. 시민들이 공습을 피해 대피하는 용도를 넘어선 대규모의 방공호였다. 건설 작업에는 당시 경성중학교에 재학 중이던 학생들이 동원되었다.

만들어진 목적에 대해서는 여러 의견이 있다. 권기봉 씨는 근처에 있던 조선총독부 직원들의 대피용이라는 의견을 제시했다. 또 경성 전신전화국이 비상시에 이용할 시설이라는 얘기도 있고, 대규모 통신 설비를 갖춘 사령부용 건물이라는 말도 있다. 70여 년이 흐른 현재는 서울 역사박물관에서 주차장으로 이용 중이다. 경희궁 흥화문

——— 방공호 출입구. 벽체가 비스듬하게 만들어졌다는 것을 알 수 있다. 출입문 위쪽 숲속에 보이는 콘크리트 구조물은 환기구로 추정된다.

으로 들어가 숭정문 오른편의 언덕을 넘어가거나 서울 역사박물관 뒤쪽의 2차선 도로를 따라 올라가면 방공호를 만날 수 있다.

경희궁에서 서울 역사박물관으로 넘어가는 언덕에 올라서니 방공호가 내려다보였다. 그래서 불현듯 나타났다는 느낌을 받았다. 주차장으로 올라가는 길에서는 비스듬하게 보이기 때문에 좀 더 안정감이 느껴졌지만, '대체 이게 왜 여기 있었을까' 하는 의문은 들었다. 두 경우 모두 있어서는 안 될 장소에 무언가가 존재한다는 불편함을 느끼게 해주었다. 그것이 결국 이 방공호의 처지와 운명을 천덕꾸러기로 만들었다.

방공호 앞쪽에는 적당한 크기의 공터가 있어 버스 주차장으로 이용되기도 한다. 아치형 출입구는 지붕과 벽면이 상당히 튼튼해 보인다. 출입문은 양쪽으로 열리는 철문으로 만들어져 있는데, 현재는 환기를 위해 열어두고 있다. 안쪽에 별도의 출입문을 만들고 자물쇠를 채워놓은 상태다. 우측에는 작은 출입문이 별도로 설치되어 있다. 이 철제문 아래쪽에는 환기를 위한 루버창이 달려 있다.

출입구의 벽면은 비스듬하게 기울어지도록 시공되었다. 벽체의 두께는 어림잡아 수십 센티미터는 될 것 같았다. 물자 부족에 시달리던 태평양전쟁 말기에 이런 대규모의 방공호를 만든 것으로 보아 단순 대피용은 아닐 것이라는 확신이 들었다.

출입구 앞의 공터에는 ㄷ자 형태의 콘크리트 옹벽이 서 있다. 출입문 앞쪽과 왼쪽에는 위에서 내려올 수 있는 계단이 하나씩 있다. 앞쪽 계단의 옹벽은 그을음이 심하게 묻어 있다.

출입구 위쪽으로는 숲이 조성되어 있는데, 그곳에도 사철나무에 둘러싸인 콘크리트 구조물이 있다. 사람 키보다 조금 낮은 정도의 직사각형 구조물에 굴뚝 같은 기둥이 몇 개 붙어 있다. 본체와 기둥의 측면에 환기창으로 보이는 창들이 언뜻 보였다. 위쪽이 아니라 옆으로 뚫려 있어 빗물이 들어가지 않도록 한 것이 인상적이었다.

경희궁으로 이어진 언덕 위에는 맨홀 같은 것이 철제 뚜껑에 덮여 있었다. 방공호의 환기구라는 얘기가 있지만 확실하지는 않다. 철문 안에 새로 설치된 출입문을 열고 안으로 들어갔다. 알 수 없는 두근거림은 문이 열리자 더욱 커져갔다. 타인이 찍은 사진이나 뉴스로만 봤던 비밀스러운 공간을 들어가 본다는 마음 때문인 것 같았다.

문이 열리고 마침내 경희궁의 방공호가 모습을 드러냈다. 낡고 오래되었지만 생각보다는 깔끔한 모습이었다. 이곳은 창고로 사용한 적이 있긴 하지만, 지금은 방공호를 관리하는 서울 역사박물관에서 수장고 또는 전시관으로 사용할 목적으로 짐을 치우고 조명을 설치해두었다.

경희궁 복원이 본격화되면서 이 방공호를 어떻게 처리할지에 대한 의견이 분분해졌다. 경희궁 복원을 위해서는 완전히 철거해야 하지만, 막대한 비용이 소요되는 점이 문제점으로 지적되고 있다. 더욱이 방공호를 없앤다 해도 경희궁이 완전히 복원되려면 상당한 비용과 시간이 든다. 방공호 철거는 해결의 끝이 아니라 시작인 셈이다. 서울 역사박물관에서는 방공호를 수장고나 교육시설로 이용하는 방안을 고려했었다. 하지만 지하에 위치한 방공호는 습기가 심하고 안전상의 문제도 있어 포기해야 했다.

한편 최근에는 방공호를 보존해야 한다는 목소리가 높아지고 있다. 침략전쟁을 반성하지 않는 일본의 모습을 보면 그 뼈아픈 기억을 섣불리 지울 수 없다는 주장이다. 또 세계에서는 과거 전쟁이나 학살이 벌어진 비극적인 장소, 혹은 식민 지배를 받았던 흔적들을 돌아보는 '다크 투어리즘'Dark Tourism 열풍이 불고 있다. 서울 한복판, 그것도 궁궐 옆에 있던 이곳이야말로 다크 투어리즘의 결정판이 될 수 있을 것으로 보인다. 최근 서울 역사박물관 측에서도 일반 대중에게 사전 신청을 받아 방공호를 공개하는 등 조금씩 공개 범위를 넓혀가고 있다.

이런저런 생각을 하면서 안으로 들어섰다. 정면으로 통로가 이어졌고, 좌우에는 용도를 알 수 없는 방들이 있었다. 벽면은 아래쪽에는 하늘색, 위쪽에는 흰색 페인트가 칠해져 있었고, 벽면 아래쪽에는 걸레받이Baseboard, 벽면 아래쪽 귀퉁이의 바닥과 닿은 부분에 붙이는 수평 건축재가 이어져 있었다.

출입문 안쪽 오른편에 있는 방에는 우편 접수대 같은 것이 있었다. 벙커나 탄약고를 지을 때는 입구 안쪽에 항상 일정한 공간을 만들어둔다. 초병이 머물거나 다른 물품을 쌓아놓는 용도의 공간이다. 서울도서관으로 바뀐 경성부청 건물도 현관으로 들어가면 왼쪽에 세 개의 우편접수대가 나란히 있다. 그렇다면 이 방공호도 단순한 대피용이라고 하긴 어려웠다.

그런 생각은 몇 걸음 더 안으로 들어가면서 굳어졌다. 방공호가

처음 만들어졌을 때부터 있던 것으로 추측되는 그 공간은 전기배선
이나 조명기구를 설치하기 위해 만든 공간인 것 같았다.

방공호 안에는 생각보다 다양한 시설이 존재했다. 출입문에서 이
어진 직진 통로는 얼마 후에 막다른 벽에 다다랐다. 아래로 내려가
는 계단이 왼쪽에 나 있는데 출입문에서는 볼 수 없도록 설계한 것
으로 보인다.

출입구 부근에서 나는 흥미로운 시설 하나를 찾아냈다. 화장실 겸
세면장이었다. 조명이 없어서 자세히 확인하지는 못했지만, 백색 타
일이 어깨 높이까지 붙어 있었고 씻을 수 있는 수도꼭지 같은 것도

———— 출입문에서 몇 걸음 더 들어간 곳. 위쪽에 긴 홈통 같은 공간이 이어져 있다.

보였다. 이 방공호가 오랫동안 사람들이 머무른다는 전제하에 만들어졌음을 알 수 있었다. 공습 기간에만 잠시 숨어 있을 것이라면 그런 세면장은 필요하지 않았을 것이다.

그 옆방에는 바닥에 직사각형 블록 두 개가 나란히 튀어나와 있었다. 그 옆에는 수도 파이프처럼 생긴 물건이 녹이 슨 채 바닥으로 연결되어 있었다. 석유나 물 같은 액체를 올려두기 위한 블록일지도 몰랐다. 어쩌면 물탱크 같은 것을 올려놓기 위한 받침대였을 수도 있다. 세면장과 화장실에서 나온 생활하수는 어떻게든 처리해야 한다는 점을 감안하면 하수를 담아두는 통을 올려놓았을 수도 있다.

큰 환기구에 전기배선이 설치되었을 것 같은 천장 구조에 이어서 세면장이 발견되자 방공호의 정체가 점점 의심되었다. 서울 역사박물관의 보고서를 보면 방공호 위쪽에 깊이 3미터에 이르는 물탱크 두 개가 설치되어 있음을 확인할 수 있다. 정확하게 방공호와 숭의전 사이에 위치한 언덕인데, 사람들이 맨홀 뚜껑처럼 생긴 환기구라고 했던 것이 어쩌면 물탱크와 연관이 있을지도 몰랐다.

왼쪽으로 살짝 비껴간 계단을 내려가자 긴 통로가 이어졌다. 어느 정도 걷자 통로가 넓어지면서 막다른 벽이 보였다. 그곳에서 좌우로 길게 방들이 펼쳐졌다. 서울 역사박물관에서 설치한 조명들이 어둠을 밝혀주었다. 어느 정도 사전 지식이 있었고, 미리 사진을 보긴 했지만 역시 직접 본 것과는 차이가 있을 수밖에 없었다.

좁은 복도가 좌우로 펼쳐진 가운데 벽을 따라 크고 작은 방들이 이어졌다. 오른쪽에 세 개, 왼쪽에 일곱 개의 방이 배치되어 있었다.

벽은 군데군데 페인트칠이 벗겨지긴 했지만 당장 사용하기에도 부족함이 없을 정도로 잘 보존되어 있었다. 방들은 생각보다 넓어서 사무실 같은 느낌이었다. 문틀은 목제로 만들어져 있었고, 큰 방의 문 위쪽에는 채광을 위해서인지 고창高窓이 설치되어 있었다. 피난용 방공호라기보다는 공습을 피해 특정 시설이 들어올 수 있도록 만들어진 방공호라는 느낌이 들었다. 방 안쪽에는 1980년대까지 흔히 볼 수 있었던 위아래로 조작하는 전등 스위치가 있었다. 둘러싼 철판이 상당히 녹슬어 있어서 세월의 흐름이 가히 짐작되었다.

1층으로 내려가는 출입문에서 살짝 오른쪽으로 비껴나자 2층으로 올라가는 계단이 있었다. 계단을 올라가자 오른쪽에 작은 방이 하나 보였다. 2층 구조라고는 하지만 우리가 생각하는 아파트나 빌라처럼 층층이 올라가는 구조가 아니라 다락방처럼 계단 위에만 방이 있는 형태였다. 2층으로 올라가는 계단은 두 군데였다. 전체적인 형태는 출입문이 있는 공간을 포함한 'ㅗ'자인데, 좌우의 길이는 110미터가 조금 넘었고 1층과 2층으로 나뉜 복층이었다.

2층에도 통로를 따라 세 개의 방이 늘어서 있었다. 벽돌로 된 벽은 콘크리트칠과 페인트칠로 마무리되어 있었다. 일본군은 이 벽의 외부를 3미터 두께의 콘크리트로 감싸고 거기에 8.5미터 높이의 흙을 쌓았다. 마치 터널처럼 지하로 파고들어가 시공한 것처럼 보였다.

그들은 왜 이 지역을 골라서 방공호를 만든 것일까? 서궐도경희궁의 궁궐 배치도를 확인해보면 알 수 있지만, 태상전과 회상전 사이에는 경사가 있다. 정확한 높이 차는 알 수 없으나 회상전 쪽의 높이가 더 낮은 것이 확실하다. 방공호 입구는 구도상으로 보면 회상전 뒤편에 있는 화계花界에 만들어진 것으로 보인다. 전각 뒤편에 층계 모양의 단을 만들고 꽃과 나무를 심어 글자 그대로 꽃의 계단처럼 만든 공간이기 때문이다.

물론 방공호가 지어진 1944년, 이곳에 있던 경희궁은 흔적도 없이 사라지고 그 자리엔 학교가 들어서 있었다. 따라서 적당한 장소를 찾은 것이 마침 회상전 뒤편 화계였다. 위쪽에 언덕이 있으면 적군의 공중 관측을 피할 수 있다는 장점이 있다.

좁은 통로를 따라 방들을 지나서 좌측의 계단으로 올라갔다. 그러자 천장의 형태가 좀 더 자세히 눈에 들어왔다. 천장은 전체적으로 타원형이었고, 콘크리트를 거칠게 양생한 흔적이 보였다. 타원형 천장은 알뜨르 비행장의 비행기 격납고나 벙커에서도 볼 수 있다. 만들기는 어렵지만 천장의 무게를 분산시킬 수 있기 때문에 공습에 좀 더 잘 견딜 수 있는 구조다. 어쩐지 천장의 상당 부분에 그을음이 묻어 있었다. 2층의 방들도 1층의 방들과 비슷한 크기와 구조였다. 위로 올라가자 방공호 내부를 내려다볼 수 있는 작은 창문이 있었다. 원래 있던 것은 아니고 서울 역사박물관 측에서 내부를 볼 수 있도록 일부러 뚫어놓은 것이었다. 지하 공간이 아니었다면 여느 회사나 관공서의 사무실처럼 보였을 광경이었다. 2층은 1층보다 마감이 덜 되었는지 군데군데 벽돌이 드러나 있었다. 2층 왼쪽 끝 방은 반 층 정도 올라가 있었고 크기도 큰 편이었다.

안으로 들어서자 구석에 특이한 구조물이 보였다. 1층 출입문 근

───── 1층 복도. 양쪽으로 수십 미터씩 뻗어 있으며, 실제보다 훨씬 길어 보인다.(위)

───── 방공호 2층에서 내려다본 1층 방과 복도. 서울 역사박물관이 설치한 조명이 어둠을 밝히고 있다.(아래)

처의 콘크리트 블록처럼 지상에서 돌출된 형태의 받침대였는데, 이번엔 좀 더 복잡한 모양이었다. 동행한 신효승 씨가 발전기를 올려놓은 곳이라면서 단번에 용도를 알아맞혔다. 각 방마다 있는 전기스위치와 조명기구, 환기장치를 움직일 수 있는 동력을 이곳에서 공급했던 것이다. 거기까지 보고 나자 이 방공호가 화장실, 세면장, 물탱크, 전기배선, 조명기구, 발전기 설비까지 갖춘 대규모 시설이라는 것을 알 수 있었다.

출입문을 통해서 1층과 2층을 걷자 방공호의 전체적인 크기와 구조, 위치가 머릿속에 그려졌다. 서울의 중심부라고 할 수 있는 경복궁과 광화문 광장에서 불과 600미터 떨어진 곳에 일본이 만들어놓은 거대한 방공호가 완벽하게 남아 있는 것이었다. 어릴 적에 광화문의 조선총독부가 철거된 후 이렇게 거대한 건축물, 그것도 군사관련 건축물을 서울 한복판에서 만날 줄은 몰랐다. 역시 눈으로 보고 마음으로 느끼기 위해서는 많이 걸어야 한다는 생각이 들었다.

앞서 말한 대로 이 방공호는 단순한 대피 공간이 아니었다. 중요 기관이나 인원이 장기간 머물면서 업무를 볼 수 있게 만든 시설이었다. 위치를 감안하면 총독부나 경성부청의 인원들이 대피하는 공간일 수도 있고, 경성전신전화국을 통째로 들여놓고 임무를 수행하기 위한 공간일지도 모른다.

이곳에 통신 관련 시설이 들어오기로 예정되어 있었다는 이들도 있지만, 통신 관련 시설이 들어오려면 외부로 안테나를 올릴 공간과 통로가 필요한데 그런 시설이 보이지 않는다는 게 좀 의심스럽다.

제주도 알뜨르 비행장의 통신 관련 벙커에서는 수직으로 지상에 돌출된 공간이 있었는데, 경희궁 방공호에는 그런 것이 없었다.

서울 역사박물관에서는 이 방공호를 경성중앙전신국이 비상시에 사용했을 전신국으로 추정하고 있다. 통신 시설이 아니라 전신국의 중요 인원이나 부서가 이동해서 업무를 계속 진행할 목적으로 만들어진 시설로 보는 것이 좀 더 정확할 듯하다.

이리저리 둘러보다 2층에서 지상과 연결된 또 다른 출입구의 흔적을 발견했다. 아쉽게도 이 출입구는 경희궁을 복원하면서 폐쇄되었다. 보고서를 확인해보면 방공호의 왼쪽 끝 부분은 숭정전을 둘러

───── 복원된 숭정문. 사진 우측 언덕 너머에 방공호가 있다.

싼 회랑과 만난다. 더욱이 방공호의 출입문이 있는 공터가 내전인 회상전 자리이니 경희궁을 복원시키는 데 이 방공호가 얼마나 큰 걸림돌이 되는지 짐작될 만했다.

　마지막으로 나는 2층을 둘러보고 방공호 답사를 마무리했다. 직접 보면 답을 찾을 수 있을 것이라고 믿었지만 막상 둘러보자 의구심이 더 늘었다. 이곳을 과연 어떻게 활용하는 것이 옳은지, 없애는 것과 보존하는 것 중 어느 것이 옳은 일인지. 한참 동안 생각한 끝에 내린 결론은 조심스러운 공존이었다.

## 공존의 길

　　　　　경희궁이 완전히 복원되기까지 걸리는 시간과 비용을 감안하면 차라리 상처투성이로 남겨두는 것도 나쁘지 않을 듯싶다. 역사를 감추거나 외면하더라도 상처는 사라지지 않으니까. 무너진 출입문을 보면서 차라리 경희궁과 연결했더라면 어떨까 하는 생각도 들었다. 간신히 되살아난 경희궁을 둘러보고 그 경희궁을 망가뜨린 원인을 살펴보면 지나온 역사가 좀 더 뚜렷이 그려지지 않을까 싶었다.

　방공호를 둘러보고 나오는 길에 이유를 알 수 없는 미안함에 경희궁을 한 바퀴 돌았다. 조선 후기 임금들의 사랑을 받던 경희궁이었지만, 이젠 경복궁은 물론 덕수궁이나 다른 궁궐에 비해 비교가 되지 않을 정도로 작아져버렸다. 정문인 흥화문도 오랫동안 일본 사찰과 호텔의 입구 노릇을 하다가 원래 역할을 되찾았지만, 그럼에도 제자리를 찾지는 못하고 있다. 정문인 흥화문처럼 경희궁의 다른 전각들은 대부분 흔적 없이 사라졌고, 소수의 전각들만 다시 세워질 수 있었다. 미술관과 박물관 사이에 낀 황량한 벌판 위에 덩그러니 놓인 숭정문은 외로워 보였다.

기억해야 한다는 건 때로는 고통을 동반하는 일임에 분명하다. 하지만 그렇다고 무작정 외면할 수는 없다. 계속된 외면은 결국 더 큰 고통으로 돌아오기 때문이다. 우리는 종종 답이 안 나오는 삶 때문에 고통스러워한다. 역사도 마찬가지다. 감당할 수 없는 힘 앞에서 무기력하게 무너지고 나면 그 여파는 한 사람의 삶과는 비교할 수 없을 만큼 크고 오래 지속된다. 구한말의 역사가 뒤틀리면서 경희궁이 사라지고 방공호가 만들어진 것처럼.

**찾아가는 길**

경희궁 방공호를 찾아가는 방법에는 크게 두 가지가 있다. 첫 번째는 1호선 시청역 1번 출구로 나온 뒤, 정동길을 걷다 정동 사거리에서 광화문 방향으로 가는 것이다. 그리고 두 번째는 5호선 광화문역 6번이나 7번 출구로 나와서 강북삼성병원 방향으로 가는 것이다. 개인적으로 정동과 덕수궁을 둘러볼 수 있는 첫 번째 길을 좋아한다. 다른 궁궐보다 규모는 작지만 경희궁과 서울 역사박물관도 함께 둘러보는 것을 추천한다. 전체를 둘러보는 데는 반나절 정도 걸린다.

# 왜성대로 돌아온
## 그들

●
남산과 해방촌

### 남산의 기억을 찾아서

　　　　　　햇살 따뜻한 어느 봄날, 나는 충무로역에서 만
난 역사문제연구소 관계자들과 함께 남산으로 향했다. 제일 먼저 당
도한 곳은 바로 일본 공사관이었다가 통감부가 되고, 다시 통감관저
를 거쳐 총독관저가 되었던 곳이다. 그곳은 총독관저로서의 역할이
끝난 후에도 시정기념관이라는 새로운 생명을 얻었다가 광복 후에
는 국립민족박물관이 되었다. 이후엔 연합참모본부를 끝으로 언제
사라졌는지 알 수 없는 곳이었다.

　한 건물이 반세기 넘게 바꿔 달았던 수많은 간판은 요동치던 한반
도의 운명을 상징한다. 조선이 한성을 새 도읍으로 세우면서 남산은

한성의 남쪽을 지키는 산이 되었다. 남쪽의 산이라는 뜻을 지닌 남산의 운명은 이로써 한성, 그리고 조선의 운명과 함께하게 되었다.

조선시대의 남산은 가난하고 변변찮은 선비들의 거주지였다. 진흙투성이인 남산의 언덕길을 오르내리기 위해서는 비가 오지 않는 날에도 나막신을 신어야 했다. 때문에 이곳에 사는 선비들은 '딸깍발'이라는 별명으로 불렸다. 물론 남산에 가난만 있었던 것은 아니다. 풍광 좋기로 이름난 남산에 글 솜씨 좋은 선비들이 살았으니 곳곳에서 시회가 열렸고, 풍취를 즐기는 발걸음이 끊이지 않았다.

빈한하지만 평화로웠던 남산이 평지풍파를 겪게 된 것은 19세기 후반 조선의 개항 때문이었다. 1876년 강화도조약 체결 이후, 일본은 본격적인 침략의 발판을 놓았다. 공식적인 외교관계를 맺었다는 핑계를 댄 일본은 조선의 도읍인 한성 안으로 발을 들이려고 했다. 임진왜란의 악몽을 기억하고 있던 조선은 계속 거부했으나 끝내 일본의 요구를 받아들이고 말았다. 한성의 서대문 밖에 공사관을 짓는 것으로 타협하기는 했지만 이런 균형은 2년 후에 발발한 임오군란에 의해 무너졌다. 성난 군민들에 의해 서대문 밖에 있던 일본 공사관이 잿더미가 된 것이었다. 일본은 피해보상을 골자로 하는 제물포조약을 체결하면서 한성 안에 새로운 공사관을 설치할 것을 조건으로 내걸었다. 수세에 몰려 있던 조선 정부는 결국 일본의 요구를 받아들이고 말았다.

한성으로 들어선 일본의 공사관은 금릉위 박영효의 저택 근처에 세워졌다. 그 위치는 지금의 천도교 대교당 자리라고도 하고, 길 건너편에 있는 덕성여대 평생교육원이라고도 한다. 어쨌든 한성에 입성한 일본은 대대적으로 공사관을 건축했다. 1883년 시작된 이 공사를 위해 일본은 거액을 투자해 오쿠라구미大倉組라는 건설회사에게 시공을 맡겼다. 이를 위해 일본에서 목수 수십 명이 건너오고 화물선으로 실어온 기와와 유리 같은 재료들이 반입되었다. 새로 지어진 일본 공사관은 서양식 건물을 흉내 내서 만든 의양풍儀洋風의 2층 목조 건물이었다. 하지만 일본이 야심차게 지은 이 건물도 완공된 지 한 달 만에 갑신정변의 여파에 휘말려 잿더미가 되었다. 김옥균을 비롯한 개화파를 지원했다가 청나라의 개입으로 인해 실패로 돌아가면서 또다시 백성들의 공격을 받은 것이다.

이번에도 일본은 피해보상을 요구했다. 매번 양보를 해야 했던 조선 정부는 이번에는 일본 민간인들의 도성 거주까지 허락했다. 원래 있던 공사관은 이미 잿더미가 되었기 때문에 일본은 공사관을 지을 자리를 새로 물색해야 했다. 그러던 그들의 눈에 들어온 것은 남산의 왜성대였다.

명칭에서 알 수 있듯 그곳은 임진왜란 당시 한성을 함락한 일본군이 주둔하던 곳이었다. 이미 두 차례나 공사관이 불탄 경험이 있던 일본으로서는 위험성이 높은 도심보다 여차하면 한성 밖으로 피신할 수 있는 남산에 주목했을 것이다. 그곳이 자신들의 선배가 먼저 발을 디뎠던 상징적인 곳이었기에 더더욱 그랬을 것이다.

1885년 일본 공사관은 남산의 녹천정에 새롭게 자리를 잡는다. 남아 있는 사진들을 보면 소나무가 우거진 남산의 산기슭임을 확인할 수 있다. 주변에는 한옥과 확연히 다른 일본식 기와집들이 옹기종기 모여 있다.

공사관이 이곳에 자리를 잡고 도성 거주가 허락되면서 꿈과 야망을 가진 일본인들이 속속 모여들었다. 이들이 자리 잡은 곳은 남산 왜성대 근처인 진고개였다. 이곳도 남산처럼 비만 오면 길이 진흙탕이 되는 곳이라 조선 사람들이 거주하기를 꺼리던 곳이었다. 하지만 일본인들이 들어오면서 조선시대 내내 가난한 선비들의 보금자리였던 남산은 새로운 세상을 맞이하게 되었다. 청일전쟁과 러일전쟁을 거치면서 일본이 한반도를 차지할 것이 확실해지자 일본인들의 위상은 점차 높아졌다. 왜성대와 진고개의 일본인들을 위해 도로와 하수구가 설치되기도 했다.

그러면서 공사관의 역할도 바뀌었다. 1905년 지금은 덕수궁으로 이름이 바뀐 경운궁의 중명전에서 을사늑약이 체결되었다. 일본이 한국의 외교권을 차지하고 내정을 감독하기 위해 통감부를 설치한다는 내용이었다. 그에 따라 남산 왜성대에 있던 공사관은 자연스럽게 통감부로 간판을 바꿔 달았다.

공간의 운명은 그곳에 누가 사는가에 따라 달라진다. 한때 몰락한 양반들의 고장이었던 남산은 구한말을 거쳐 일제 강점기가 되면서 지배자들의 거처이자 경성의 중심지, 그리고 조선인들이 가장 가보고 싶어 하는 번화가로 탈바꿈했다. 공간도 사람처럼 신세가 바뀔 수 있다는 점을 보여주는 사례다. 하지만 남산의 출세는 죄 없는 조선인들의 운명을 뒤바꾸었다.

녹천정에 지어진 공사관은 이전의 것에 비해 건설 과정이나 형태에 관해 전해지는 것이 별로 없다. 남아 있는 사진 속의 공사관은 일본식 기와를 얹은 2층 건물로 추정된다. 외벽은 벽돌보다 목조로 추정되는데, 그렇다면 갑신정변 때 불탄 교동의 공사관처럼 의양풍으로 지은 건물일 가능성이 높다. 층과 층 사이에는 코니스Cornice라 불리는 돌림띠가 둘러져 있다. 중요한 점은 가운데 문을 경계로 양쪽 건물의 돌림띠와 창문 모양, 그리고 처마 밑의 장식이 다르다는 것이다. 건물 배치도 부자연스러운 것을 보면 어느 시기엔가 증축을 했던 것으로 보인다. 조선을 지배할 시기가 가까워질수록 할 일이 많아졌을 것이고, 그에 따라 필요한 공간도 늘어났기 때문일 것이다.

그래도 공간이 부족했던 일본은 1907년 근처에 좀 더 큰 규모의 통감부를 건축했다. 그러면서 이곳의 공사관은 통감부로서의 짧은 생을 마치고 통감이 머무는 관저로 사용되었다. 일본이 한반도에 대한 지배에 한걸음씩 다가가면서 이곳의 운명은 더욱 달라졌다. 1910년, 통감관저인 이곳 2층에서 한일병합을 성사시키는 조약이 체결되었다. 마침내 조선을 강제로 병합하는 데 성공한 일본은 이완용을 비롯한 매국자들을 모아 파티를 열며 성공을 자축했다. 일본이 조선을 병합하면서 통감관저였던 이곳은 다시 총독관저로 간판을 바꿔 달았다.

공사관으로 시작해서 통감부로 바뀌고, 통감관저로 용도가 바뀌었다가 다시 총독관저가 되는 과정은 일본이 조선을 집어삼킨 과정과 맥을 같이한다. 본의 아니게 이 공사관의 용도 변화가 조선의 몰락을 상징하게 된 셈이다.

이곳은 총독관저로 1937년까지 사용되었다. 이후 경복궁의 신무문 뒤편, 즉 지금의 청와대 자리에 새로운 총독관저인 경무대가 들어서면서 이 건물의 오랜 운명도 막을 내린다. 하지만 일본은 조선을 병합시킨 이 역사적인 장소를 기념할 생각이었다. 중일전쟁이 한창이던 1940년, 몇 년 동안 비어 있던 이곳에 시정기념관이 들어섰다. 역대 통감과 총독들의 유물과 소장품들을 전시하는 곳이었다. 당시 간행된 잡지에 시정기념관의 모습이 담겨 있는데, 이완용이 나라를 넘기는 조약을 체결한 회의실은 집기들을 그대로 보존해놓은 상태였고 벽에는 이토 히로부미의 초상화가 걸려 있었다.

시정 기념관으로서 이 건물의 삶은 대단히 짧았다. 광복을 맞이한 후 이곳은 국립민족박물관으로 탈바꿈했고, 이곳의 초대 관장으로 송석하 씨가 부임했다. 이곳엔 그와 야나기 무네요시가 수집했던 물건들이 진열되었다고 전해진다. 한일강제병합을 기념하는 시정기념관이었던 곳이 개과천선을 한 셈이다. 하지만 한국전쟁이 발발하면서 박물관으로서의 생애도 머지않아 막을 내리게 되었다.

한국전쟁이 끝난 직후인 1954년, 오늘날의 합동참모본부의 전신인 연합참모본부가 신설되면서 이곳을 사용하게 된 것이다. 그 사이 국립박물관 남산분관으로 흡수된 박물관은 덕수궁 석조전으로 이전했다. 연합참모본부는 1961년 5·16 군사 쿠데타가 벌어지면서 폐지되었다. 하지만 이때부터 남산은 군사정권의 사유지로 전락했다. 남산에 중앙정보부 건물들이 들어서면서 일반인의 출입이 통제

된 것이다. 그리고 반세기 넘게 한반도에 대한 일본의 지배 야욕을
상징하던 이곳의 건물도 어느새 사라지고 말았다.


## 사라진 기억의 흔적

　　　　　　　아무도 말하지 않고 알려고 하지 않았던 시기가
지난 후, 통감부 건물은 흔적도 없이 사라졌다. 다행히 통감부 건물
앞에 있던 은행나무는 그대로 남아 당시의 위치를 추적하는 데 결정
적인 단서가 되어주었다.

중앙정보부 건물이었던 서울 유스호스텔로 이어지는 오르막길 한
쪽에는 이제 작은 광장이 조성되어 있다. 그리고 마치 부끄럽다는
듯 광장 한복판이 아니라 나무 그늘이 드리워진 구석에 '통감관저
터'라는 글자가 새겨진 표지석이 세워져 있다. 2010년 8월 29일 경
술국치 100주년을 맞아 민족문제연구소가 세운 것이다.

원래 서울시는 '통감관저 터'가 아닌 '녹천정 터'라는 표지석을 세
우려고 했다. 부끄럽고 감추고 싶은 어둠의 역사여서 그랬던 것일
까? 하지만 그렇게 해서 감춰질 수 있다면 역사일 리가 없다고 나는
혼자 중얼거리며 우두커니 서서 땀을 식혔다.

건축물의 역사성은 그곳에서 누가 무슨 결정을 내렸고, 그것이 당
대와 후대에 어떤 영향을 미쳤는지에 의해 정해진다. 그런 측면에서
보면 이곳 통감관저는 식민지배를 거쳐 분단과 전쟁으로 상처받은
한국의 현대사에 결정적인 영향력을 끼친 중요한 장소라 할 수 있다.

─── 벤치처럼 눕힌 받침대의 판석. 지금은 거꾸로 박힌 채 표지석으로 이용되고 있다.(왼쪽)
─── 남산 중턱 광장의 한쪽에 웅크리듯 자리 잡고 있는 통감관저 표지석. 부끄러웠던 것일까?(오른쪽)

그런 장소를 알리는 표지석조차 제대로 세우지 못한다는 것은 결국 우리가 역사를 똑바로 보지 못하고 있다는 증거가 아닐까 싶다.

같은 광장 한구석의 느티나무 아래에는 우리가 기억해야 할 또 하나의 역사가 자리 잡고 있다. 하야시 곤스케라는 인물이다. 1899년부터 1906년까지 일본공사를 역임한 그는 을사늑약 체결을 주도했다. 을사늑약 체결이 한일강제병합으로 이어졌다는 점을 보면 일본이 조선을 침략하는 데 그의 역할이 얼마나 컸는지 알 수 있다. 일본의 조선병합이 공고해진 1936년, 당시 총독관저로 사용되던 이곳에 그의 동상이 세워졌다. 받침대까지 합쳐 6미터가 넘는 그의 동상은 일본 땅이 된 남산의 기슭에 세워졌다. 동상 개막식에는 미나미 지로 조선총독을 비롯한 일본인들은 물론 윤덕영 자작 같은 매국자들도 함께했다. 광복 이후 하야시 곤스케의 동상은 흔적 없이 사라졌고, 받침대의 네 면이었던 판석 중 일부가 발견되었다. 답사 당시 판석은 마치 벤치처럼 눕혀진 상태였다. 설명을 미리 듣지 않으면 도저히 알아볼 수 없도록 변해버린 역사였다. 벽면에 새겨진 '남작 하야시 곤스케 군상'男爵林權助君像이라는 글자만이 지나온 역사를 보여준다. 뉴스를 확인해보니 2015년 8월에 이 판석들을 모아서 거꾸로 세워놓은 표지석이 만들어졌다. 통감관저 터 대신 녹천정 터라고 표시할 것을 권고하던 때에 비하면 역사 인식이 많이 나아진 셈이다.

통감관저 터 표지석과 하야시 곤스케 동상의 흔적을 살핀 뒤 다시 걸음을 옮겼다. 대한제국 적십자사였다가 일본적십자 조선본부로 바뀐 후, 현재 대한적십자사가 이용하고 있는 건물을 지나 위쪽으로 올랐다. 버스 정류장 옆으로 태권브이와 라바가 보였다. 정류장 뒤편으로는 예쁘게 리모델링을 한 건물이 눈에 들어왔다. 한때 KBS 방송국이었다가 국토통일원이 들어섰고, 지금은 서울 애니메이션센터가 들어선 곳이었다. 라바가 앉아 있는 벤치 옆에는 이곳에 통감부 청사였다가 총독부로 사용되었던 건물이 있었다는 사실을 알려주는 표지석이 있었다.

## 남산 중턱에 세워진
## 첫 번째 조선총독부

　　　　　　　1907년 새로이 세워진 통감부가 바로 이곳이었다. 총독부라고 하면 1996년 철거된 경복궁 앞의 총독부를 떠올리는 경우가 많다. 그러나 1926년 완공되기 전에는 남산 왜성대에 있는 이곳이 총독부로 사용되었다. 현재 남아 있는 사진들을 보면 이곳은 목조로 만든 2층 건물로, 외양이 상당히 화려하고 지붕의 돔이 독특한 모습을 자랑하고 있다. 증축되면서는 모서리에 돔형 지붕이 추가되면서 독특한 분위기가 연출되었다. 측면에는 석조로 만든 굴뚝이 벽면을 따라 하늘로 솟아 있다. 지붕도 다락 공간을 확보하기 위해 경사를 급하게 준 맨사드 지붕mansard roof이라 몹시 가파르다. 관공서 건물에 다락을 위한 공간이라니, 여전히 근대 건축은 낯설기만 하다. 또 널빤지를 옆으로 길게 이어 붙인 형태는 대학로에 대한제국 공업전습소로 알려져 있던 조선총독부 중앙시험소 본관과 유사하다. 목조 건물이지만 석조 건물처럼 보이게 만든 것이다.

　경인철도가 운행되던 1900년대 간이역이었던 남대문역도 목조로 세워진 건물로, 장식적인 측면을 굉장히 강조한 것이 눈에 띄었다. 당시엔 비용 절감 등의 이유로 건축물을 목조로 짓되 석조처럼 보이게 만드는 건축적 흐름이 존재했고, 왜성대의 통감부 역시 그런 흐름을 따라간 것으로 보인다.

　이곳 통감부는 세워진 지 몇 년 뒤인 1910년 한일강제병합 이후 총독부로 사용되었다. 하지만 늘어나는 업무량을 감당하기에는 너무 좁았다. 몇 차례 거듭된 증축도 근본적인 해결책이 되지 못했다. 결국 일본은 광화문을 밀고 새로운 총독부 건물을 세웠다.

1927년, 총독부가 떠난 이곳은 일본 국왕의 은사금을 받아 은사기념과학관으로 탈바꿈했다. 그리고 원래 먼저 세워졌어야 할 동경 과학박물관이 관동대지진으로 늦게 완공되면서 본의 아니게 '일본 최초의 과학관'이라는 타이틀을 얻었다. 이곳도 앞서 살펴본 통감관저에서 변신한 시정기념관처럼 일본이 조선보다 우위에 있으며, 조선에 은혜를 베풀고 있다고 선전하기 위한 장소가 된 것이다.

그러다 광복 후에는 국립과학박물관으로 이름이 바뀌면서 대한민국 정부 소유가 되었다. 하지만 한국전쟁 때 폭격으로 건물이 완전히 사라졌다. 이후 이곳엔 한국방송공사와 국토통일원을 거쳐 서울 애니메이션 센터가 들어섰다. 이 같은 왜성대 총독부의 역사를 이야기하면서 한 사람의 이름을 거론하지 않을 수 없다. 그는 바로 의열단원 김익상 의사다.

담배공장에서 일하다 중국으로 건너간 그는 비행기 조종사가 되기 위해 알아보던 중 베이징에서 의열단 단장 김원봉과 만났다. 1920년부터 국내에 있는 일본의 식민통치기관을 공격하던 김원봉은 심장부인 총독부를 공격할 계획을 세우고 있었다. 계획을 들은 김익상은 자신이 임무를 맡겠노라고 자원했다. 1921년 9월, 폭탄과 권총을 가지고 경성에 도착한 김익상은 전기기술자로 변장한 채 왜성대의 총독부로 들어갔다. 정문으로 당당히 걸어 들어간 그는 사무실에 폭탄을 던지고 유유히 빠져나왔다. 그리고 철통같은 일본의 포위망을 뚫고 중국으로 건너갔다. 이듬해 김익상은 다른 동료들과 함께 상해를 방문하는 일본 육군 대신이었던 다나카 기이치를 암살하려고 했지만 실패하고 체포당했다. 일본으로 끌려간 그는 사형 판결을 받았다 무기징역으로 감형되어 20여 년 만에 풀려났지만, 고향으로 돌아온 후 일본 형사에게 끌려갔다가 그대로 사라지고 말았다. 일본인 마을이나 다름없는 남산 왜성대 한복판의 총독부를 폭파하기 위해 단신으로 잠입했던 그 거대한 마음은 도무지 짐작할 수 없을 정도다. 김익상 의사의 의거비는 왜성대 총독부 표지석에서 조금 떨어진 서울 애니메이션센터 출입문 한쪽에 있다.

총독부 표지석과 나란히 세워놓으면 더 좋지 않았을까 하는 아쉬움을 남겨두고 리라초등학교로 걸음을 옮겼다. 일본은 남산에 공사관, 통감부, 총독부 같은 공적기관을 세워 조선을 지배하려 했다. 그리고 한발 더 나아가 자신들의 신을 데려와 조선의 정신까지 지배하려 했다. 개항 이후 근대화를 이룩한 일본은 허수아비였던 천황을 신으로 만들고 국가를 종교적으로 숭배하려고 했다. 그들은 독일의 나치즘이나 이탈리아의 파시즘과 달리 이념 대신 종교를 선택했다. 강해지기 위해 서양의 문물을 받아들이면서도 한편으로는 자신들의 고유함을 유지하려고 애쓴 것이다. 그러면서 신도라고 불리는 독특한 종교 아닌 종교가 탄생했다. 근대 국가로 나아가면서 나름대로 정체성을 유지하려고 한 것이다.

문제는 1930년대 대륙 침략이 본격화되면서 조선인의 정신을 말살하기 위해 그들의 신을 숭배할 것을 폭력적으로 강요했다는 점이다. 그러면서 딸깍발 선비들의 고장인 남산에 일본이 만든 신들이 하나둘 자리 잡기 시작했다. 그중 하나인 노기 신사는 1934년 세워진 것으로, 러일전쟁 당시 일본군을 지휘했던 노기 마레스케 대장과 부인을 기리기 위해 만들어졌다.

## 남산의 일본 신들

노기 마레스케 부부는 1912년 일본국왕 메이지가 사망하자 뒤를 따라 목숨을 끊었다. 그러자 그들도 메이지처럼 신으로 숭배되었다. 아시아에서 벗어나 서구가 되겠다는 '탈아입구'脫亞入歐를 국가의 정체성으로 내걸면서도 죽은 임금을 따라 신하가 죽는 데 열광하는 이중적인 모습을 보인 것이다. 그들이 죽은 후 일본 곳곳에 그들을 기리는 신사가 세워졌다. 그리고 남산에 조선신궁이 세워지자 1934년 그 옆에도 노기 신사가 세워졌다. 노기 신사는 조선신궁을 지키는 관문 역할을 했다.

남아 있는 사진을 보면 붉은색으로 난간이 칠해진 나무다리가 놓여 있고 건너편에 노기 신사가 서 있다. 나무다리 초입에는 노기 신사라고 적한 표지석이 서 있고, 건너편에는 석등이 마치 초병처럼 다리를 지키고 있다. 그 밖에도 이곳이 신성한 공간이라는 것을 표시하는 흔적이 곳곳에 보인다.

계단 건너편에는 '도리'鳥居라 부르는 신사의 출입문이 서 있다. 광복 후 노기 신사는 고아들을 돌보는 '남산원'이라는 사회복지법인에

─────── 이곳에 잠든 역사를 보여주는 김익상 의사의 의거비 표지석(왼쪽 위)
─────── 신사에 들어가기 전에 손을 씻는 의식을 거행하던 미타라이샤(오른쪽 위)
─────── 한쪽 구석에 만들어놓은 쉼터. 노기 신사에서 쓰던 초석들로 보인다.(아래)

서 사용했다. 그러면서 신사가 세워질 때 만들어졌던 흔적은 대부분 사라졌지만, 일부는 아직도 곳곳에서 찾아볼 수 있다. 남산원 입구 오른편에는 노기 신사가 세워졌던 1934년 다카기 토쿠지와 그의 부인이 헌납한 미타라이샤手水舍가 놓여 있다. 신사에 들어가기 전 손을 씻으면서 몸과 마음을 깨끗하게 하는 의식을 치르는 곳이다. 앞면에는 헌납한 기증자의 이름과 일자가 적혀 있고 뒷면에는 마음을 깨끗이 한다는 뜻의 '세심'洗心이라는 한자가 적혀 있다. 앞뒷면이 바뀐 것인지 출입문의 위치가 변한 것인지는 알 수 없다.

남산원 안에는 노기 신사와 관련된 건물들은 남아 있지 않다. 한동안 사용되었다 1979년 화재로 모두 사라진 것이다. 하지만 아직도 곳곳에서 노기 신사의 흔적을 어렵지 않게 찾을 수 있다. 입구 근처의 쉼터에 구비되어 있는 탁자와 벤치 같은 것이 그것이다.

테이블은 석등을 거꾸로 파묻어서 사용 중이었고, 쪼개진 기단석들은 의자가 되어 있었다. 나무 옆의 화분 받침대는 육각형 혹은 팔각형의 석재 받침대를 옆으로 꽂아놓은 것이다. 그 밖에도 운동장 곳곳에 노기 신사의 석재를 이용해 만들고 꾸민 벤치와 화단이 있었다. 지배가 사라지고 기억이 희미해지면서 신성시되던 것들의 운명 또한 바뀐 것이다. 한동안 이국의 신 아닌 신에게 지배받았던 이 땅이 가난하고 힘든 영혼들을 돌보는 장소로 바뀐 것 또한 운명일지도 모르겠다.

남산원에서 나오면 바로 숭의여대가 보인다. 이곳에는 일본인들이 강제병합 이전에 세운 남산대신궁을 확장한 경성신사가 있었다. 일본의 이세신궁에서 신령을 받아올 만큼 급수가 높았던 곳이라 이토 히로부미를 비롯한 일본의 고관들도 조선에 올 때마다 이곳을 찾았다고 한다.

광복 후에는 일본의 신사참배를 거부하다가 폐교됐던 평양의 숭의여학교가 자리 잡았다. 남아 있던 신사 건물을 교무실과 교실로 사용했는데, 지금은 본관 화단에 '숭의 정신이 일본 제신을 눌렀다'는 문구와 함께 신사 건물에 태극기를 걸어놓고 조회를 하는 모습의 사진과 초석 몇 개가 남아 있는 전부다. 문득 이것이 역사의 힘이 아닐까 하는 생각이 들었다. 인간이 억지로 틀어놓은 것들은 시간이 지나면 결국 원래대로 돌아가니 말이다.

경성신사까지 둘러보고 나면 남은 것은 남산의 신사들 중 끝판왕이라 할 수 있는 조선신궁이다. 신사가 아니라 신궁이라고 부르는 데서 알 수 있듯, 이곳은 일본이 한반도에 세운 82개의 신사 중 부여신궁과 더불어 가장 높은 등급에 속한다. 신사의 등급은 어떤 신을 모시고 있느냐, 누가 재물을 바치느냐에 따라 결정된다. 조선신궁은 1912년 사망한 일본국왕 메이지와 왕가의 시조신이라고 일컬어지는 아마테라스를 모시고 있으며, 국왕이 재물을 바치는 관폐대사였다.

그런 만큼 조선에 신궁을 만들어야겠다고 결정한 순간부터 어떤 신을 모시고 어디에 지어야 할지가 초미의 관심사가 되었다. 지역은 일찌감치 경성으로 결정되었지만 구체적인 장소는 결정하기까지 시간이 걸렸다. 처음에는 경복궁 북쪽의 신무문 밖이 적절한 장소로 점쳐졌다. 지금의 청와대 자리이자 총독관사인 경무대가 들어서는 자리였다. 하지만 총독부가 조선인들이 거주하는 종로 쪽에 세워졌는데 조선신궁마저 그쪽에 지어지게 될 것 같은 움직임을 보이자 경성의 일본인들이 크게 반발했다. 결국 일본인들이 거주하는 지역 쪽에 짓기로 하고 여러 후보지를 고른 끝에 남산의 한양공원 자리가 최종적으로 선택되었다.

1910년 남산의 서북쪽 산기슭에 조성된 30만 평 넓이의 한양공원은 왜성대와 인근 지역의 일본인들을 위한 시설이었다. 폭이 좁고 경사가 심하다는 문제점이 있지만, 국유지라 매입비용이 적게 들고 높은 곳에 만들어두면 경성 어디에서나 보인다는 장점이 부각되었

서울 역사박물관이 진행한 '남산의 힘'이라는 기획전시의 전시물. 아래쪽에 조선신궁의 전경도가 있다.

다. 가파른 경사는 계단을 만드는 것으로 해결했다. 지금의 힐튼호텔 근처에서 시작된 계단의 숫자는 384개였다. 초입에는 '관폐대사 조선신궁'이라는 글자가 새겨진 표지석과 신사의 출입문 도리를, 계단 양쪽에는 석등을 세웠다. 상중하 세 개로 나뉜 공원의 광장에 건물들을 짓고 계단으로 연결했다.

조선신궁 건립의 하이라이트는 경성 부립 대운동장에서 열린 조선신궁경기대회였다. 신궁 건물들은 지금 안중근 의사 기념관과 백범광장이 있는 남산 공원 자리에 세워졌다. 일본의 의도대로 산 중턱에 걸쳐 만든 조선신궁은 경성 어디서나 뚜렷이 잘 보였다. 내

선일체가 강요되던 시기 조선신궁은 그것을 증명하기 위한 자리였다. 마치 무슬림이 메카를 순례하는 것처럼 창씨개명을 한 조선인들은 이곳의 계단을 올라 신궁 안에서 고개를 숙여야 했다. 태평양전쟁이 한창이던 1942년에는 무려 265만여 명의 참배객이 이곳을 찾았다. 광복이 되자 조선에 있던 신사들은 울분에 찬 조선인들의 공격 목표가 되었다. 그러자 조선신궁은 서둘러 폐쇄의식을 거행하고 문을 닫았다. 그리고 일본이 떠난 후 남산은 다시 우리 품에 돌아왔다.

## 광복 이후의 남산

광복 후 남산에는 기독교 박물관이 들어섰고, 1948년 겨울에는 조선신궁의 계단에 눈을 덮고 스키대회가 열리기도 했다. 하지만 한국전쟁이 터지면서 큰 피해가 생겼다. 휴전 후 다시 박물관이 문을 열었지만 이곳에 국회의사당이 들어오기로 결정되면서 폐관되고 말았다.

또 서울 전체가 내려다보이는 남산은 무언가를 기념하기에 최적의 장소였다. 이곳에 상징물을 처음 세운 것은 초대 대통령 이승만이었다. 이곳에 백범 김구의 동상을 세우자는 청원을 외면한 그는 1955년 공병대를 동원해 25미터 높이에 달하는 자신의 동상을 세웠다. 10개월의 공사기간과 2억 원이 넘는 공사비가 소요되었다. 그러나 1960년 4·19혁명 때 철거되었다.

이후 남산 식물원이 들어섰다가 안중근 의사 기념관이 세워지면서 조선신궁은 차츰 우리들의 기억에서 사라졌다. 노기 신사와 경성신사가 그나마 흔적이라도 남겨진 반면, 가장 컸던 조선신궁은 흔적도 없이 사라진 것이다. 통감부와 총독부, 신사들이 사라진 남산은 한때 중앙정보부가 자리 잡으면서 자의 반 타의 반 금단의 영역이 되었다. 그 시절 남산이라는 지명은 호랑이나 순사만큼이나 두려움의 대상이었다.

일제와 군사독재의 그늘이 모두 걷히고 이제 남산은 우리의 사랑을 받고 있다. 연인들이 케이블카를 타고 올라와 서울 시내를 내려다보며 사랑을 속삭이는 곳이다. 하지만 남산이 그렇게 우리 품에 돌아오기까지는 오랜 역경과 고난을 겪어야만 했다. 한말과 일제 강점기 시절에는 공사관과 통감부가 이곳을 차지했고, 이곳 꼭대기에는 신궁이 세워졌다. 해방 후에는 이승만을 찬양하는 공원이 만들어졌고, 5·16 군사 쿠데타 이후에는 정권을 지탱하는 중앙정보부의 그늘이 짙게 드리워졌다.

남산은 용산과 더불어 침략의 상처가 가장 깊이 새겨진 곳이기도 하다. 근현대사의 이 같은 질곡은 우리들의 지나온 역사를 상징하는 것처럼 보인다. 다행히 우리 품으로 돌아오긴 했지만, 남산에는 남산타워나 케이블카만 있는 것이 아니라 지나온 역사의 그림자들, 그리고 그 그림자를 만든 이들에 대한 기억이 남아 있음을 잊지 않아야 할 것이다.

남산을 둘러보고 내려오는 길에는 해방촌에 들렀다. 문자 그대로 해방과 함께 생겨난 마을이지만, 허허벌판에 갑자기 사람들이 모여들어서 생긴 것은 아니다. 이곳 역시 일본의 짙은 그림자가 드리워졌던 곳이다.

왜성대와 진고개에 자리 잡은 일본인들은 본국에서 실어온 자재들로 집과 상점들을 지었다. 그러면서 부근은 한국인이 접근하기 힘든 곳이 되었다. 이후 용산 기지가 확장되면서는 사격장이 들어서고, 태평양전쟁이 한창이던 1943년에는 전사자들을 신으로 숭배하기 위한 경성호국신사가 들어섰다.

일본인 천지였던 이곳은 광복이 되면서 월남한 사람들과 일본이나 중국에서 살다가 돌아온 사람들의 차지가 되었다. 일본인들이 떠난 적산가옥이 많았고, 사격장이나 신사 같이 집을 만들 곳도 넉넉했기 때문이다. 갈 곳이 없었던 그들은 용산과 남산 자락에 터를 잡았다.

용산 일대에 실향민과 귀국자들이 몰려들자 미군정은 소개령을 내렸고, 갈 곳을 잃은 사람들은 남산으로 올라갔다. 거주민들이 계속 늘어나자 정부에서는 1948년 국유지로 편입된 이 지역 땅 12만 6,000평을 빌려주었다. 이로써 약 2만 5,000명이 정착하게 되었고, 해방동이라는 아이러니한 지명도 생겼다. 말 그대로 '일본의 지배에서 해방되었다'는 뜻이지만 실제로는 고향이나 삶의 터전을 잃은 사람들이 모여 살게 된 것이다. 해방동이라는 지명은 얼마 후에 용산동으로 바뀌면서 사라졌지만 사람들은 반세기 넘게 '해방'이라는 이름을 버리지 않고 있다. 숙명여대와 남영역을 거쳐 이곳

───── 해방촌 골목에서 만난 일본식 2층 가옥(왼쪽)
───── 해방촌 골목에서 마주친 정체불명의 가옥(오른쪽)

에 오는 마을버스 정류장의 이름도 '해방촌 오거리'이고, 프랜차이즈 카페와 제과점 간판에도 어김없이 해방촌점이라는 이름이 적혀 있다.

미군의 소개령과 정부의 재개발을 이겨낸 실향민들은 이곳에 해방촌이라는 새로운 고향을 만들었다. 일본인이라는 이방인들을 받아들였던 이곳이 광복 후에는 또 다른 이방인인 실향민들을 받아들이게 된 셈이다. 세월이 흐르며 이곳에 있던 일본식 가옥은 많이 사라졌지만, 아직도 드문드문 남아 있기는 하다.

## 고향을 떠난 사람들의
## 새로운 고향

낡은 골목길 안에는 철거 직전으로 생각될 만큼 낡은 일본식 2층 가옥이 있었다. 지방이라면 몰라도 서울 한복판에 이렇게 그 시절의 일본식 가옥이 남아 있을 거라고는 생각지도 못했다. 처마 아래로 다가가자 일본식 가옥 지붕구조의 특징인 사각형 중도리지붕의 들보에 가로 방향으로 걸쳐놓는 건축 재료. 지붕의 뼈대 역할을 한다와 널빤지로 이어붙인 지붕널지붕에 덮는 널빤지이 보였다.

한옥과 일본식 가옥의 가장 큰 차이점은 지붕에 있다. 보온에 무게를 둔 한옥은 지붕에 흙과 잡목을 다량 올려 특유의 자연스러운 곡선이 생긴다. 반면 일본식 가옥은 지붕널에 바로 기와를 올리는 방식이다. 그래서 처마 안쪽을 보면 한옥과 확연히 차이가 남을 알 수 있다. 또 한옥의 중도리는 무게를 지탱하기 위해 훨씬 두껍게 걸쳐진 편이다.

지붕구조의 차이는 벽면에서도 엿볼 수 있다. 일본식 가옥도 한옥처럼 대들보 격인 지붕보를 걸치고, 중간 중간 받침대 격인 지붕대공을 위로 올려 지붕의 무게를 버티도록 되어 있다. 그러나 한옥이라면 지붕보와 지붕도리가 더 두꺼워야 하지만, 상대적으로 무게가 가벼운 일본식 가옥은 이 정도 나무만으로도 충분하다.

가까운 나라이기도 했고 기와와 나무 등 기본적인 재료가 같았음에도 기온과 같은 조건의 차이 때문에 비슷하면서도 다른 형태를 띠게 된 듯하다.

또 전면에 붉은색 벽돌을 올린 재미있는 건물도 이 골목 안에 자리하고 있었다. 벽체는 물론 박공에 해당하는 지붕 부분까지 모두 붉은색 벽돌이었다. 문 옆에는 굴뚝으로 보이는 공간이 있고, 전면에 있는 두 개의 창 사이에도 벽기둥처럼 튀어나온 부분이 있었다. 그중 가장 눈길을 끌었던 것은 양쪽 모서리의 처마 부분이었다. 두 군데 모두 벽돌을 반 칸씩 밖으로 빼서 쭉 끌어올렸다. 코벨링 디테일이라 부르는 이런 형태는 서촌에 일제 강점기 시절 지어진 3층 공장 기숙사 건물에서 봤던 것과 똑같은 형태였다.

근대의 건축물들은 지어진 위치와 형태 모두 보는 사람에게 강력한 메시지를 전달했다. 특히 관공서 건물은 여러 장식을 가미해 보는 사람으로 하여금 위압감과 경외감이 들도록 했다. 일본이 10년이라는 긴 시간과 대량의 건축비를 투입하여 경복궁을 가로막는 위치에 총독부를 세운 것도 조선인들에게 지배자가 누구인지 인식시키기 위한 것이었다.

3층 기숙사 건물은 그렇다 쳐도 골목길의 단층 가옥에서 이런 식의 처마 장식을 보리라고는 상상도 못 했었다. 크기와 위치로 보아 관공서나 큰 공장은 아니었을 텐데, 집을 세운 주인이 어디선가 보고 따라 했던 것이 아닐까? 당장이라도 문을 두드려서 주인을 만나고 싶었지만 나른한 오후의 불청객이 되고 싶지 않은 마음에 꾹 참고 사진기 셔터만 눌렀다.

골목길을 빠져나와 일행을 뒤따르면서는 시간이 붙잡아둔 옛 흔적을 몇 가지 더 발견했다. 눈썹지붕<sup>벽이나 지붕 끝에 붙인 작은 지붕</sup>을 한 일

——— 눈썹지붕이 달린 일본식 2층 가옥(왼쪽)
——— 거의 완벽하게 남은 일본식 2층 가옥. 세월의 무게가 느껴진다.(오른쪽)

본식 2층 가옥은 벽면이 페인트로 칠해져서 모르고 지나칠 뻔했다. 2층 주택에 작은 지붕이 스리슬쩍 끼어든 모양새였다. 처마를 덧댄 눈썹지붕은 한옥에도 있지만, 일본식 가옥에서는 더 흔하게 볼 수 있다.

이 집은 벽면이 페인트로 칠해져 있고, 지붕널 부분에도 하얀 페인트 같은 것이 칠해져 있었다. 하지만 지붕널에 덧칠한 페인트가 떨어져나간 안쪽에는 일본식 가옥의 흔적이 있었다. 또 나의 눈길을 끈 것은 일본식 가옥에서 흔히 볼 수 있는 창문 위의 차양이었다. 건물만큼이나 오래되어 보이는 저 차양에는 얼마만큼의 세월이 얹혀져 있을까?

딱 꼬집어 설명하기는 애매하지만, 한반도의 일본식 가옥에는 사진처럼 눈썹지붕과 지붕의 박공이 비스듬하게 꺾여 들어간 반박공지붕<sub>박공 끝부분이 안쪽으로 비스듬하게 꺾어진 형태의 지붕</sub>이 많은 편이다. 해방촌에도 반박공지붕을 한 일본식 가옥이 많았다. 세월의 무게가 더해지면서 감춰지거나 가려지긴 했지만 발걸음을 멈추고 가만히 들여다보면 집들은 은근슬쩍 자신의 사연들을 털어놨다. 해방촌을 거의 벗어날 무렵 마주친 이 집도 마찬가지였다.

한눈에도 굉장히 오래되어 보이는 이 2층 가옥의 중도리와 지붕널은 이 집이 일제 강점기에 지어졌다는 사실을 알려주었다. 다른 집과 달리 출입문과 측면 창문 위에 설치된 차양이 잘 남아 있어 더 쉽게 알아볼 수 있었다. 사진에는 잘 나와 있지 않지만 전면 출입문 쪽의 차양 받침대도 굉장히 오래된 것이었다.

공간은 기억의 지배를 받을 수밖에 없다. 남산과 해방촌 역시 예외는 아니다. 남산이 그렇듯 해방촌 역시 이제 젊은이들의 발걸음이 끊이지 않는 '핫 플레이스'가 되었다. 하지만 나로서는 화려한 음식점들보다 당장이라도 쓰러질 것 같은 이런 건축물에 더 눈길이 끌린다. 내가 가진 기억의 시선이 더 오래전에 고정되었기 때문이다. 역사를 마주치는 것은 일종의 몽상과 같다. 100년 전의 세상을 이야기하며 걷다 문득 현실로 돌아오는 것이다. 하지만 100년 전의 어떤 결정이 지금의 우리에게도 영향을 미친다는 것을 안다면, 역사는 허무맹랑한 공상이 아니라 현실 그 자체라는 것을 깨달을 수 있다. '역사란 무엇인가'라는 오랜 물음에 대한 답도 찾을 수 있다. 역사란 현실 그 자체일 수밖에 없으니까 말이다.

## 찾아가는 길

남산과 해방촌에 가는 방법은 여러 가지가 있다. 남산과 해방촌을 같이 둘러보려면 지하철 4호선 명동역 1번 출구로 나온 뒤, 남산 애니메이션 센터로 가서 통감부 표지 석을 보고 숭의여대에 있는 경성신사 유구들을 본 다음, 안중근 의사 기념관을 지나 소월로를 따라간다. 그러다 용산2가동 주민센터 삼거리에서 해방교회 방향으로 내려 가면 해방촌을 만나게 된다. 꽤 오래 걸어야 하므로 간편한 복장을 권한다.

## 남산 일본 공사관 연표

1885년 남산 녹천정에 일본 공사관 건립
1907년 통감부가 세워지면서 통감관저로 전용
1910년 총독관저로 전용
1937년 폐쇄
1940년 시정기념관으로 전용
1945년 광복 이후 국립민족박물관으로 사용
1954년 연합참모본부 건물로 사용

## 남산 일본 통감부 연표

1907년 남산 왜성대에 건립
1910년 총독부로 사용
1927년 은사기념과학관 건립

# 대한제국 공업전습소로
# 잘못 알려졌던 건물

● 조선총독부 중앙시험소

**젊음의 거리**

　　　　　　혜화역에서부터 잔뜩 붙어 있는 연극과 뮤지컬
포스터는 대학로가 공연의 메카임을 일깨워준다. 하지만 이곳이 공
연과 젊음의 거리라서 대학로라는 명칭이 붙은 것은 아니다. 이곳은
지금은 관악구 신림동으로 옮긴 서울대학교가 있던 곳이다. 예나 지
금이나 대한민국 최고 대학의 위치를 고수하고 있는 서울대학교가
있던 곳이기에 1966년 도로 이름을 지을 때 대학로가 된 것이다. 굳
이 서울대라는 타이틀을 붙이지는 않았지만 누구도 이곳이 서울대
학교의 거리임을 의심하지 않았다.

　서울대학교가 이곳에 있었던 이유는 1926년 세워진 경성제국대

학 때문이다. 이곳은 사대문 안이면서 종로의 번잡스러움에서 한 발짝 벗어나 있어 학교나 병원을 세우기 좋은 곳이었다.

지금 마로니에 광장에 모여 있는 젊은이들을 보면 이런 예전의 기억들은 남아 있지 않은 것 같다. 하지만 학림다방 같이 아주 오래된 카페와 이제는 서울대학교병원 의학박물관이 된 대한의원 같은 건물들의 존재는 이곳이 아주 오래된 역사를 품고 있다는 것을 말해준다. 벽돌과 화강암으로 만든 오래된 건물 옆에 유리와 철로 된 새 건물이 나란히 서 있는 모습은 이곳의 시간이 아주 광범위하게 흘러왔음을 보여준다.

그러한 대학로의 한 모퉁이에는 이곳의 시간이 아주 오래되었음을 알려주는 징표가 하나 남아 있다. 한때 대한제국 공업전습소로 잘못 알려졌던 조선총독부 중앙시험소다. 현재 한국방송통신대학 별관으로 사용 중인 이 건물은 내력부터 외양까지 굉장히 독특하다.

1981년 사적 제279호로 지정된 이곳은 예전에는 이 건물이 대한제국 탁지부 건축소에서 설계, 1909년에 세운 대한제국 시절의 건축물이라고 알려져 있었다. 현존하는 대한제국 유일의 목조건축물로서 상공업을 진흥시키기 위해 금은세공, 직조 같은 근대적 기술을 익히는 곳이라는 '공업전습소'로 불렸다. 지금도 이곳에 가면 그렇게 적혀 있는 안내판을 볼 수 있다.

방송통신대학교는 현재 이 건물을 우체국과 연구실, 사무실, 세미나실 등으로 사용하고 있다. 현관 좌측에는 역사관이라는 동판이 붙어 있는데, 이 건물 내부에 방송통신대학교의 연혁과 발자취를 담은

——— 방송통신대학교 정문 바로 오른편에 위치한 조선총독부 중앙시험소. 길을 걷다 보면 바로 옆에서 볼 수 있다.

작은 공간을 마련해두었기 때문이다. 이 건물의 이름과 내력이 잘못 알려진 이유를 알아보기 위해서는 먼저 대한제국과 탁지부 건축소에 대해 이야기하는 것이 순서일 듯하다.

알려져 있다시피 대한제국은 아관파천으로 일본의 손아귀에서 벗어난 고종이 황제에 즉위하면서 탄생한 국가다. 대한제국은 일본을 비롯한 열강의 간섭에서 벗어나 자주독립과 부국강병을 이룬다는 목표를 세우고 각종 정책을 시행했다. 이때 일어난 일련의 정책과 움직임들을 고종이 황제로 즉위하면서 내세운 연호인 '광무'를 본떠 '광무개혁'이라 부른다. 이 광무개혁에 대해서는 상반된 시각이 공존한다. 구호만 요란한 빈 수레였다는 평가도 있고, 실질적으로 개혁이 진행되었지만 일본의 방해로 실패하고 말았다는 평가도 있다. 확실한 것은 아관파천이 일어난 1896년부터 러일전쟁이 일본의 승리로 끝난 1905년까지 전기와 수도, 전차 등이 도입되는 가시적인 성과가 있었다는 점이다.

탁지부는 아관파천 직전인 1895년 갑오경장의 여파로 생겨났다. 국가예산을 맡는 관청으로, 오늘날의 재무부에 해당한다. 탁지부 예하의 건축소는 근대 문물 도입에 필요한 각종 건축물을 설계하고 건축했다. 천일은행과 어음조합의 사무실로 사용되던 광통관과 대한의원건물도 탁지부 건축소의 작품이다.

공업전습소도 마찬가지였으나, 탁지부 건축소의 설립연도가 을사늑약 체결 이듬해인 1906년이었기에 설계자를 비롯한 대다수의 직원들은 일본인이었다. 그들의 목표 역시 대한제국의 자립이 아니라 식민지의 토대를 닦는 것이었다.

탁지부 건축소는 한일병합 이후 폐지되면서 총독부 예하 건축과에 흡수되었다. 공업전습소 건물은 한일병합 전해인 1909년에 세워졌으므로 일본의 입김에서 자유로울 수 없었다. 어쨌든 공업전습소에는 현재 남아 있는 본관 외에도 실습장과 기숙사 등의 부속건물이 더 세워질 예정이었다. 건설 위치로는 기계시험소가 있던 장소가 예정되었다. 대한제국이 일본의 간섭이나 방해를 받지 않았다면 이곳은 국립공과대학으로 발전하지 않았을까 싶다. 어쨌든 일본은 원활한 식민 지배를 위해 조선의 기술을 일정 수준까지 올려야 한다고 판단했던 것 같다.

1907년, 공업전습소는 첫 입학생을 받으면서 활동을 시작한다. 하지만 1912년 총독부가 같은 자리에 중앙시험소를 세우면서 공업전습소는 예하 조직이 되어버렸다. 조선인 기술자들이 양성될 수 있는 길을 은근슬쩍 막은 것이다. 그리고 1916년 경성공업전문학교가 세워지면서 공업전습소는 역사의 뒤편으로 사라졌다. 경성공업전문학교는 후에 경성 고등공업전문학교로 이름이 바뀌었는데, 일제 강점기에는 줄여서 경성고공으로 불렸다. 유명한 시인 이상도 이곳을 졸업한 뒤 총독부에서 잠시나마 건축 관련 업무에 종사했었다.

그런 시간들을 거쳐 공업전습소 본관은 오늘날까지 계속 남아 있다고 전해져왔다. 하지만 지난 2008년 국가기록원의 의뢰를 받아 일제시대 건축도면들을 데이터베이스화하는 작업을 진행 중이던 서울대학교 건축사연구실의 주상훈 연구원이 충격적인 사실을 밝혀냈다.


## 공업전습소가 아니라
## 중앙시험소

현존하는 이 건물은 공업전습소가 아니라 중앙시험소 건물이라는 사실이었다. 사진을 보면 외형부터 확연하게 차이가 난다. 지금 남아 있는 목조 건물은 르네상스 양식으로, 첨탑이 달려 있으며 현관을 비롯한 외부에 많은 장식이 붙어 있다. 반면

1910년 일본인이 찍은 사진 속의 공업전습소는 첨탑이 보이지 않는 평범한 2층 건물이다. 창문과 지붕의 형태도 다르다. 또 공업전습소 본관이 세워진 위치도 현재보다 훨씬 뒤쪽이다.

이런 오류가 발생한 이유는 공업전습소의 소속이 여러 차례 바뀌었고, 결정적으로 공업전습소가 사라진 뒤 곧바로 중앙시험소가 들어서면서 기억에 혼돈을 불러왔기 때문이다. 비슷한 예로 홍대입구 사거리에 있던 청기와 주유소는 몇 년 전에 사라졌지만 버스 정류장의 명칭은 여전히 청기와 주유소 앞이라는 사실이 있다. 사람들도 약속 장소를 말하거나 지금 어디를 지나가고 있는지 얘기할 때 스스럼없이 청기와 주유소 앞이나 근처라고 말한다.

이처럼 공업전습소에 대한 기억이 채 사라지기도 전에 근처에 중앙시험소가 세워졌으니 혼란이 온 것은 어쩌면 당연한 일인지도 모르겠다. 후대의 연구자들도 그래서인지 그 오류를 별다른 의심 없이 받아들였다. 그 사실은 1981년에 사적으로 지정되었을 때까지도 밝혀지지 않았기 때문에 이 건물은 오랜 기간 공업전습소로 알려져야 했다.

그렇다면 이 공업전습소로 잘못 알려진 중앙시험소는 언제 만들어졌을까? 아마 중앙시험소를 설치하기로 결정한 1912년 착공되어 1914년 이전에 완공된 것으로 보인다.

또 공업전습소 근처에 세워진 것은 각종 시험을 주관하는 기관이어서 공업전습소와 밀접한 연관이 있었기 때문으로 보인다. 이렇게 중앙시험소가 세워지는 과정에서 원래의 공업전습소는 해체되거나 사라진 것으로 추정된다.

그렇다고 해서 공업전습소로 잘못 알려진 중앙시험소 건물의 가치가 떨어지는 것은 아니다. 세워진 지 100년이 넘은 목조 건물은 흔치 않기 때문이다. 건물의 형태는 ㄷ자 형태로 중앙에 작은 첨탑이 세워져 있다. 一자 형태의 건물에 양쪽 끝이 돌출되었다고 하는 것이 좀 더 정확할 듯하다.

정면과 좌우, 그리고 뒤쪽에는 하나씩의 출입문이 있다. 단순하면서도 무게감 있고, 균형 잡힌 느낌을 준다. 화강암이나 벽돌을 쓰는 건물에 비해 가벼운 느낌을 줄 수밖에 없는 목조 건물에서 이런 느낌을 받기란 쉽지 않은 일이다.

외형은 대단히 화려해서 석조 건물로 오해받기 쉽다. 실제로도 석조 건물처럼 보이도록 만들어졌다. 그래서 이 건물을 의양풍으로 분류하기도 한다. 앞서 설명했듯 의양풍은 일본인들이 서양의 건축기술을 모방해서 만든 목조 건물을 지칭한다. 남산의 녹천정에 세운 일본 공사관이 대표적이다. 신라의 장인들이 돌을 쪼개 목탑을 흉내 낸 석탑을 만들어낸 것처럼, 일본 역시 외국의 기술을 자체적으로 소화해내기 위해 여러 시도를 했던 것이다. 이런 의양풍 건물들은 1920년대까지 조선과 일본에서 계속 만들어졌다. 석조 건축보다 시간과 비용을 줄일 수도 있고, 일본은 목조 건축이 상대적으로 발달하였기에 장인과 재료를 손쉽게 구할 수 있었기 때문이다.

이처럼 화려한 외관 중에서도 가장 눈에 띄는 것은 현관이었다. 화강석으로 만든 세 칸의 계단 좌우에는 별다른 장식이 없는 난간대인 소맷돌이 경사지게 붙어 있었다. 나무로 만든 포치 위쪽엔 키스톤을 흉내 낸 목조 장식이 있었고, 가로로 길게 이어붙인 널빤지 사이에 작은 간격이 있어 돌을 쌓은 것 같은 느낌이 들었다. 현관의 포치는 그대로 2층의 발코니로 이어졌는데, 난간 부분도 굉장히 화려하게 만들어졌다.

현관과 발코니의 화려함은 2층으로 이어졌다. 한 쌍의 사각형 벽기둥이 마치 건물을 지탱하는 모양새를 취하고 있었고, 가운데에는 양쪽으로 여닫을 수 있는 넓은 창이 있었다. 창문 위쪽에 있는 차양의 장식도 굉장히 화려했다. 2층 창문 위쪽으로는 삼각형의 박공지붕이 있었다. 정면에 나란히 붙은 벽기둥 두 개는 목조 건축물에서 찾아볼 수 없는 무게감을 느끼게 해주었다.

박공지붕에는 환기와 채광을 위한 다락창이 달려 있었다. 벽기둥들은 빗물받이가 있는 처마를 뚫고 박공지붕 끝까지 올라가 떠받드는 형태로 만들어져 중후한 무게감을 주었다. 사실 가벼운 복조 건물이라 이런 형태의 벽기둥이 필요한 것은 아니지만, 보는 이들의 눈을 속이기 위해 정교하게 만들어지긴 했다. 벽기둥이 지붕과 만나는 부분은 아예 석조 기둥에서 볼 수 있는 주두 모양으로 만들어져 있었다.

옆으로 이어지는 처마 밑을 자세히 보니 벽돌로 쌓은 건물에서 볼 수 있는 코벨링 디테일까지 정교하게 흉내 낸 것을 알 수 있었다. 다락창, 발코니 난간 모서리, 현관 차양 아래 붙은 장식들은 위에서 아래로 모이거나 수직성을 강조한 형태여서 무의식적으로 건물이 높아 보이도록 인식하게 해주었다. 근대 건축물들의 외부 장식들을 처음 봤을 때는 시간과 돈 낭비라고 생각했는데, 실제로 보니 이런 식의 시각적 효과를 통해 건축물이 주고자 하는 메시지에 무게감을 더해주는 역할을 하고 있었다.

그런가 하면 좌우 모서리 돌출부도 현관 못지않은 화려함을 자랑했다. 특히 2층 아치형 창문의 상단은 가로와 세로로 그어진 일반적인 창살이 아니라 ×자 형태의 창살을 넣어서 변화를 주었다. 아치형 창문의 좌우에는 긴 창문을 하나씩 배치하여 수직성을 강조했다. 보통 석조 건물의 창문에 벽돌이나 화강석으로 덧대는 부재인 상인

———— 중앙시험소 현관. 목조 건물을 석조 건물처럼 보이도록 심혈을 기울인 흔적이 엿보인다.(왼쪽)
———— 현관만큼이나 화려함을 자랑하는 상층부(오른쪽)

방과 하인방이 이 긴 창문의 위아래에 덧붙어 더욱 석조 건물 같은 분위기가 났다. 창틀 위에 나무나 화강석을 가로질러 덧댄 것은 창문이 받는 압력을 막아주는 역할을 위해서였다. 목재로 지은 중앙시험소의 상인방은 구조적으로는 필요 없지만 장식적 요소를 위해 덧붙여졌다. 대신 다른 창문들을 평범하게 꾸며놓아 이질적으로 느껴질 수 있는 분위기를 어느 정도 억눌렀다.

측면과 후면은 화려한 전면부에 비해 수수한 편이었다. 좌측 출입구는 폐쇄된 상태였으며, 우측 출입구는 우체국 출입문으로 사용되고 있었다. 정면에 나란히 붙은 두 벽기둥도 이곳에서는 하나로 줄어 있었다. 측면 현관은 정면 현관과 달리 발코니가 있는 포치가 생략되어 있었고, 비를 피할 수 있을 정도의 간단한 차양만 설치되어 있었다. 현관 지붕은 정면처럼 삼각형의 박공이 아니라 반원형의 아치 형태로 만들어져 있었다. 화려하고 요란한 정면에 비해 상대적으로 차분한 느낌이었다.

뒷부분은 그나마 벽기둥도 생략되어 창문과 문밖에 없기에 더 허전해 보였다. 다만 후면 출입구의 좌우에 난간대인 소맷돌은 눈에 띄는 부분이었다. 정면의 소맷돌이 계단을 따라 경사진 반면, 후면 출입구의 소맷돌은 직선으로 이어져 있었다. 버팀목이 하나씩 붙어 있는 차양도 앞쪽으로 살짝 기울어지게 만들어져 있었다. 빗물이 고이지 않고 바로 아래로 흘러내리도록 하는 역할이었다. 목조 건물이기 때문에 빗물에 대한 대비책을 꼼꼼하게 세워놓은 편으로, 건물 주변을 따라 배수로가 구축되어 있었다.

———— 후면 출입구의 모습. 화려
한 전면 출입구에 비하면 수수한 편
이다. 소맷돌이 직선으로 뻗어 있고,
계단의 층수가 많은 게 눈에 띈다.

건물을 따라 한 바퀴 돌면서 기단과 벽 또한 자세히 살펴봤다. 기
단은 긴 화강석을 2단으로 둘러서 안정감을 주었고, 가장 궁금했던
벽체는 널빤지를 가로로 길게 붙이고 못질을 해서 고정시켰다.

석조 건축물처럼 보이는 길고 가느다란 홈은 널빤지의 위아래를
반턱씩 따서 붙이는 방식으로 되어 있었다. 자세히 보면 못질을 한
흔적과 나무의 질감을 느낄 수 있지만, 언뜻 보면 목조인지 석조인
지 알 수 없을 만큼 정교하다.

또 사진에는 없지만 중앙시험소의 지붕 한가운데에는 작은 첨탑
이 있었다. 사각형 첨탑에는 원형 지붕이 얹혀 있고, 사방에는 루버
창이 나 있었다. 크기가 너무 작으므로 장식으로 만들었을 가능성이

높았다.

한편 내부 구조는 비교적 간단한 편이었다. 현관문을 열고 들어가자 十자 모양으로 복도와 방들이 배치되어 있었다.

좌우측이 긴 편이기 때문에 양쪽은 복도라는 느낌을 주는 반면, 들어가자마자 후면 출입구가 보여서 앞뒤로는 공간성이 그다지 돋보이지 않았다.

우측 출입문 옆에는 위층으로 올라가는 계단이 설치되어 있었다. 복도의 벽은 하얀색으로 칠해져 있어 어두운 빛의 걸레받이와 대조를 이뤘다. 복도의 문과 2층으로 올라가는 계단의 난간은 모두 고풍스러운 분위기를 풍길 정도로 오래되어 보였다.

——— 우체국 출입문으로 사용되는 측면 출입구. 전체적으로 전면부보다 수수하다.

## 과거와 현재

한 가지 특이했던 점은 바로 뒤에 배치된 제1연구동과 지상연결통로Over bridge로 이어졌다는 것이었다. 건물 틈새를 지나 후면으로 가려다 머리 위에 놓인 지상연결통로를 보고 나도 모르게 걸음을 멈췄다. 전체적인 형태나 도색이 중앙시험소와 똑같아 오래전부터 있어왔던 것으로 생각했기 때문이다. 지어진 지 100년이 넘은 목조 건물이 대리석과 화강암으로 만든 현대식 건물과 통로로 이어지는 모습을 보니 마치 과거와 현재를 이어놓은 것 같은 착각이 들었다. 물론 나중에 만든 연결통로임을 알기는 했지만.

우리는 역사라는 모호한 담론을 얘기하면서 특정 시대를 고집하는 경향이 있다. 우리 조상들이 수천 년 동안 지내오면서 갓을 쓰고 도포를 입은 기간은 수백 년에 불과하다. 지금처럼 고춧가루가 들어간 김치를 먹은 지는 300년이 채 되지 않는다. 모든 가정에 족보를 가져다놓고 제사를 지내기 시작한 것도 길게 잡아 100년 전부터다.

이런 불일치는 역사를 그대로 이해하는 대신 나에게 필요한 것, 혹은 가지고 싶은 것들만 바라보면서 발생한 것이다. 그래서 김치가 한민족을 대표하는 소울 푸드가 되어야 하고, 우리 집안은 뼈대 있는 양반의 후손이라고 착각하는 것이다. 그런 몰이해들은 역사를 착각과 선입견의 감옥에 가두는 것이 될 수 있다. 역사는 발걸음을 떼어서 옆 건물로 옮겨갈 수 있는 중앙시험소의 연결통로처럼 현재와 이어져야 한다.

중앙시험소는 한국 최초로 세워진 공업교육 관련 건물이라는 타이틀, 그리고 탁지부 건축소에서 설계한 유일한 목조 건물이라는 타이틀을 잃었다. 그럼에도 그 가치는 떨어지지 않는다. 1910년대에 지어진 의양풍 목조 건물이라는 사실은 사라지지 않았기 때문이다. 비록 일본의 야욕에 의해 만들어지긴 했지만 그것조차 포용해야 하는 것이 역사이기 때문이다.

### 찾아가는 길

지하철 4호선 혜화역 2번 출구로 나와서 직진하면 마로니에 공원을 지나 한국방송통신대학교 본부가 나온다. 중앙시험소는 정문 바로 옆에 있다.

2장
개항의 시작

인천은 1883년 개항과 더불어 급격한 변화를 맞았다. 한성으로 들어가는 관문인 이곳으로 외국인들과 함께 그들의 문물이 쏟아져 들어왔고, 조계지가 형성되면서 청나라, 일본, 서양 사람들이 자리 잡았다. 그리고 엄청난 조수간만의 차를 이겨내기 위해 부두와 항만이 정비되기 시작했다.

근대의 문물 중 일본이 만든 것들이 주로 남은 서울과 달리 인천에는 청나라와 서양인들이 만든 것들도 상당히 많았다. 하지만 그중에서도 인천을 가장 탐낸 것은 일본이었다. 일본은 개항 직후부터 주도권을 놓지 않기 위해 수단과 방법을 가리지 않았다. 거류지가 만들어지자 호텔, 은행 지점, 해운회사가 차례로 들어왔다. 식민지가 된 후에도 인천은 경성의 성장과 맞물려 호황을 누렸다. 월미도가 관광지로 각광받으면서 관광객들도 찾아왔다.

광복이 되고 인천상륙작전이 벌어지면서 외국인들이 남겨놓은 근대의 흔적은 거의 파괴되거나 버려졌다. 그렇게 한동안 잊혀 있던 인천의 근대는 차이나타운의 재탄생과 더불어 되살아나고 있다. 차이나타운과 접한 일본 거류지의 은행과 호텔들은 광복 이후 버려지거나 다른 용도로 쓰였다. 이 건물들

부평 조병창

도 리모델링을 통해서 복원되거나 박물관으로 사용되고 있다.

서울에 남은 일제의 흔적이 행정과 군사 중심이었다면 인천은 금융과 해운 중심이었다. 서울과는 다른 형태의 기억들이 남아 있다. 무엇보다 거류지 형태로 남아 있다는 점은 나로 하여금 인천을 방문하지 않을 수 없게 했다.

서울과 인천의 중간에 위치한 부평은 교통의 편리함 덕에 일찍이 공업 지대 내지는 중간 거점이 되었다. 일제 강점기에 접어들면서 본격적인 공업화의 길을 걷게 된 부평은 태평양전쟁이 시작되면서 군수물자를 생산하게 되었다. 인천을 통해 원재료를 수입하기 쉬웠고, 경성과도 가까웠기 때문이다. 부평 조병창은 전쟁에 필요한 각종 군수물자를 생산하면서 상당한 규모로 확대되었다. 그러다 광복 이후 미군에 접수되어 오늘날까지 캠프마켓으로 명맥을 이어오고 있다. 일본과 미국 모두 부평의 지리적 중요성을 인식한 것이다.

# 근대화의 관문

●
인천 개항누리길 1

## 한반도 최고의 항구

인천仁川을 일본어로 발음하면 '진센'이고 중국어로 발음하면 '런촨'이다. 오랜 세월 경성으로 가는 관문이자 출발지로서의 역할을 묵묵히 해낸 인천, 혹은 제물포는 조선 후기까지 조용한 어촌 마을쯤으로 인식되었다. 그래서 일부에서는 일본과 청나라를 비롯한 외부 세력에 의해 오늘날의 인천이 만들어졌다고 생각한다.

하지만 인천 지역은 삼국시대부터 '미추홀'로 불리며 요충지로 주목받았다. 고려시대에는 송나라와의 무역창구였고, 조선시대에는 외적의 침략을 막는 군사 요새와 말을 키우는 목장들이 들어섰다.

그리고 고종이 즉위한 뒤에는 조선의 개항을 노리는 서양 세력들이 호시탐탐 노리는 지역이 되었다. 청나라의 수도 베이징에 진출하기 위해 서구 열강이 노린 곳이 톈진인 것처럼, 한성으로 진입하기 위해서는 인천을 반드시 장악해야 했기 때문이다.

그중 인천에 가장 끈질기게 욕심을 낸 것은 일본이었다. 1875년 9월 일본군함 운요호가 수로 탐사를 핑계로 강화도 인근 해역을 항해하다 사소한 충돌을 빌미로 조선군이 주둔한 영종진<sub>인천 앞바다 영종도에 있는 진성</sub>을 공격해서 학살과 약탈을 저질렀다. 이 일을 계기로 조선은 협상장에 나서야 했는데, 이는 일본이 원하던 것이었다.

결국 조선은 일본의 요구를 받아들여 1876년 '강화도조약'이라 일컬어지는 '조일수호조규'를 맺었다. 서구 열강과 조약을 체결해본 적이 없던 조선은 일본과 불평등한 조약을 맺을 수밖에 없었고, 그 중에는 일본이 원하는 항구 세 곳을 개항장으로 열어야 한다는 조건도 있었다. 그 조건에 따라 부산과 원산에 이어 1883년 인천이 개항되었다. 조선 정부는 한성의 코앞인 인천의 개항을 원하지 않았지만, 전해에 벌어진 임오군란으로 일본 공사관이 불타고 인명피해가 발생하면서 어쩔 수 없이 개항을 해야 했다.

개항 이후 인천의 모습은 급속도로 바뀌었다. 한적하다고는 할 수 없어도 나름 고요한 곳이었지만, 일본을 비롯한 서양 열강이 앞 다투어 발을 디디면서 한반도 최초로 근대화를 맞이한 것이다.

경부선 철도가 놓이기 전까지 한성으로 가장 빨리 들어갈 수 있는 방법은 인천을 통해서였다. 열강 중 가장 먼저 발을 내디딘 것은 역시 일본이었다. 개항 이전에 이미 비공식적으로 영사 업무를 보던 일본은 개항이 결정된 그해, 오늘날 중구청이 있는 자리에 영사관을 지었다.

그러자 뒤를 이어 청나라와 영국, 러시아 등이 영사관을 개설했다. 각국 영사관이 들어서고, 그들이 설정한 조계지개항장에 외국인들이 머무는 지역. 해당 국가의 법률이 적용되지 않는 치외법권지역이다가 형성되면서 일본인 거류지조계지와 같은 뜻. 일본은 조계지 대신 거류지라는 명칭을 사용했다와 청나라의 조계지가 들어섰다. 그 밖에 서구 열강이 공동으로 관리하는 만국 지계가 형성되면서 인천은 그야말로 근대화의 실험장이 되었다.

외국 무역회사들이 밀려들면서 이들이 가져온 상품에 관세를 매기기 위한 세관이 들어섰고, 경찰서와 우체국 같은 관공서는 물론 근대식 교육을 시행하는 학교도 하나둘 세워졌다. 외국인들을 위한 별장과 사무실도 만들어지고, 최초의 근대식 공원도 모습을 드러냈으며, 최초의 근대식 호텔도 자리를 잡았다. 이렇게 인천의 모습은 가파르게 변해갔다.

인천의 주도권을 둘러싸고 벌어진 각국의 다툼에서 최종적으로 승자가 된 것은 일본이었다. 가장 강력한 경쟁자인 청나라를 청일전쟁으로 일찌감치 꺾은 일본은 러시아까지 몰아냄으로써 20세기에 접어들면서 인천에서 독보적인 지위를 차지했다. 타운센드나 세창양행 같은 영국과 독일의 회사들도 진출하긴 했지만 본국에서 너무 멀었고, 조선인들이 좋아할 만한 상품들을 제대로 구비하지 못한 탓에 자리를 잡지 못했다.

인천의 변화는 1899년, 한반도 최초의 철도인 경인선이 놓이면서 한층 빨라졌다. 인천과 노량진 사이를 오가는 열차의 등장은 인천의 발전을 가속화시켰다. 예전에는 하루 정도 걸렸던 인천과 한성 사이를 불과 두 시간 만에 주파하게 된 것이다. 그러면서 인천항으로 더 많은 화물이 몰려왔다. 그리고 갯벌이 많고 조수간만의 차가 심했던 인천항에는 준설 공사가 시행되었고, 도크 또한 건설되었다.

시간이 지나면서 일본은 인천뿐 아니라 한반도 전체에서 원래 주인이었던 조선보다도 강력한 권력을 가지게 되었다. 인천을 넘어선 한반도의 비극이 시작된 것이다. 또 이곳은 외국으로 떠나는 이민선이 출발하는 곳이기도 했다. 1902년 최초의 하와이 이민자들이 갈릭호를 타고 떠난 곳도 인천항이었다.

일제 강점기 시절에도 인천은 줄곧 한반도 최고 항구로서의 명성을 유지했다. 아울러 월미도를 비롯한 인천 지역은 경성 시민들의 휴양지로서 각광받았다.

1945년, 영원할 것 같은 일본의 한반도 지배는 막을 내렸다. 그러면서 인천은 고국으로 돌아가는 일본인들의 출발지가 되었다. 남아 있던 근대 건축물은 한국전쟁, 특히 인천상륙작전으로 인해 사라지고 말았다. 세창양행 사택, 존스턴 별장, 영국 영사관, 인천해관 같은 많은 근대 건축물이 잿더미가 되었다.

하지만 상당수의 근대 건축물, 특히 일본이 만든 건축물들은 아직까지도 건재하다. 인천 중구청은 이런 지역적 특성을 살려 '개항누리 길'을 조성했다. 차이나타운과 붙어 있고, 자유공원까지 둘러보

기에도 부담이 없어서 한가한 평일
오후에 지하철을 타고 돌아볼 만도
하다. 동인천역 2번이나 3번 출구로
나와서 신포시장을 지나서 가거나,
인천역에서 내려 맞은편 언덕의 차
이나타운을 둘러보고 자유공원에 들
렀다 가는 방법이 있다. 개인적으로
는 후자를 추천하고 싶다. 북적이는
차이나타운과 상대적으로 고요한 개
항누리 길의 극적인 다름을 한꺼번
에 맛보는 재미가 좋기 때문이다.

——— 인천여상 경내에 남
은 인천신사의 흔적

## 학교 안에 숨은
## 일제의 흔적들

　　　　　　나는 한양대 비교역사문화연구소에서 진행하는
인천근대유적 답사에 참여하게 되었고, 책과 논문으로만 보면서 궁
금했던 점들을 답사에 동행하면서 푸는 행운을 누릴 수 있었다.
　답사의 시작은 인천 지역에 밀려온 일본인들이 정신적 지주로 삼
았던 인천신사 터였다. 지금의 인천여자상업고등학교인천여상에 자리
잡은 인천신사의 유래는 1889년으로 거슬러 오른다.
　인천 지역의 일본인 거류민들의 숫자가 늘어나자 자연스럽게 신

사를 세우자는 의견이 모아졌고, 이를 위한 모금활동이 이뤄지면서 신사가 건립된 것이다. 그리고 이듬해 신사에 모실 창조신인 아미테라스 오미카미의 신위가 일본으로부터 들어왔다.

처음 건립될 당시의 이곳 명칭은 인천대신궁이었다. 그러던 것이 1915년 증축을 하면서 인천신사로 이름을 바꾸고 일본국왕 메이지의 신위까지 모시면서 격이 높아졌다.

이후 광복이 되면서 인천신사에는 미군이 주둔하게 되었다. 그리고 미군이 떠난 뒤에는 인천여상이 들어서면서 신사의 흔적이 차츰 사라져갔다. 나는 아주 작게 남은 그 흔적들을 찾아 학교로 들어가 보기로 했다.

5,000평에 달하는 경내에 있던 수많은 건물과 전각들은 모두 사라지고 남은 것은 기둥 두 개와 석등, 화강암으로 만든 난간, 알 수 없는 글씨가 새겨진 각석 하나뿐이었다.

나날이 늘어나는 학생들을 수용해야 하는 학교의 사정으로 인해 소멸이 가속화된 것으로 보인다. 그리고 남산을 비롯한 다른 지역에서도 유독 신사들의 파괴와 소멸이 빠른 편이었던 것은 그만큼 거부감이 심했기 때문이 아닐까 싶다. 그들의 신이었을 뿐 우리에게는 바다를 건너온 잡신일 따름이었으니까.

여러 흔적 중 가장 먼저 눈에 띈 것은 화강암으로 만든 원형 돌기둥이었다. 언뜻 보고 신사의 출입구에 세워진 도리의 일부분이 아닐까 싶었다. 앞쪽에 직사각형의 홈이 파여 있는 것을 보니 무언가를 걸어놓거나 줄을 끼워 넣기 위한 용도였던 것 같다. 그러고 보니 일전에 인천신사의 옛 사진을 보던 중 화강암 난간이 있는 돌다리 앞에 좌우로 세워진 돌기둥에 금줄 같은 것이 걸려 있던 것을 발견한 적이 있었다. 처음에는 그 돌기둥이 아닌가 싶었다. 그러나 흑백사진 속의 돌기둥은 사각형이고 사람이 지나갈 수 있을 정도로 높은 반면, 계단 위의 돌기둥은 원통형인데 길이도 짧은 편이었다. 무엇보다 이곳 땅은 야트막한 경사로였던 반면 사진 속의 돌기둥 앞에는 가파른 계단이 놓여 있었다.

사실 눈길을 더 끌었던 것은 그 옆에 오롯이 서 있던 석등이었다. 일본인들은 유독 석등을 좋아해서 정원이든 어디든 세워두기를 좋아한다. 신사도 예외는 아니어서 남아 있는 사진이나 유구들 틈에서 석등을 찾는 것은 어려운 일이 아니었다. 인천신사의 모습을 담은 옛 사진에서도 여러 형태의 석등을 찾아볼 수 있었다. 그렇다고는 해도 그 석등은 자연스럽게 눈길이 갈 정도로 화려했다.

화강암으로 만들어진 석등은 바닥이 육각형이었고 각 면마다 연꽃 같은 게 조각되어 있었다. 기둥 부분인 간주석은 중간에 마디가 있는 원형으로, 어떤 글자들이 새겨져 있었다. 그러나 그중 알아볼 수 있는 것은 '쇼와19년'昭和十九年 정도였다. 서기 1944년에 이 석등을 만들었거나 기증했다는 의미가 아닐까 싶었다. 윗부분과 연결된 상대석은 활짝 벌려진 꽃잎 모양이었고, 불을 밝히는 부분인 화사석에는 동물, 구름 같은 문양이 새겨져 있었다. 가장 윗부분인 옥개석은 마치 꽃망울을 모자처럼 덮어쓴 형태로 석등의 무게감을 덜어주고 있었다.

그런가 하면 석등과 돌기둥 근처에는 정체불명의 글자가 새겨진 각석이 가로등 아래 놓여 있었다. 한쪽 면을 파낸 다음 정성스럽게 문구를 새긴 모양이었다. 네 글자 정도 되는 것 같았는데, 정확하지 않지만 '개항기념'開港紀念으로 보였다. 인천항의 개항 몇 주년을 기념하는 각석이 아니었을까 싶다.

　학교 운동장을 둘러보고 다음으로 살펴보러 간 곳은 경성신사로 들어가는 입구에 만든 석축과 난간이었다. 언덕 위에 만들어진 터라 편하게 걸어 올라가기 위해서는 길을 평탄하게 만들 필요가 있었고, 이를 위해 석축을 쌓고 난간을 설치한 것이다.

　인천여상이 세워지면서 구조가 심하게 변경되었기 때문에 예전의

——— 인천신사의 석등. 섬세한 조각미와 균형미를 자랑한다.

모습을 유추할 수는 없었다. 하지만 기모노를 정성껏 차려 입고 경건한 마음으로 언덕을 올랐을 일본인들의 모습만큼은 떠올릴 수 있었다. 물론 그 뒤에는 허리 한번 제대로 펴지 못하고 고생하던 수많은 조선인들의 피눈물이 있었지만. 나는 그대로 걸음을 옮겨 근처의 묘각서 터를 둘러본 뒤 개항누리 길로 향했다.

## 관광지가 된
## 근대의 기억

이 지역 답사는 제물량로의 아트 플랫폼에서 시작하는 것이 여러 모로 편리하다. 갯벌이 많았던 인천에서는 간척이 활발하게 진행되었는데, 이 지역도 제물량로를 기준으로 해안 쪽은 간척지에 해당한다.

간척이 된 쪽은 하버파크 호텔을 비롯한 고층건물들이 들어선 반면, 육지 쪽은 붉은색 벽돌로 된 고풍스러운 보세창고 건물들이 서 있어 묘한 대조를 이룬다. 현재 보세창고 건물들은 아트 플랫폼에서 운영하는 갤러리나 카페로 사용되고 있다.

아트 플랫폼을 출발점으로 삼는 이유는 이곳에서부터 올라가는 길이 좌우로 일본 거류지와 중국 조계지로 나뉘기 때문이다. 길을 사이에 두고 일본식 건물과 중국식 건물이 나란히 서 있는 묘한 광경은 인천에서만 볼 수 있는 진풍경일 것이다.

오르막길을 조금 올라가다 보면 오른쪽에 노란색 타일로 장식된 단층 건물이 보인다. 일본우선주식회사의 인천 지점으로 사용되었던 건물이다.

일본우선주식회사는 조선의 바다를 장악하려는 일본의 야심이 탄생시킨 회사다. 조선의 개항 이후 일본은 부산을 오가는 정기선을 운행하는 자국의 기선 회사에 보조금을 지급했다. 인천 역시 그런 방식으로 정기선을 운행하려고 했지만 보조금 액수를 놓고 기선 회사와 협의를 하는 사이 영국의 이화양행이 한발 먼저 정기선 항로를 개설했다. 위기감을 느낀 일본은 서둘러 보조금을 지급하는 조건으로 부산으로만 가던 정기선을 인천에도 향하도록 했다.

일본이 인천에 뿌리를 내리려고 안간힘을 쓰던 1883년, 우편기선 미쓰비시 회사의 인천 출장소가 세워졌다. 그리고 2년 뒤, 우편기선

———— 오르막길의 시작점에 위치한 일본우선주식회사 인천 지점

미쓰비시 회사와 공동운수 회사가 합병해서 일본우선주식회사로 새롭게 출범했다. 그리고 이 회사의 건물은 청일전쟁 당시 일본해군 병참사령부로 사용되었으며, 회사는 러일전쟁 때 병력과 물자 수송 업무를 맡았다. 그러면서 일본 정부의 권력을 등에 업고 조선 정부의 해운관련 업무를 위탁받았고, 인천 연안의 해운 항로를 장악하다시피 했다고 전해진다.

건물 옆의 안내판에 따르면 이곳은 최근까지 해운업 관련 회사가 사무실로 사용했다고 한다. 건물은 단층이면서도 여러 가지 포인트가 있어 눈길을 끌었다. 이후에 본 인천의 근대 건축물은 대부분 단층이었지만 복층 건물 못지않은 존재감을 과시했다.

서울 지역의 근대 건축물들이 중앙시험소 정도를 제외하고는 정적이면서 정돈되었다는 느낌을 주는 반면, 단층이 주류를 이루는 인천 지역의 근대 건축물들은 역동적이고 실험적인 구조를 보이고 있었다. 서울에는 공사관이나 통감부 같은 관공서가 주로 남아 있는 반면, 인천에는 회사와 은행 같은 기업들의 건물이 남아 있기 때문인 듯했다. 규모는 서울 쪽이 더 컸지만 역동성은 인천이 한 수 위였다. 두 지역의 건물들은 마치 성공한 갑부와 야심찬 젊은 사업가처럼 서로 다른 모습을 보여주고 있었다.

일본우선주식회사 건물은 정확히 언제 만들어졌는지는 알려져 있지 않다. 다만 청일전쟁이 끝난 1895년 즈음으로 생각되고 있었는데, 2008년 리모델링 공사를 하던 중 천장에서 건축물의 연혁이 적힌 상량판이 발견되었다. 상량판에는 이 건물의 상량이 올라간 시기가 메이지 21년 9월 19일이라고 적혀 있었다. 따라서 이 건물은 1888년 하반기에는 완성되었다고 봐야 할 것이다.

단층 건물이라 별로 볼 만하지 않을 것이라는 내 예상을 비웃듯 건물은 다양한 모습을 보여줬다. 바다 쪽을 향한 기단부를 제외한 건물과 포치는 모두 노란색 타일로 덮여 있었지만, 사실 처음에는 붉은색 벽돌로 만들어진 부분들이었다. 전면부의 콘크리트 포치 역시 나중에 만들어진 것이었다. 20세기 초반에 찍은 흑백사진을 보면 벽돌 건물임에도 전면부에 포치가 없다는 것을 확인할 수 있다.

건물에 비해 다소 부담스러울 정도로 큰 포치 위에는 페디먼트라 부르는 삼각형 박공지붕이 자리 잡고 있었다. 박공지붕에 거의 닿을 정도로 패러핏Parapet을 세워서 지붕이 평평한 것처럼 보였다. 하지만 지붕 자체는 일본식 기와가 덮인 모임지붕 형태였다. 참고로 패러핏은 야트막한 난간이나 흉벽을 뜻하는 것으로, 인천에 일본인들이 만든 건물에서 빈번하게 볼 수 있다.

처음엔 왜 쓸데없이 자재를 낭비했을까 싶었지만 다양한 패러핏을 보면서 이유가 납득되었다. 패러핏이 설치된 건물들은 대개 단층이었다. 하지만 이 패러핏 덕분에 층고가 높아 보이는 효과가 있었다. 사람들을 상대로 영업을 하는 회사나 은행의 단층 건물이 가질 수 있는 작다는 단점을 보완하기 위해 만들어진 것이었다. 전면의 문 좌우로 길쭉한 창문을 세워 수직성을 강조한 것도 이런 눈속임에 일조하고 있었다.

건물을 제대로 보기 위해서는 포치가 심하게 거슬리는 앞쪽 말고 측면에서 봐야 했다. 물론 나무와 조형물에 가려지기는 했지만 관찰하는 데는 아무 문제가 없었다. 포치 때문에 보이지 않던 몇 가지 특징들이 이 지점에서 확인되었다.

일단 페인트 때문에 애매하긴 하지만 패러핏 끝 부분의 코니스는 화강암을 두른 것으로 보였다. 또 벽돌로 만든 처마 돌림띠도 있었다. 아래쪽을 보면 화강암으로 두른 것 같지만, 지난 2008년 전시관으로 사용하기 위해 리모델링 공사를 할 때 만들어진 보고서를 보면 그렇지 않음을 알 수 있다. 이 부분은 벽돌을 내어 쌓고 모르타르를 발라서 화강암처럼 보이게 만든 것이다.

또 이곳에도 네 개의 창문이 있는데, 굴뚝이 가운데를 가로지르고 있었다. 창틀은 위아래로 길게 만들어져 수직성을 강조하고 있었다. 창틀 위쪽에 붙은 건축부재인 상인방에서도 재미있는 점을 찾을 수 있었다. 창틀의 형태 자체는 단순하지만 화강암으로 된 벽체 돌림띠를 창틀을 끼고 옆으로 쭉 이어서 서로 연결했다는 점이었다. 전면부에서도 상인방의 돌림띠가 창틀을 타고 흘렀는데, 측면부에도 같은 방식이 적용되었음을 알 수 있었다. 수직성과 연결성이라는 두 마리 토끼를 모두 잡으려고 했던 건축주나 설계자의 욕심이 은근히 묻어나는 부분이었다.

아래쪽 기단부에도 환기구를 중심으로 위아래에 화강암으로 돌림띠가 둘러져 있었다. 건물 크기에 비해 기단부의 환기구 숫자가 다소 많은 편인데, 습기가 많은 해안에 위치했다는 점을 감안한 것으로 보였다. 지금은 길 건너편까지 육지로 되어 있지만, 건물이 세워

──────── 일본우선주식회사 인천 지점 전면부. 포치의 기둥과 문 주변에 타일이 붙어 있던 흔적이 남아 있다.

──────── 일본우선주식회사 인천 지점 측면부

질 당시에는 바로 아래까지 물이 들어왔었기 때문이다.

측면에서 가장 눈에 띄는 것은 역시 굴뚝이었다. 창문 사이를 가로지르는 굴뚝은 벽돌을 반 칸씩 빼서 올리는 독특한 방식을 취했다. 굴뚝은 사무실 뒤편 모서리에도 하나 더 만들어져 있었다. 처음 만들어졌을 때는 이렇게 굴뚝이 빠져나오지 않았으나 후에 개축을 하면서 위치를 바꾼 것으로 보인다.

건물 옆은 원래 공터가 아니라 건물과 붙어 있던 창고가 있던 자리였다. 배에 실려 온 화물을 보관하던 창고였는데, 건물을 리모델링하면서 철거되었다. 뒤쪽은 지붕의 모양도 다르고 높이도 다소 낮은 편인데, 이는 나중에 증축된 부분이다.

지금은 사라졌지만 건물 뒤편에는 직원의 사택과 헛간이 있었다. 또 내부 구조는 비교적 간략했는데, 현관을 열고 들어가자 중앙 복도가 나오고 좌우로 사무실이 보였다. 안쪽에는 금고가 설치된 공간이 있었다. 뒷문으로 나가자 바로 사택이 있었다.

건물의 외벽을 장식하는 노란색 타일은 1970~80년대에 시공된 것이었다. 건물이 노후하면서 벽돌 틈으로 물이 스며들었기 때문에 방수 목적으로 시공되었다는 견해와, 1984년 인천전국체전 당시 도시미화 사업으로 낡은 외벽을 가리기 위해 타일을 붙였다는 의견이 있다.

지어진 지 100년이 훌쩍 넘은 이 건물은 변화되는 과정도 흥미로웠다. 건축물도 시간이 흐르고 주변 환경이 바뀌면서 변화해간다. 이를 가능하게 하는 것은 역사이며, 그것을 확인하고 기억하는 것

또한 역사다. 일본우선주식회사 인천 지점의 변화는 인천의 개항과 근대화, 식민지화의 과정을 함축적으로 보여주고 있다. 비장하기도 하고 서글프기도 한 지난 시절이 느껴져서인지 쉽사리 눈이 떼어지지 않았다.


## 우리나라 최초의 호텔

이곳에서 위쪽으로 조금 올라가다 주차장이 있는 공터의 오른쪽 골목으로 들어가면 녹색 펜스가 쳐진 공터가 나온다. 지금까지 남아 있거나 복원되었거나 어쨌든 모습이 남아 있는 것에 대해서만 얘기하겠다는, 이 글을 쓰기 시작할 때의 결심은 펜스 옆에 세워진 팻말을 보는 순간 바뀌었다. 그곳은 다름 아닌 대불호텔이 있던 자리였다.

지난 2011년, 이곳의 토지 소유주가 음식점을 만들기 위해 터파기 공사를 하던 중 대불호텔의 지하실과 계단의 흔적들이 발견되었다. 해당 지역은 공사를 중단하고 현장을 보존하라는 결정이 내려졌다. 그래서 지금 이곳은 흙으로 덮여 있다.

대불호텔은 우리나라 최초의 근대식 호텔이자 최초로 돈을 받고 커피를 팔던 곳이기도 하다. 현장의 안내판이나 공식 자료에는 1888년 일본인 사업가에 의해 세워졌다고 서술되어 있다. 그러나 인천 재능대학교 손장원 교수는 1884년을 설립연도로 보고 있다. 아펜젤러, 언더우드 같은 선교사와 영국공사 칼이 1885년 이곳에

——— 대불호텔이 있던 자리. 발굴 중인 것으로 보인다.

머문 기록이 남아 있기 때문이다.

현재까지 대불호텔이라고 알려져 있는 것은 벽돌로 만든 3층 건물이다. 지금은 초기에 2층으로 지어졌다 나중에 3층으로 증축되었다고 알려져 있지만, 사실 1884년의 대불호텔과 1888년의 대불호텔은 다른 건물이다. 처음에는 일본식 2층 목조 건물로 지었다 나중에 바로 옆에 있는 지금의 대불호텔 자리에 새로 3층 벽돌 건물을 올린 것이다. 최초의 대불호텔은 4년밖에 사용되지 않았기 때문에 지금껏 3층짜리 대불호텔만 알려진 것이었다.

3층짜리 대불호텔은 1층과 2층에 모두 11개의 객실을 가지고 있었다. 3층은 벽난로가 있는 큰 홀이었던 것으로 보아 식당이 아니었을까 싶었다. 1층 전면은 나무 기둥을 세운 테라스처럼 꾸며져 있었고, 그 공간은 그대로 2층의 발코니로 이어져 있었다. 2층 위쪽에는 작은 페디먼트가 있었는데, 층과 층을 구분하는 돌림띠가 중간을 가로지르고 있었다. 페디먼트 아래에는 밖으로 나오는 출입문이 나 있었다.

3층 지붕은 모임지붕 형태로, 가운데쯤에 벽돌로 올린 것 같은 굴뚝이 하나 있었다. 그리고 모임지붕 위에는 '크레스팅'Cresting이라 부

——— 안내판에 붙어 있는 3층짜리 대불호텔 사진. 우리가 기억하고 있는 대불호텔 사진이기도 하다. 왼편의 가파른 언덕이 청일 조계지를 나누는 구분점이 되었다.(왼쪽)

——— 1894년 독일《자이퉁》지에 실린 인천의 일본 조계지를 그린 삽화. 남아 있는 오른쪽 첫 번째 건물의 간판에 대불호텔의 영어식 표기인 'Hotel Daibutsu'가 적혀 있는 게 보인다.(오른쪽)

르는 난간 모양의 장식이 붙어 있었다. 이 크레스팅은 광통관과 프랑스 공사관에서도 볼 수 있는 구조물이다.

최초의 서구식 호텔로 명성을 떨치던 대불호텔은 1899년 인천과 한성을 연결하는 경인선 철도가 완공되면서 위기에 처했다. 철도가 놓이기 전만 해도 한성으로 가려는 외국인들은 일단 인천에서 머물면서 한성으로 가는 교통수단을 수배해야 했다. 하지만 철도가 생기자 인천과 한성이 불과 두 시간 거리로 가까워졌고, 인천을 찾은 외국인들은 굳이 호텔에 머무를 이유가 없어졌다.

불황에 빠진 대불호텔은 결국 1918년 중국인에게 팔려 중화루라는 중국음식점이 되었다. 물론 건물은 광복 후에도 계속 남아 있었지만 1978년 그마저 철거되었다. 그렇다면 우리가 알고 있는 3층 대불호텔 이전의 대불호텔은 어떤 모습이었을까? 나는 1894년 독일의 《자이퉁》지에 실린 삽화에서 단서를 찾을 수 있었다.

삽화를 보면 거리에 조선인들이 사는 초가집이나 기와집은 전혀 보이지 않고 일본식 2층 목조 가옥만이 즐비하게 늘어서 있다. 이 삽화가 그려진 시점은 1880년대 중반쯤으로 추정되었다. 1890년대에 만들어진 제18은행이 그려져 있지 않기 때문이었다.

그림 속의 대불호텔 간판은 우리가 알고 있는 3층 벽돌 건물이 아닌 일본식 2층 목조 가옥에 붙어 있었다. 호텔이라는 간판을 걸기는 했지만 처음에는 그 2층 집을 사용했고, 손님이 늘고 경쟁 호텔들이 생기자 이름에 걸맞게 1888년 바로 옆자리에 3층짜리 벽돌 가옥을 올리고 호텔을 옮긴 것이었다. 그렇게 10년 정도 호황을 누리다 경인선 개통과 함께 한풀 꺾이고, 중국음식점으로 바뀌었다 1978년 철거된 것이 대불호텔의 마지막이었다.

이런 기억 뒤에는 일본인이 세우고 주로 외국인들이 이용한 호텔을 왜 기억해야 하느냐는 물음이 있다. 실제로 인천 중구청에서는 대불호텔을 복원하려는 계획을 세우고 있지만, 오히려 남은 유적들이 훼손될 가능성이 크다는 반대의 목소리가 높다. 그러나 사라질 뻔했던 근대 건축물들이 보존된다는 것은 반가운 일이다. 중구청 앞의 건물들 또한 옛날 일본풍 건물들로 외관을 바꾸는 중이다. 차이나타운을 잇는 일본 거리를 만들기 위해서다. 하지만 역사를 무작정 끄집어내려고 할 때 불협화음이 생기는 것은 당연한 일이다. 누구에게나 역사는 존재하지만 누구나 역사를 같은 시선으로 보는 것은 아니기 때문이다.

### 찾아가는 길

인천 개항누리 길로 가는 방법에는 두 가지가 있다. 첫 번째는 지하철 1호선 인천역에서 내린 뒤, 길 건너편 차이나타운을 둘러보고 개항누리 길로 향하는 것이다. 두 번째는 지하철 1호선 동인천역 2번이나 3번 출구로 나와 우현로를 따라가다 답동 사거리에서 오른쪽으로 꺾어서 찾아가는 것이다. 개항누리 길은 사방이 모두 이어진 거리이기 때문에 쉽게 찾아갈 수 있지만, 반대로 길을 잃기도 쉽다. 사전에 지도나 인터넷으로 가보고자 하는 곳의 위치를 확인하는 것이 좋다. 경사가 심한 차이나타운에 비해 개항누리 길은 야트막한 오르막길이 전부이기 때문에 걷기에 편하다.

### 인천신사 연표

1890년 인천대신궁이라는 이름으로 건립
1915년 증축하면서 인천신사라는 이름으로 변경
광복 후 미군 주둔
1955년 인천여자상업고등학교 설립

### 일본우선주식회사 연표

1885년 우편기선 미쓰비시 회사와 공동운수 회사가 합병, 일본우선주식회사 출범
1888년 인천 지점 사옥 건립
광복 후 해운 관련 회사 사무실로 이용
2008년 리모델링

### 대불호텔 연표

1884년 설립
1888년 3층 벽돌 건물로 신축하며 현재 위치로 이전
1918년 중국음식점 중화루로 사용
1978년 건물 철거

# 진센과 런촨


●

인천 개항누리길 2

## 은행들의 천국

터만 남은 대불호텔을 지나면 인천에서 활발히
영업했던 일본 제1은행, 제18은행, 제58은행 건물을 만날 수 있다.
은행 건물들을 차례로 둘러보기 전에 왜 은행 이름에 상호 대신 번
호가 붙었는지 짚고 넘어가보자.

메이지 유신 직후인 1872년, 일본은 국립은행조례를 발표했다.
민간이 은행을 설립할 수 있도록 하는 조례로, 자격요건을 갖추고
신청을 하면 인가된 허가번호 순서대로 번호를 부여하고 그 번호가
곧 해당은행의 명칭이 된다는 내용이었다. 국립은행이라고는 하지
만 실은 국가의 통제를 받는 민간은행으로, 조례 또한 자본이 부족

했던 일본이 민간 자본을 끌어들이기 위해 만든 법안이었다.

이렇게 번호를 부여받아 설립된 은행들은 폐쇄나 흡수합병 등으로 인해 사라진 번호들이 적지 않았다. 인천에서 영업했던 일본 은행은 제1은행과 제18은행, 그리고 제58은행 등이 있다. 대불호텔 터가 있는 거리를 따라 걸으면 순서대로 둘러볼 수 있다. 아마 일본 거류지의 중심가가 아니었을까 싶다.

제1은행은 앞서 설명한 일본의 국립은행조례에 따라 인가된 첫 번째 은행이다. 신청 순서가 아닌 인가 순서이긴 했지만, 첫 번째라는 데는 여러 모로 상징성이 있었다. 따라서 최초라는 타이틀을 여

——— 현재 인천개항박물관으로 사용 중인 일본 제1은행 인천 지점 건물

럿 지니고 있었다. 1873년 문을 열며 일본 최초의 서구식 은행이 되었고, 1878년에는 부산에 지점을 내면서 조선에 진출한 최초의 일본 은행이라는 타이틀을 거머쥐었다.

제1은행은 조일수호조규에 따라 조선이 개항한 원산, 부산, 인천에 지점을 내면서 대한제국 정부의 화폐발행 업무를 위임받는 등 침략의 선봉대 역할을 충실히 수행했다. 제1은행 인천 지점은 한일강제병합 후에는 총독부가 세운 조선은행의 인천 지점으로 계속 영업했다. 그리고 광복 후에는 한국은행 인천 지점으로 사용되었다가 등기소와 인천 중구청 관광개발과 사무실로 이용되었고, 현재는 인천개항박물관으로 사용 중이다.

처음 인천에서 지점 업무를 시작했을 때의 건물은 지금의 것이 아닌 2층 목조 가옥이었다고 한다. 그러다 1897년에서 1899년에 걸쳐 현재의 건물을 짓고 그곳으로 옮겨갔다. 뒤따라서 인천에 들어온 제18은행과 제58은행이 근사한 건물을 세우자 자극을 받았던 것은 아닐까 싶다.

제1은행은 본관 건물과 1930년대에 바로 옆에 증축된 2층 사무동, 뒤쪽의 금고동, 사무동 옆의 2층 사택으로 구성되어 있다. 본관과 사택 사이에는 작은 쉼터 같은 공간이 있었고, 여기에 철제 울타리와 작은 줄기 모양의 철제 아치가 달린 문이 있었다.

이 공간 뒤에는 금고동 1층으로 내려가는 계단이 있었다. 이곳을 둘러볼 때 옆의 2층 건물을 슬쩍 보고 일본식 가옥 같다는 생각을 했는데, 아니나 다를까 제1은행 건물에 딸린 사택이었다. 예전 흑백

——— 제1은행 사무동. 나름 신경을 기울였다고는 하지만 본관 건물에는 미치지 못하는 것 같다.

사진을 보면 널빤지를 겹쳐서 덧댄 목조 가옥이었지만, 지금은 소유주가 바뀌고 세월이 흐르면서 벽체를 비롯해 여러 군데가 변했다.

은행의 첫 느낌은 요새나 감옥을 연상시킬 정도의 견고함이었다. 두툼한 화강석으로 기단과 벽체를 쌓아 단단하다는 느낌을 풍긴 것이었다. 전체적으로 보면 모서리와 문 좌우측이 벽기둥처럼 밖으로 돌출되어 건물 전체를 지탱하는 형태였다. 처마는 요철 모양으로 조각되어 있었는데, 이는 서구 건축의 기원인 그리스 이오니아 양식을 흉내 낸 것이었다. 장식적인 목적 외에도 지붕에서 흘러내린 빗물이 벽이 아니라 바로 바닥에 떨어지게 하는 실용적인 목적도 있는 구조였다.

자갈과 모래 등을 제외한 돌, 시멘트, 벽돌 등의 주재료를 일체 일본에서 가져와 지은 이 건물은 여러 모로 눈에 띄는 점이 많았다. 우선 현관 위쪽에 작은 돔과 그 옆에 도머 윈도가 나 있는 것이 보였다. 광화문 조선총독부나 옛 서울역 같은 큰 건물에서나 볼 수 있는 돔을 1층짜리 은행 건물에서 다시 볼 줄은 꿈에도 몰랐다.

지붕에도 특이한 점이 있었다. 일본우선주식회사 인천 지점에서 봤던 지붕난간인 패러핏을 이곳에서도 볼 수 있었는데, 특이한 점은 둥근 구멍이 뚫려 있다는 것이었다. 또 이 지붕엔 지금은 없어졌지만 예전에는 울타리 모양의 장식인 크레스팅도 있었다. 이런 화려함

——————— 제1은행 현관. 한일강제병합 이후 조선은행 지점으로 사용되었던 흔적이 남아 있다. 아치형 현관, 지붕의 돔, 양쪽의 다락창이 눈에 들어온다.

은 아치형 현관에서 절정에 달했다.

아치형 현관은 양쪽 부분이 살짝 튀어나와 무게를 지탱해주는 모양새였다. 현관 머리에는 큼지막한 키스톤이 올려져 있었고, 양쪽으로 열리는 문 위쪽에는 반원형 채광창이 붙어 있었다. 현관 앞에 서 있으니 지붕에 돔과 패러핏을 세운 이유를 비로소 알 것 같았다. 고객으로 하여금 건물이 상당히 크다는 인상을 주려고 한 것이었다.

실제로 이 앞에 서니 이 건물이 단층의 작은 공간이라는 느낌은 들지 않았다. 만일 다락창이 바짝 붙어 있었다면 모르겠지만, 완만한 경사의 중간쯤에 만들어져 있어서 아래에서 보니 한두 층이 더 있고 그 위에 창문이 있는 것처럼 보였다. 실제 이 건물은 천장 높이가 7미터 가까이 될 정도로 높다.

창문 또한 볼 만했다. 나란히 붙은 창문들은 위아래는 물론 측면에도 화강암이 둘러져 있었는데, 흡사 화강암 속에 파묻힌 것 같은 안정적인 인상이었다. 좁고 긴 창문도 건물의 수직성에 힘을 더하면서 안정감을 더해주었다. 그다지 크지 않은 단층 건물 하나를 짓는 데 2년이라는 시간이 걸린 이유를 알 것 같았다.

내부는 생각보다 넓었다. 벽체가 단단한 화강암이라서 내부에 기둥이나 내력벽을 많이 만들지 않아도 되었기 때문이다. 높이도 거의 2층 건물 수준이었다. 그래서 원래는 천장 안쪽을 따라 통로가 나 있었다. 위에서 아래를 내려다볼 수 있게 하려는 목적이었다. 지금은 통로 자체는 없어졌지만 그리로 올라갈 수 있는 계단은 금고동 연결 통로에 남아 있다.

─────── 밖에서 본 제1은행 금고동의 모습. 현재는 인천개항박물관 제4전시실로 이용되고 있다. 왼쪽에 나중에 증축된 사무동이 보인다.(왼쪽)

─────── 바깥에서 바라본 은행 본관과 금고동의 연결 통로. 아래쪽으로 내려갈 수 있는 계단이 있다.(오른쪽)

　　현재 내부는 네 개의 전시실로 나뉘어 있다. 전시실들에는 인천에 들어온 근대 문물과 철도, 개항기 인천의 풍경, 화폐를 발행했던 전환국과 인천 지역의 금융기관에 관한 것들이 전시되어 있다. 그중 제3전시관은 1930년대 증축된 사무동에 있고, 제4전시관은 뒤편의 금고동에 있다.

　　금고동으로는 뒤편 우측 끝의 연결통로를 통해 곧바로 들어갈 수 있었다. 금고동 입구는 이름 그대로 두꺼운 금고문으로 되어 있었고, 위쪽에 작은 금고문이 하나 더 있었다. 야간에 금고문이 닫힌 상황에서 뭔가를 넣어야 할 때 쓰기 위해 만들어둔 것이었다.

바깥으로 나와 금고동을 보니 그 모습은 금고 그 자체였다. 현금을 비롯한 귀중품의 보관 장소답게 무지막지하게 단단해 보였다. 실제로도 벽에는 약 70센티미터 두께의 벽돌이 둘러져 있었고, 외벽이 모르타르로 칠해져 있었다. 바닥에는 돌이 깔려 있었고 천장은 철제로 되어 있었다. 침입자를 막기 위한 것이었다.

금고동은 2층으로 되어 있었는데, 경사진 언덕에 위치해 있어서 본관과는 2층에서 연결되어 있었다. 창문은 각 방향으로 하나씩 나 있지만 폭이 좁았고 촘촘한 쇠창살이 달려 있었다. 2층에 비해 접근이 쉬운 1층의 창문을 더 작게 만든 꼼꼼함이 돋보였다. 1, 2층 사이

──────  제1은행의 모형. 사무동이 증축되기 이전의 모습이다.

와 처마 아래 돌림띠가 있는 것을 제외하고는 별다른 장식이 없었다. 박공지붕에도 원형 창을 포인트로 하나 만들었을 뿐이다.

본관과 금고동을 연결하는 내부 연결통로도 튼튼히 시공되어 있었다. 밖에서 드나드는 문이 하나 있지만 보통 때는 잠가두었을 것으로 보였다. 창문이 하나 있으나 쇠로 된 덧문이 달려 있었다. 바깥에서 안을 들여다볼 수 없는 구조였다. 군산의 시마타니 금고처럼 별도의 금고동을 둔 것은 은행의 막대한 재력을 자랑하기 위해서였다. 아울러 우리를 믿고 돈을 맡기라는 무언의 광고이기도 했다. 때마침 인천 개항장 근대건축전시관에 제1은행의 모형이 전시되어 있어서 외부 모습을 살펴볼 수 있었다.

모형을 보면 상당히 높고 복잡하게 만들어진 지붕의 형태가 한눈에 보인다. 뒤쪽의 금고동과 연결된 부분과 측면의 공터도 자세히 살펴볼 수 있다.

한성이 본격적으로 문을 열어주기 전까지 교통이 편리한 인천은 외부와의 연결고리 역할을 했다. 거기다 임오군란과 갑신정변을 겪으면서 공사관이 불타는 등 만만치 않은 피해를 입었던 경험은 막대한 돈을 취급하는 은행들로 하여금 비교적 안전한 인천의 거류지에 지점을 두고, 한성에는 출장소를 세우도록 만들었다. 경인선이 개통되고 일본의 조선의 지배권을 강화하기 전까지 금융의 중심지는 한성이 아니라 인천이었다.

## 제18은행 인천 지점

　　　　　제1은행 다음으로 살펴본 제18은행은 일본 나가사키 지역의 상인들이 모여서 1877년 세운 곳이다. 나가사키 상인들은 주로 상해에서 사들인 영국산 면직물을 조선에 파는 중개무역을 통해 막대한 이익을 올렸다. 따라서 조선에서의 원활한 활동을 위해서는 은행 지점을 개설할 필요가 있었다.

　이 은행은 1882년 부산에 출장소를 세웠고, 1890년에는 인천에 지점을 개설했다. 인천의 제18은행은 광복 이후 한국흥업은행 인천 지점으로 사용되었다가 중고가구 도매상점으로 이용되는 운명을 겪었다. 이후 보수공사를 거쳐 2006년부터는 인천 개항장 근대건축 전시관으로 탈바꿈했다.

　사거리 모퉁이에 서 있는 전시관을 처음 보고 느낀 감정은 단단하다는 것이었다. 이곳이 은행일 때였다면 믿고 돈을 맡길 수 있겠다는 안정감은 덤이었다.

　우선은 화강암으로 된 단단한 기단이 눈에 띄었다. 경사진 언덕이기에 기단을 높이 쌓아야 한다는 단점을 오히려 장점으로 살린 것이었다. 또 눈에 잘 띄는 모서리에 대리석처럼 매끈하게 다듬은 화강암이 층층이 쌓인 것에서도 안정감이 느껴졌다. 흰 페인트가 칠해진 표면은 벽돌을 쌓아올린 후 시멘트와 모래를 물에 반죽한 모르타르를 바른 것으로 보였다. 굳이 벽돌로 된 몸체를 드러내지 않은 것은 기단이나 모서리에 쌓은 화강암처럼 돌로 쌓았다는 느낌을 주기 위해서였을까? 사실 이 건물은 창틀과 문기둥에 화강암으로 정성껏

——————— 인천 개항장 근대건축전시관으로 바뀐 일본 제18은행 인천 지점. 경사진 언덕에 세워져 한쪽 기단이 높다. 뒤쪽의 2층 건물은 제58은행 인천 지점 건물이다.

장식을 베풀었다. 값비싼 재료를 아낌없이 써서 고급스러운 느낌을 주고자 했던 것 같다.

그러나 사실 이 건물은 정면보다 측면에서 봤을 때 더 많은 정보를 얻을 수 있었다. 가장 먼저 눈에 들어온 것은 아래쪽 기단이었다. 2단으로 쌓은 형태였는데 표면을 거칠게 다듬은 화강석을 아래에 깔아서 평형을 맞췄다. 이런 방식을 '러스티케이션Rustication 공법'이라고 하는데, 이는 안정감과 볼륨감을 주기 위한 의도로 보인다. 그 위에는 정교하게 다듬은 화강석이 쌓여 있었다. 이것이 건물의 기초였다. 화강석은 기단 모서리에서 그대로 지붕까지 치고 올라가며 기둥 역할을 하면서, 동시에 창틀 아래쪽에 붙은 하인방과 연결되면서 안정적이고 단단한 느낌으로 우뚝 서 있었다. 이쪽에서 보고서야 왜 벽돌로 쌓은 벽에 굳이 모르타르를 바른 것인지 알 듯싶었다. 기단이 주는 안정감을 최대한 살리려는 의도였던 것이다. 고객의 신뢰로 먹고사는 은행에서는 반드시 필요한 선입견일 테니까 말이다. 처마 아래에 별다른 장식을 가하지 않은 것도 이런 안정감을 끝까지 유지시켜주는 데 한몫했다. 반면 창틀과 문에 화려한 장식을 가한 것은 단조로움을 피하기 위해서였던 것으로 보였다.

현관 처마와 창틀 처마의 장식은 대단히 화려했다. 이 사진을 찍고 어디서 많이 봤다는 느낌에 한참을 서 있었는데, 해답은 나중에 인터넷에서 찾아볼 수 있었다. 바로 그리스 신전 양식이었다.

문을 지키는 것처럼 보이는 사각형 문기둥과 지붕 사이의 원형 장식은 그리스 신전의 기둥과 지붕의 연결 부위에서 흔히 볼 수 있는 소용돌이 모양을 흉내 낸 것이었다. 차양의 요철 무늬는 제1은행의 처마처럼 이오니아 양식 특유의 처마 장식을 그대로 가져온 것이었다. 현관 처마 위쪽에도 삼각형의 페디먼트 대신 그리스 신전에서 볼 수 있는 무늬가 있었다. 창틀 처마 양쪽의 버팀대에도 장식이 새겨져 있었다. 현관의 화려함을 더해주는 장식이었다.

가까이서 보니 창틀 처마가 보통 공들여 만들어진 것이 아니라는 사실을 알 수 있었다. 그리스 신전의 기둥과 지붕을 연결하는 부분을 재현한 것 같았다. 기단과 벽체의 단단함에서 올 수 있는 단조로

움을 현관과 창틀의 화려한 장식으로 상쇄하고자 한 것이었다.

이렇게 특정한 양식을 고집하지 않고 자유롭게 각 양식의 장점들을 가져오는 방식을 절충주의 방식이라고 한다. 이 건물은 화려함과 단순함을 극대화하면서도 적정선을 유지하기 위해 절충주의 방식을 도입하여 지은 것임을 알 수 있었다. 안정과 성공을 모두 성취해야 하는 금융기관의 양면성을 건축으로 드러낸 것이다.

현재 이 건물은 인천의 근대 건축물들을 전시하는 공간으로 사용되고 있다. 안에는 존스톤 별장이나 세창양행 사택처럼 지금은 사라진 근대 건축물들은 물론, 세월을 거치며 내부 구조가 바뀐 현존 건

──────  제18은행 인천 지점 전면부. 안정적이고 단단한 느낌의 몸체가 기단과 사뭇 다른 화려함을 느끼게 한다.

축물들의 예전 모습을 담은 모형들도 전시되어 있다. 나는 제18은행을 모두 둘러본 뒤 바로 옆에 나란히 서 있는 제58은행으로 걸음을 옮겼다.

## 제58은행 인천 지점

이 건물은 높은 기단 위에 올라가 있고 경사가 심한 맨사드 지붕에 다락창이 달려 있었다. 또 지붕 꼭대기에는 난간처럼 울타리를 친 크레스팅이 있어 2층 건물임에도 3층이나 4층 높이로 보였다.

일본 오사카에 기반을 둔 제58은행이 인천에 지점을 낸 것은 제18은행보다 2년 늦은 1892년이었다. 진출은 늦은 편이었지만 조선의 화폐 교환 업무에 관여하면서 빠르게 자리 잡기 시작했다.

광복 후에는 조흥은행 인천 지점으로 사용되었다 대한적십자사 경기도 지사를 거쳐서 사무실로 이용되었다.

2015년 현재엔 아쉽게도 공사 중이어서 안에 들어가 볼 수 없었다. 안정감 속에서 화려함을 추구한 제18은행 건물과 달리 프랑스 공사관을 연상하게 하는 화려한 모습이라 기대가 컸던 만큼 아쉬움도 컸다. 아쉬움을 달래기 위해 공사현장 주변을 돌면서 사진을 찍었다.

특히 나의 눈길을 끈 것은 창틀의 상인방과 하인방, 층과 층을 구분하는 돌림띠였다. 먼저 상인방은 앞서 살펴본 제18은행 인천 지점과 비슷해 보였다. 2층의 경우에는 하인방도 같은 모양으로 붙어 있어 대단히 화려한 느낌을 받았다.

층과 층을 구분하는 돌림띠도 범상치 않았다. 단순히 선처럼 그어진 것이 아니라, 기둥과 지붕 사이의 연결 부위인 주두의 라인을 따라 변화무쌍하게 그려진 것이었다. 돌림띠와 2층 하인방, 1층 상인방 장식이 어우러지면서 화려함의 극치를 보여주고 있었다. 반원형 아치로 구성된 1층 현관이나 돌출된 2층의 베란다까지 더해지면 눈에 띄지 않을 수 없는 건물이었다.

제18은행 건물은 물론 처음 살펴본 제1은행 건물과 여러 모로 비교되는 모습이었다. 앞서 살펴본 제1은행과 제18은행보다 후발주자지만 능력은 그에 못지않다고 선언하는 것처럼 보였다. 실제로 제58은행은 여러 은행을 공격적으로 합병하면서 몸집을 불렸고, 조선 정부가 발행한 구화폐를 신화폐로 교환하는 업무를 맡으며 빠르게 자리 잡았다.

이렇게 은행으로 사용되었던 건물만 셋을 돌아보고 나니 각 은행이 왜 인천에 지점을 냈는지, 그 지점들이 어떤 운명에 처했는지 살펴보는 것이 근대사를 돋보기로 들여다보는 것과 비슷하다는 생각이 들었다. 그들은 선진 금융기법을 전수해준다는 명분으로 조선에 손길을 내밀었다. 하지만 일본의 은행들은 조선 정부와 백성의 고혈을 짜내 자신들의 배를 불렸다. 뒤늦게 근대화를 이룩한 일본이 단시간 내에 성장할 수 있었던 것은 조선을 상대로 자신들이 도입한 제도를 실험하고 손해를 보충할 수 있었기 때문이다. 일본 메이지

──────── 인천개항박물관 제1전시
실에 전시된 그림. 그림에 묘사된 이
곳은 현재 인천광역시 중구 신포로23
번길이 되었다.

유신 직후의 무역이 중국에서 서구의 면직물을 싸게 사들여 조선에
비싸게 파는 중개무역이었다는 점이 대표적인 증거다. 인천의 개항
누리 길에 남은 일본의 근대 건축물들은 화폐와 금융이라는 보이지
않는 무기를 앞세운 또 다른 침략자들이었다.

앞서 나는 과거 제1은행 인천 지점이었던 인천개항박물관 제1전
시실을 둘러보다 흥미로운 것을 발견했다. 지금의 신포로23번길의
옛 모습을 재현한 그림이었다. 해가 떨어지는 가운데 1888년 거리
오른편에 지어진 3층 대불호텔과 그 옆의 2층 대불호텔이 나란히
서 있고, 그 뒤로 제1은행, 제18은행, 제58은행이 줄지어 서 있었다.
맞은편에도 일본식 목조 가옥들이 있었고 양쪽 길가에는 전신주가

서 있었다.

이 거리는 지금도 남아 있기는 하지만 대불호텔은 사라졌고, 은행들은 전시관으로 바뀌었다. 일본 상점들은 증축과 개축을 거치며 원형이 거의 없어진 곳이 많았다. 한때 거리를 가득 메웠던 일본인들의 집과 사무실들은 시대가 흐르면서 하나둘 자취를 감추거나 다른 모습으로 변해갔다.

이렇게 일본이 이 땅에 세운 근대 건축물의 탄생과 소멸을 추적하는 것은 그 시대를 추리하는 것과 같은 의미를 지닌다. 범인은 일본이고 피해자는 조선과 그 백성일 수밖에 없는 슬픈 결말이 기다리고 있지만, 그렇다고 추적을 포기해서는 안 된다. 범인이 또 다시 범행을 시도할 수 있기 때문이다. 범인이 죄를 뉘우치지 않고 있다면 더욱 포기할 수 없는 일이다.

## 제1은행 인천지점 연표

1897년 착공

1899년 완공

1910년 조선은행 인천 지점으로 사용

광복 후 한국은행 인천 지점, 법원 등기소 등으로 사용

2010년 인천개항박물관 개관

## 제18은행 인천지점 연표

1890년 인천에 지점 개설

광복 후 한국흥업은행 인천 지점, 중고가구 도매상점 등으로 사용

2006년 인천 개항장 근대건축전시관 개관

## 제58은행 인천지점 연표

1892년 인천 지점 개설

광복 후 조흥은행 인천 지점으로 사용

1958년 대한적십자 경기도 지사로 사용

2015년 현재 수리 중

# 한반도 최대의
# 일제 군수공장

●

부평 조병창

## 여러 개의 이름을
## 가진 도시

두 개, 아니 세 개의 이름을 가진 곳이 있다. 일본도 그 자리에 있었고, 미국도 그 자리에 있었다. 그곳의 이름은 부평. 한반도 최대의 일본육군 조병창이 있었으며, 주한미군의 보급을 책임지던 병참기지 애스컴도 이곳에 있었다. 1970년대 주한미군의 규모가 축소되면서 애스컴이 사라지고 캠프마켓이 들어섰다.

나라와 규모에 따라 이름은 제각각이었지만 임무는 동일했다. 한반도에 주둔한 자국군의 병참을 책임지는 것이었다. 근대에 접어들면서 화약무기를 비롯한 각종 무기류들이 발달하게 되었고, 이는 필연적으로 병참의 중요성을 부각시켰다.

병참은 눈에 띄는 것은 아니지만 제대로 이뤄지지 못하면 숫자가 많고 사기가 왕성한 군대라고 해도 전쟁에서 승리할 수 없었다. 그런 이유로 병참을 전담하는 조직과 부대가 속속 만들어졌고, 이들을 위한 기지와 공장도 세워졌다.

그렇다면 일본과 미국은 왜 부평에 보급기지를 두었을까? 여기엔 한반도의 정세와 지형이 깊이 연관되어 있다. 한반도의 정치와 행정의 중심지는 서울이었다. 누구든 이곳을 장악하고 통제해야 한반도 전체를 차지할 수 있었다. 그리고 한반도 외부에서 서울로 갈 수 있는 가장 빠른 방법은 인천까지 배를 타고 들어와 육지로 이동하는 것이었다. 구한말의 선교사들이나 외교관들은 모두 이 방법을 사용했다.

또 부평은 인천과 서울의 중간 지점에 위치한 평야 지대여서 대규모 기지나 공장을 세우기에는 최적의 장소였다. 중일전쟁이 발발하면서 일본은 한반도를 병참기지로 만들기 위해 여러 조치를 취했다. 그중 하나가 인천을 중심으로 한 대규모 군수공장의 조성이었다. 그러나 사실 일본이 부평에 처음으로 발을 디딘 것은 러일전쟁이 한창이던 1904년이었다. 러일전쟁이 발발하자 일본군은 한성에 있던 일본대사관과 거류민의 보호를 명목으로 인천에 상륙했다. 한국 주차군으로 불리는 그들을 위해서는 무기와 물자의 보급이 필요했고, 그 역할을 맡은 것이 인천이었다. 보급물자를 모아둔 병기지창이 용산이 아닌 인천에 세워졌다는 사실은 인천, 그리고 인근에 있는 부평의 역사를 가늠하게 해준다.

1939년 인천육군 조병창이 설치되면서 부평에 제1제조소가 들어섰다. 보통 '부평 조병창'이라고 부르는 곳이었는데, 부평은 이때부터 본격적으로 공업지역으로서 이름을 알리게 되었다. 수십만 평의 넓은 땅에 높은 굴뚝을 가진 공장들이 들어섰고, 그 공장에서 일하는 사람들이 속속 모여들었다. 그들을 머물게 할 주택들이 지어지면서 도시 또한 형성되었다. 조병창에서는 군도부터 대포까지 다양한 무기들이 만들어졌다. 전쟁이 길어질수록 필요한 군수물자의 양은 늘어났다. 결국 일본은 인근 학교의 학생들까지 강제로 동원하는 만행을 저질렀다. 부평 조병창에서 생산된 군수물자는 열차에 실려 압록강을 건너 만주로 보내지거나 혹은 배에 실려 일본군의 점령지로 흩어졌다.

광복 후 일본군이 철수한 부평 조병창을 접수한 것은 미군이었다. 한반도에 주둔해야 할 그들에게도 보급기지가 필요했고, 동일한 이유로 부평이 낙점된 것이었다. 일본이 만들어둔 각종 기반시설을 그대로 이용할 수 있다는 장점도 포기하기 어려웠을 것이다.

그들은 이곳에 제24군수지원단을 세웠다. 보급기지는 물론 의무대와 공병대, 통신대, 항공대 같은 지원부대도 속속 자리를 잡았다. 그러면서 이곳은 '주한 미육군 병참본부'Army Support Command Korea의 약칭인 '애스컴'ASCOM으로 불리기 시작했다. 그리고 애스컴이 들어선 부평에는 한때 애스컴 시티ASCOM City라는 별명 붙기도 했다.

한국전쟁이 벌어진 후 이곳에는 북한군 포로들이 수용된 제10포로수용소도 들어섰다. 그리고 이승만 대통령이 반공포로 석방 당시 탈출 과정에서 47명의 사망자가 발생하는 비극이 벌어졌다. 휴전 직전인 1953년 6월 18일부터 다음 날까지 벌어진 반공포로 석방은 부평을 비롯하여 8곳의 포로수용소에서 벌어졌다. 약 2만 7,000명의 반공포로가 한국군에 의해 석방되었고 그 와중에 56명의 사망자가 발생했는데, 그중 상당수가 이곳에서 희생된 것이었다.

일본이 이곳에 조병창을 세우면서 사람들이 몰려든 것처럼 애스컴에서 일하는 한국인의 숫자도 적지 않았다. 아울러 미군을 상대로 한 술집과 상점이 성황을 이루며 부평에도 의정부나 동두천처럼 대규모 기지촌이 형성되었다. 그러나 1970년대 들어 주한미군의 규모가 줄면서 애스컴도 해체되었다. 그 빈자리에는 보급기지 임무만을 맡은 캠프마켓이 들어섰다. 이후에도 미군의 규모는 계속 줄었고, 이 땅도 한국에 반환하기로 했지만 이런저런 이유로 계속 미뤄지고 있다.

문화재청의 조사결과에 따르면 35동의 건물과 일본식 석탑이 남아 있다. 미군이 일본군 시설을 그대로 이어받아서 사용하고 있기 때문이다. 여기에 군사기지의 특성상 살펴보지 못한 곳이 많다는 점을 감안하면 더 많이 남아 있을 가능성도 배제할 수 없다.

지난 2014년에는 캠프마켓 근처, 제10포로수용소가 있던 부영공원에 일본군이 만든 대규모 지하 터널이 발견되었다. 폭 7미터, 높이 4.5미터의 대형 터널과 폭 1미터, 높이 2미터의 소형 통로였다. 일본군 조병창에서 일하던 조선인들 중에는 부평 조병창에서 인천

——————— 특이한 지붕을 가진 건물

항까지 지하로 연결된 터널이 있다고 주장하는 이들도 있다. 그 정도까지는 아니라고 해도 공습을 피하기 위한 지하시설이 존재했을 가능성은 배제할 수 없다. 지하시설이 있다 보니 일본군이 금괴를 숨겨뒀다는 주장도 있다. 실제로 부영공원에서는 상평통보와 청나라 엽전이 쏟아져 나왔던 적이 있었다. 일본과 미국이 번갈아 자리 잡았고, 곧 한국의 품에 돌아올 캠프마켓에 내가 발을 들인 것은 해가 떨어지기 직전의 어두운 시간이었다. 2016년 현재 캠프마켓은 미군도 거의 사용하지 않는 상태여서 매우 조용했다. 사실 조용한 정도가 아니라 을씨년스럽다고 할 정도였다. 출입절차를 밟고 안으로 들어가는데 철조망 너머로 오래된 건물들이 보였다.

같은 모양의 건물 세 채가 나란히 서 있었는데, 가운데 한 채의 지붕만 다른 색깔로 페인트칠이 되어 있을 뿐 모두 같은 모양이었다. 용산 미군기지에서 본 일본군 병기지창처럼 세 채 모두 벽기둥을 가지고 있다는 점이 특이했다. 용산의 병기지창처럼 아래가 두껍고 위쪽이 가는 것이 아니라 일직선으로 뻗은 모습지만, 대체로는 같은 개념으로 지어진 것으로 봐야 할 것 같았다. 아무래도 내부 공간을 많이 확보해야 하고 기둥을 세우기 힘든 창고의 특성상 벽기둥으로 지붕의 무게를 지탱하려고 한 것으로 보인다. 차를 타고 안으로 들어가자 낯설고 특이한 건물이 또 하나 보였다.

처음에는 잘못 봤나 싶어서 한참을 바라봤다. 나중에야 이런 지붕을 '톱니지붕'Saw roof이라 부른다는 사실을 알았다. 지붕을 통해 최대한 많은 채광을 얻고자 짓는다는 톱니지붕의 실물을 본 것은 이곳에서가 처음이었다.

이 건물은 옆에 있는 일자형의 긴 건물과 붙어 있었다. 일반적인 병영이 아닌 각종 무기류를 생산하고 물자를 보관하는 곳이어서인지 특이한 외형을 가진 건물이 한둘이 아니었다. 지진으로 땅에 파묻힌 듯한 모습을 가진 건물도 있었는데, 용도가 무엇이었을지 궁금했지만 아직 미군이 사용 중인 시설이 많았기 때문에 안으로 들어가거나 접근할 수는 없었다.

미군이 반세기 넘게 사용해서 그런지 아치형의 철골 구조물인 퀀셋Quonset을 비롯하여 미군이 세운 건물들이 적지 않아 보였다. 철조망에 둘러쳐진 채 철문을 굳게 닫고 있는 반지하 벙커와 임무에서 해제된 채 버려진 격납고도 있었다. 철조망 너머 공터에는 미군이 사용 중인 트럭을 비롯한 각종 차량들이 주차되어 있어 이곳이 미군 기지 내부임을 알려주었다.


## 일본과 미국의 흔적

넓고 한적한 도로를 따라 가다 굴뚝 두 개가 하늘을 향해 나란히 서 있는 것을 발견했다. 반가운 마음에 달려가자 무성하게 자라난 풀밭 사이로 굉장한 크기의 건물이 보였다.

한눈에 다 들어오지 않을 만큼 거대한 이 건물은 절반쯤 담쟁이 넝쿨이 타고 올라간 상태였다. 아마 오래전부터 사용되지 않고 비어 있는 것 같았다. 옆에 굴뚝이 두 개나 나란히 있는 것으로 봐서는 공장이 아니었나 싶었다.

그러다 눈에 띈 것이 바로 지붕 양쪽에 붙은 노란색 판넬이었다. 맞지 않는 퍼즐을 억지로 끼워 넣은 것 같은 모양새였는데, 건물의 증축과 깊은 연관이 있는 것 같았다.

원래 형태를 추정하는 것은 별로 어렵지 않았다. 노란색 판넬을 빼면 삼각형의 박공지붕을 가진 세 건물이 보인다. 가운데 큰 건물이 먼저 들어서고, 나중에 어떤 필요성에 의해 양쪽에 작은 건물이 들어섰을 것이다. 그런데 어떤 이유에서인지 지붕을 그대로 연결하지 않고 따로 만들었을 것이다. 그것도 삼각형 박공지붕이라서 모양

──────── 세월의 흔적이 그대로 느껴지는 건물. 증축을 거듭한 흔적이 보인다.

──────── 또 다른 창고 건물. 역시 두 개의 굴뚝이 있다.

이 이상해졌을 것이다. 박공지붕이 같은 높이로 나란히 붙어 있는 것도 아니고 눈썹지붕처럼 층이 나뉘며 구분할 수 없는 기묘한 지붕의 모양새가 되었을 것이다. 그러다 뒤늦게 불편함을 느끼고 가운데 건물과 양쪽 건물의 지붕을 연결하면서 지금의 지붕 라인이 완성된 것이 아닐까 생각되었다.

미군이 이렇게 만들지 않았을까 하고도 잠시 생각해봤지만 아닌 듯했다. 박공지붕의 라인에 따라 부착된 널빤지인 박공널의 상태가 굉장히 오래되었고, 건물 형태도 일본식 목조 가옥에서 많이 볼 수 있는 것이었다. 부평 조병창 시절에 이 건물들을 합치는 공사가 이뤄졌고, 미군은 그것을 이어받아서 그대로 사용하고 있는 것이다. 출입구 부분도 미군의 필요에 의해 개조된 흔적이 보였다.

근처에는 두 개의 굴뚝을 가진 또 다른 건물이 있었다. 상태로 봐서는 현재 사용하고 있지 않은 건물처럼 보였다. 페인트가 칠해진 벽면은 매끈해서 벽돌을 쌓고 겉을 시멘트로 마감한 것인지, 아예 처음부터 콘크리트로 시공한 것인지는 알 수 없었다. 그런데 붉은색 출입문 옆, 벽이 떨어져나간 곳에 벽돌이 쌓여 있던 것 같은 흔적이 보였다. 벽돌을 쌓고 시멘트를 바른 것이었다.

측면에는 물건을 싣고 내리는 것 같은 큰 출입구 두 개가 보였는데, 좌우로 벽을 막은 흔적이 보였다. 위쪽으로는 격자형 창살이 붙은 창문들이 있었다. 여닫을 수 있는 것처럼 보이지는 않아서 채광이 목적으로 보였다. 한편 측면 박공지붕의 끝부분에는 환기를 위한 루버창 두 개가 나란히 붙어 있었다. 일본인들은 건물의 환기에 심

혈을 기울이는 편이라 가옥이나 창고의 박공지붕 끝에 이렇게 루버
창을 만들곤 했다. 측면에는 한쪽에만 두 개의 창이 있었는데, 자세
히 보니 그 옆에도 창문이 있다가 막힌 흔적이 있었다.

일본이 만든 시설을 미군이 그대로 이어받은 뒤 자신들의 필요
에 의해 건물을 고친 흔적들도 많았다. 만약 새로 만들었다면 허물
어버려서 흔적도 없이 사라졌겠지만, 미군 입장에서는 굳이 새로 지
을 필요가 없었기에 그대로 사용하면서 필요한 부분은 고쳐나간 것
이었다. 덕분에 건물의 원형뿐 아니라 변화 과정도 살펴볼 수 있는
행운을 누릴 수 있었다. 20세기 들어 한반도에 가장 큰 영향을 남긴
두 나라의 영향력을 느낄 수 있는 광경이었다.

이어서 건물을 살펴보다 측면에서 무언가를 막아둔 흔적을 발견
했다. 벽면에 화석처럼 붙어 있는 박공지붕의 박공널 흔적이었다.
사람이 드나들 수 있을까 싶을 만큼 낮았지만 어쨌든 출입문은 맞았
다. 박공널이 있다는 것은 박공지붕, 혹은 비슷한 형태의 출입문이
있었다는 의미다. 크기가 작기 때문에 사람만 드나드는 출입문이었
는데, 시설을 물려받은 미군이 필요가 없게 되자 폐쇄하고 페인트를
칠한 것 같았다.

폐쇄된 문 위쪽에도 창문을 가린 흔적이 보였다. 아래층도 위층처
럼 창문이 있었으나 폐쇄된 듯했다. 일본군은 이 건물을 사람들이
드나드는 공장으로 사용했고, 미군은 단순히 물자를 하역해서 보관
하는 창고로 사용하기 위해서 나름대로 구조를 바꿨다는 의미였다.
근대 건축물 중에는 이처럼 쓰는 사람에 의해 구조가 바뀌면서 아슬

아슬하게 흔적만 남겨놓는 건물들이 많이 있다. 그런 모습을 볼 때마다, 그리고 그 얘기들을 글로 풀어낼 때마다 나는 묘한 감정을 느끼곤 한다. 마치 자신이 살아 있다는 것을 알리기 위해 오랜 세월 기억해줄 누군가를 기다리고 있었던 건 아닌가 하고 말이다. 나는 그런 생각을 다시 한 번 떠올리면서 건물에 붙은 굴뚝을 살펴보기 위해 뒤쪽으로 돌아갔다.

지금은 공해의 주범으로 낙인찍히면서 많이 사라졌지만, 한때 높이 솟은 굴뚝과 그곳에서 나오는 연기는 산업화의 상징이자 국가 발전의 징표였다. 조병창이었던 이곳에도 마찬가지로 크고 작은 굴뚝들이 많이 남아 있다. 평범해 보이지만 굴뚝을 높이 올리기 위해서는 나름의 기술력이 필요하다.

일본이 한반도에 깔아놓은 철로를 따라 기차역이 들어서면서 증기기관차의 물을 보충하기 위한 급수탑들이 들어섰다. 초창기 급수탑들은 높이 짓지 못하고 아래는 돌로 쌓고 위쪽만 콘크리트로 시공하는 경우가 많았다. 그러다 기술이 축적되면서 크고 높게 지어졌다. 1927년 경주역에 만들어진 급수탑은 27미터 높이에 5미터의 둘레를 자랑한다. 150톤의 물을 저장할 수 있기 때문에 증기기관차의 물을 신속하게 보충할 수 있었다.

눈앞에 보이는 두 개의 굴뚝은 50미터가 넘어 보였다. 부평 조병창 시절에는 이런 굴뚝 수십 개에서 쉴 새 없이 연기가 흘러나왔을 것이다. 애스컴 시절에는 병참기지 역할이어서 굴뚝이 연기를 뿜어낼 일은 없었겠지만, 미군이 먹는 빵을 만드는 베이커리가 있었기

——— 건물에 비해 커 보이는 굴뚝

때문에 약하게나마 연기를 뿜어내긴 했을 것이다.

굴뚝을 살펴보기 위해 향했던 곳에는 철로 또한 놓여 있었다. 그 철로를 보자 부평 시내를 지나면서 폐쇄된 철로를 본 기억이 났다. 부평 조병창에서 생산된 군수물자의 상당수는 열차를 통해 반출되었고, 자연히 철로는 조병창 안까지 이어져 있었다. 철로 끝에는 녹슨 철문이 굳게 닫힌 채 더 이상 나아가려는 발길을 막아섰다. 철문 너머에는 천막으로 만든 가건물과 녹슨 함석판, 그리고 고층 아파트가 있었다.

저 밖은 대한민국의 부평이고, 이 안쪽은 인천육군 조병창의 제

——— 기지 밖으로 나가는 철로

1제조소, 부평 조병창이었다가 애스컴이었다가 캠프마켓으로 소속을 바꿔가면서 명맥을 유지했다. 세월이 흐르면서 애스컴 시티라 불렸던 부평은 이제 고층 아파트들이 즐비하게 늘어선 도시가 되었다. 그러면서 부평 조병창을 비롯해서 기지촌이었던 시절의 기억들은 희미해지고 있다. 몇몇 사람들의 노력으로 기억의 끈만큼은 사라지고 있지 않지만, 결국 기억은 무관심을 이길 수 없는 법이다. 사실 캠프마켓을 돌아보면서 가장 인상 깊었던 것은 대규모의 공장이나 특이한 지붕을 가진 건물이 아니었다. 기지 구석의 풀숲에 우두커니 서 있는 두 쌍의 콘크리트 기둥이었다.

아무런 흔적이나 표식이 없어 일본군이 만들었는지 미군이 만들었는지 알 수 없었다. 무슨 목적인지 짐작하기도 어려웠다. 주변에 단서가 될 만한 건물이 없었고, 물어볼 만한 사람도 없었다.

풀숲을 헤치고 가까이 가서 살펴보자 널빤지를 붙여 양생한 흔적과 자갈들이 군데군데 보였다. 예전에는 귀했던 시멘트를 아끼기 위해 자갈을 섞어서 양생을 했는데, 제주도 같은 경우는 현무암을 사용하기도 했다.

또 두 기둥 모두 위쪽에 녹슨 철근이 삐져나와 있었다. 사진을 찍지는 못했지만, 예전에도 다른 건물을 둘러싼 철조망 사이에 기둥 같은 것이 서 있는 것을 본 적이 있었다. 중요한 시설이 많았고, 일일이 담장을 쌓을 수는 없어서 이런 기둥들을 중간 중간 세워놓고 철조망을 두르지 않았을까 싶었다.

뒤이어 들어온 미군은 자신들이 사용하는 쇠파이프로 기둥을 세우고 별도의 철조망을 설치했기 때문에 미군이 만들었다고 보기는 힘들었다. 어디까지나 추측이지만, 이 기둥들은 부평 조병창 시절 공장 건물을 둘러싼 철조망 기둥일지도 몰랐다. 이곳에서는 수많은 조선인들이 일을 했고, 그중에는 이곳에서 만들어진 무기나 폭발물을 이용해서 독립운동을 하려고 했던 사람도 있었으니까.

말이 없는 이 사각형 콘크리트 기둥들에서 눈을 뗄 수 없었던 것은 이 기둥을 지나 공장으로 들어가는 조선인들, 그리고 매서운 눈으로 그들을 노려보는 일본인 감시원의 모습이 떠올랐기 때문이다. 계속 반환이 미뤄지고는 있지만 이곳은 용산보다는 빨리 한국의 품에 돌아올 것이다. 돌아온 이곳에 우리는 무슨 기억을 심어두어야 할까? 기지촌 시절의 부평을 기억해야 할지, 아니면 부평 조병창 시절을 떠올려야 할지 모르겠다. 만약 그중에서 우리가 기억해야 할 단 하나가 있다면 이곳에서 누가 일했고, 누가 감시했는지를 선택해야 할 것이다. 그 고민이 결국 기억하는 일의 출발점일 것이다.

부평 조병창은 현재 미군기지로 사용되고 있어 출입이 불가능하다. 인천 지하철 1호선 부평역 6번 출구로 나와 부평공원 방향으로 가면 미군기지로 사용되고 있는 부평 조병창이 있다.

1939년 인천육군 조병창 제1제조소 설치
1945년 미군 제24군수지원단(애스컴)이 사용
1973년 캠프마켓으로 명칭 변경
2017년 반환 예정

3장
# 남쪽 바다는 더없이 푸르러

가덕도 등대와 해안 동굴진지

가덕도 외양포 포대                                지심도 포대

일본과 지리적으로 가까운 경상도는 한일강제병합 이전부터 시달림을 받아
야 했다. 일례로 일본 어민들은 지리적으로 가깝고 기후도 비슷한 경상도 해
안에 집단으로 이주하여 자신들만의 마을을 꾸려나갔다.

관광지로 잘 알려진 구룡포는 물론 방어진, 장생포 등지에서도 어렵지 않게
그때의 흔적을 찾아볼 수 있다. 특히 대한해협을 마주보고 있는 가덕도와 지
심도는 지리적 특수성 때문에 더욱 깊은 상처를 받아야 했다.

가덕도의 남쪽 끝 마을 외양포는 육지로 오고가기 힘들 정도로 외진 곳이었
다. 하지만 대한해협을 바라볼 수 있고, 진해에 머무는 일본 연합함대를 보호
할 수 있는 위치라는 이유로 일본군의 포대 설치 장소가 되고 말았다. 덕분
에 외양포 주민들은 하루아침에 삶의 터전에서 쫓겨나는 아픔을 겪었다.

외양포 포대, 그리고 뒷산의 관측소와 대공진지들은 오늘날까지 잘 남아서
그날의 기억들을 여과 없이 보여준다. 외양포 남쪽의 등대와 해안의 동굴진
지들은 이곳에 미친 일본의 손길을 그대로 느끼게 해준다. 특히 해안 동굴진

지들은 미군의 상륙에 대비했다는 점에서 우리 곁에 얼마나 전쟁이 가까이 다가왔었는지를 보여준다.

동백꽃으로 아름다운 지심도 역시 1936년에 포대가 설치되었다. 지심도와 대마도에 대포를 설치하여 대한해협을 봉쇄하겠다는 일본의 계획 때문이었다. 지심도 주민들 역시 외양포의 주민들처럼 하루아침에 정든 삶의 터전에서 쫓겨나야 했다. 아름답게 핀 동백꽃 사이로 전쟁, 침략, 지배의 끔찍한 얼굴들을 그대로 볼 수 있는 곳이 바로 지심도다. 지금도 섬 곳곳에는 포대와 일본군 관사들이 남아 그날의 기억들을 선명하게 보여주고 있다.

# 대한해협을 겨눈 비수

●

가덕도 외양포 포대

## 머나먼 남쪽

가덕도는 부산 사람들에게 낯선 곳이다. 이곳의 관할 구청인 강서구가 부산에 편입된 것이 1989년이었고, 부산에서 가덕도를 거쳐 거제도까지 연결된 거가대교가 놓인 것은 2004년이었기 때문이다.

외양포는 그 가덕도에서도 가장 남쪽에 위치한 마을이다. 대항포의 바깥에 있어서 외양포라는 이름이 붙었는데, 글자 그대로 육지로 나가기 어려운 외진 곳이었다. 그러나 이곳은 아이러니하게도 그 위치 때문에 지금으로부터 110여 년 전 일본의 주목을 받게 되었다.

러일전쟁이 한창이던 1904년 8월, 외양포에 일단의 일본군이 들이닥쳤다. 부산 서쪽에 위치한 가덕도는 임진왜란 당시에도 격전지였다. 한산도에 진을 친 조선 수군이 왜군의 본진 부산포를 치려면 반드시 가덕도를 거쳐야 했다. 왜군 입장에서도 부산을 지키려면 가덕도를 포기할 수 없었다. 따라서 가덕도 북쪽의 눌차도에 왜성을 쌓고 수비에 나섰고, 조선군 역시 가덕도 남쪽의 천성에서 왜군과 대치했다. 그런 곳에 일본이 또 다시 찾아온 것이다.

제3임시 축성단 소속의 일본군은 곧바로 마을 뒷산 중턱에 터를 파기 시작했다. 갑자기 들이닥친 그들의 기세에 눌린 마을 사람들은 숨소리도 크게 내지 못했다. 아마 며칠 정도 있다가 돌아갈 것이라고 믿었을 것이다. 그도 그럴 것이 외양포는 지금도 맞은편에서 차가 오면 비켜줄 수 없는 좁은 산림도로밖에 없는 외진 곳이기 때문이었다.

하지만 마을 사람들의 예측은 틀렸다. 그들은 바다를 지키기 위해 이곳에 온 것이었다. 일본이 한반도에서 러시아군을 몰아내고, 해군 기지인 여순을 포위하면서 승승장구하자 러시아 황제 니콜라이 2세는 발트함대에게 여순의 포위함을 돌파하라는 명령을 내렸다. 지구를 반 바퀴 돌아가야 하는 기나긴 항해 끝에 러시아 함대가 동해 인근에 모습을 드러냈을 즈음, 애초 목적지인 여순항은 이미 일본군에게 함락되어 있었다. 그들에게 남은 목적지는 블라디보스토크뿐이었다. 하지만 그곳으로 가기 위해서는 일본의 앞마당이라고 할 수 있는 대한해협을 지나가야 했다. 일본 역시 이 사실을 잘 알고 있었고, 그에 대한 대책을 세웠다. 한반도 남부와 쓰시마에 해안포대를 설치하기로 한 것이다. 물론 당시 사용되는 대포의 수준이 대한해협을 완전히 장악할 정도는 아니었다. 하지만 대한해협을 봉쇄하기 위해 일본 해군이 파견된 쓰시마와 진해만을 지킬 수 있는 수준은 되었다. 때문에 마을 사람들의 기대와는 달리 들어온 일본군은 아주 오랫동안 마을에 남게 되었다. 영원히 이곳에 눌러앉을 생각이었기 때문에 오히려 마을 사람들이 쫓겨나야만 했다.

러일전쟁 발발 직전 대한제국 정부는 중립선언을 하지만 일본에 의해 무시당했다. 일본은 강압적으로 한일의정서를 체결했는데, 그 중에는 일본이 필요하다고 지목한 곳을 강제로 수용하는 조항이 있었다. 일본은 군용지로 불필요한 부분까지 마구잡이로 수용했고, 전쟁이 끝나면 반환한다는 조건도 지키지 않았다. 외양포도 마찬가지였다. 일본은 한술 더 떠 외양포 토지와 가옥에 대한 보상비용을 대한제국에 떠넘겼다. 그나마도 외양포 포대가 세워진 지 한참 지난 1907년에야 지급되었다.

하루아침에 빈손으로 정든 고향을 떠나야 했던 마을 사람들은 저항했지만 일본군의 총칼 앞에서는 소용이 없었다. 힘없이 양포고개를 넘어가는 마을 사람들의 눈물이 채 마르기도 전에 포대가 구축되었다. 4개월간의 공사 끝에 그해 12월 중포병대대가 외양포에 들어왔고, 이듬해에는 진해만 요새사령부가 옮겨왔다. 이곳은 단순한 해안포대가 아니라 요새사령부가 자리 잡을 정도로 중요한 위치였다는 뜻이다.

요새사령부는 1909년 마산으로 옮겨갔지만 시설은 거의 그대로

——— 외양포가 내려다보이는 국수봉에 위치한 일본군 관측진지

유지되었다. 사람들이 떠난 외양포 마을에 지어진 일본군을 위한 막사와 우물, 창고들의 흔적은 아직까지 고스란히 남아 있다.

너무 외졌기에 어두운 역사가 더욱 잘 간직된 외양포의 포대는 사실 이번 여행의 시작점이었다. 외양포 포대의 보존 방안을 고민하던 강서구청의 초대로 각계각층의 전문가와 함께 답사에 나서게 된 것이었다.

사실 이곳은 이미 수차례 답사를 했던 곳이었다. 하지만 군사보호구역으로 묶여 있는 이곳을 어떻게 활용하여 주민들에게 도움을 줄지에 대한 의견을 수렴하려는 강서구청의 노력에 자그마한 힘을 보태고자 다시 이곳을 찾았다.

그러나 외양포 포대를 제대로 보기 위해서는 먼저 들러야 할 곳이 있었다. 일행을 태운 차가 뒤집힐 것만 같은, 대항포에서 한쪽으로 나 있는 좁은 도로의 가파른 경사는 어느 순간부터 야트막한 산중턱이 되었다.

차는 외양포 마을 사람들이 양포고개라 부르는 곳에서 멈췄다. 여기서부터는 걸어야 했다. 부산의 남쪽 가덕도에서도 남쪽 끝자락이라 그런지 한낮임에도 고즈넉했다. 우리 일행은 그 평온함을 뚫고 외양포를 둘러싼 국수봉 정상으로 향했다. 나무숲 사이로 난 오솔길을 걷다 보면 어느새 양쪽에 돌이 야트막하게 쌓인 길이 나온다. 전쟁의 흔적 같은 건 없을 듯 평온해 보이는 그 길을 쭉 따라 가면 외양포 포대를 제대로 보기 위한 첫 번째 목적지인 관측진지가 있다.

우리는 최초 발견자의 이름을 따서 '민재 진지'라 부르지만, 사실 이 진지의 존재는 오래전부터 알려져 있었다. 이 진지의 존재를 설명하기 위해서는 가덕도, 특히 외양포의 지형에 대해 먼저 설명해야 한다.

남북으로 길쭉한 가덕도는 외양포의 위쪽 대항포에서 폭이 급격히 줄면서 뒤집힌 호리병 형태가 된다. 가덕도 남쪽 지역은 평야라고는 찾아볼 수 없는 산악지형으로 국수봉, 남산, 여기에 또 다른 봉우리 하나가 외양포를 감싸고 있다.

그래서 대항포에서 외양포로 가려면 지극히 좁고 험한 길을 가야 했다. 차라리 배를 타고 해안으로 접근하는 게 더 좋을 만큼 접근성이 약한 곳이었다. 외부로부터 거의 완벽하게 차단되어 있다는 점은 외양포를 포대로 낙점 짓게 하는 한 가지 원인이었다.

이 봉우리들 덕에 대한해협을 통과하는 함선은 외양포의 포대를 전혀 관측할 수 없다. 적어도 항공기에 의한 관측이 없었던 1905년 당시 외양포는 대한해협을 겨눈 완벽한 비수였다. 하지만 이는 외양 포의 포대에서도 바깥을 볼 수 없다는 것을 의미한다. 산으로 둘러 싸인 외양포 포대가 대한해협의 목표물을 사격하기 위해서는 관측 진지의 유도가 필수적이다. 그래서 대한해협을 관측할 수 있는 국수 봉에 진지를 만든 것이다.

진지는 형태 자체부터가 굉장히 특이했다. 안쪽은 돌과 시멘트로 쌓아올리고, 바깥쪽은 흙으로 쌓은 모서리가 둥근 장방형이었다. 바 깥쪽에 흙을 쌓은 것은 외부 관측을 피하기 위함이다. 나는 제주도 서우봉 해안가에 있는 일본군 벙커에서도 비슷한 방식으로 축조된 방벽을 본 적이 있었다. 돌은 냉병기를 사용하던 시절에는 가장 완 벽한 방벽이었지만 근대 들어 화약무기의 발달로 인해 차츰 사라졌 다. 포탄이 터지면 든든한 방패막이 아니라 치명적인 파편이 될 수 있기 때문이었다. 이 진지는 바깥쪽은 흙으로 쌓아올렸지만 안쪽 은 돌과 시멘트로 마무리한 탓에 과거와 현재의 중간에 어정쩡하게 끼어 있는 것처럼 느껴졌다.

벽면은 2단으로 되어 있었다. 1단은 시멘트로 되어 있었고, 2단은 사각형으로 다듬은 돌을 시멘트로 접착하는 방식으로 쌓여 있었다. 출입구는 한 사람만 드나들 수 있을 만큼 작았다. 모서리에 파인 흔적이 있는 것으로 보아 출입문이 있었던 것 같았다. 시멘트로 만든 기단에는 무언가를 박아두었던 흔적이 있었다. 빠른 사거리 측정과 유도를 위해 관측봉을 박아두었던 것으로 보였다.

기단을 밟고 올라서서 먼 바다를 바라보았다. 숲 사이로 푸른 바다가 넘실거리는 것이 어렴풋하게 보였다. 울창하게 자란 나무들 때문에 주변은 제대로 보이지 않았지만, 예전에는 대한해협이 아주 잘 보였을 듯했다.

국수봉 관측진지처럼 외양포 포대의 눈 역할을 하는 곳이 산자락에 더 있지 않을까 싶기도 했지만, 현재까지 밝혀진 곳은 이곳뿐이다. 이 관측진지는 양포고개에서 산길을 30분가량 올라온 일행의 휴게소가 되어주기도 했다.

우리는 그곳에서 잠시 숨을 고른 후 다음 목적지로 향했다. 이곳부터는 길이 좀 더 분명하게 나 있었다. 일본군이 만들어놓은 교통호의 흔적이 우리를 안내해줬기 때문이다. 교통호는 화강암을 마름모꼴로 쌓은 전형적인 일본식 축성법으로 만들어져 있었다. 화강암 사이는 시멘트로 메워져 있었는데, 이것이 접착제 역할을 하여 벽이 무너지지 않게 해주고 있었다.

누군가가 부어놓은 것처럼 낙엽이 가득 쌓인 교통호를 따라 가다 보니 다음 목적지인 대공진지가 보였다. 교통호의 끝을 막아선 대공진지의 문이 양쪽의 창문을 부하처럼 거느린 채 우리를 맞이했다.

1905년 외양포 포대를 만들 당시에는 존재하지 않았던 항공기의 위협은 시간이 지날수록 커져갔다. 항공기의 발명은 일본군에게 새

교통호 끝에 자리 잡은 대공진지의 출입문.
문 너머로 보이는 테이블 같은 것은 대공포를 올려놓는
포판이다.

로운 위협으로 다가왔고, 이에 대한 대응책으로 원래는 존재하지 않았던 대공포대를 만들어야 했다.

외양포 주변에 대공포대가 설치된 시점은 정확히 알려져 있지 않지만, 1936년 시행된 외양포 포대의 추가 방어시설물 공사 당시로 추정할 수는 있다. 그렇다면 앞서 본 관측진지보다 상당 기간 이후에 만들어진 셈이다. 그런 시간적 여유 때문인지 대공진지는 관측진지에 비해 한층 세련된 모습을 하고 있었다. 교통호 끝에 있는 대공진지에는 아치형의 문이 있고, 문 양쪽에는 창문이 하나씩 있었다. 외관은 시멘트로 말끔하게 마무리되어 있었고, 문은 아치형으로 나 있었다.

가까이 다가가자 문짝 혹은 창틀이 달려 있던 흔적이 보였다. 대공포대는 지휘소, 포대, 대공감시초소로 구성되어 있었는데, 문이 있는 곳이 지휘소였다. 그 너머에는 원형의 포대가 있었다.

지휘소 안은 그리 크지 않았다. 이곳에서 바로 앞에 있는 포대를 직접 통제하면서 사격명령을 내렸을 것이다. 시멘트로 매끈하게 다듬은 지휘소 안은 햇살의 침입을 용케 허용하지 않았다.

대공진지의 출입문 오른쪽에는 올라가는 계단이 있었다. 올라가 보니 왼쪽에 시멘트로 만든 둥그런 대공감시초소가 있었다. 한두 명이 들어설 만한 이 공간에서는 망원경을 든 병사들이 긴장감 어린 시선으로 가덕도를 향해 날아오는 비행기를 감시했을 것이다.

대공감시초소 우측에 난 구멍은 지휘소와 연결되어 있었다. 녹슨 경첩이 붙어 있던 흔적이 보였는데, 평소에는 뚜껑을 닫아놓았던 것

——— 지휘소에서 바라본 대공포대. 가운데 포판이 마치 원형 테이블처럼 보인다.

으로 생각되었다. 적기를 발견한 감시병이 이곳에 대고 소리치면 지휘소에서 포대를 향해 발사명령을 내렸을 것이다. 해군 함정에 있는 전성관을 흉내 낸 듯한 이 구조는 나름 유용해 보였다. 대공포대와 지휘소, 관측진지가 함께 설치되어 있어 적기를 발견하면 바로 대공포대에 경보를 울리고, 지휘소에서 사격을 통제하고 발사를 하기까지의 과정이 매우 신속히 진행될 수 있는 시스템을 갖춘 것이었다.

지휘소와 붙어 있는 대공포대는 직경 3미터가량의 원형이었다. 시멘트로 만들어진 이 포대는 하늘을 향해 360도로 돌리면서 사격을 해야 했다. 따라서 판자를 대고 양생해야 했을 것이고, 실제로도

──── 말길의 축대. 산 경사면을 따라 돌을 2~4단으로 쌓아올려 길이 무너지는 것을 막았다.

그런 흔적이 남아 있었다. 전문가에게 물어보니 얇은 판자를 휘어서 붙이는 방식을 썼을 것이라고 설명해주었다.

양쪽에는 시멘트가 푹 파인 흔적이 있었다. 탄약고가 아니었을까 싶었다. 관측진지처럼 2단으로 되어 있는데 역시 중간 중간에 무언가를 박아두었던 흔적이 보였다. 사격 지시 판을 붙여놓았던 것으로 추측되었다.

사람만 없다면 하루 종일 아무 소리도 움직임도 없을 것 같은 산속에 숨은 전쟁의 흔적은 차갑고 냉혹했다. 문화재청은 조사 보고서에서 포판의 크기나 포상의 넓이를 통해 이곳에 설치된 대공포가

75밀리나 70밀리였을 것으로 추정했다. 이렇게 대공진지까지 보고 나자 비로소 외양포로 가는 길이 허락되었다.

## 징용의 길

　　　　　　바로 옆에 외양포로 내려가는 잘 닦인 산길이 있기 때문이었다. 처음에는 그냥 자연스럽게 형성된 길이라고 생각했다. 하지만 이 길은 외양포와 대공진지를 연결하는 보급로였다. 교대 병력과 탄약들도 이곳을 통해 올라갔을 것이다.

외양포 주민들은 이 길을 '말길'이라 불렀다. 외양포 마을에 머물던 포대 사령관이 말을 타고 이곳을 오갔기 때문이라고 한다.

마을을 향해 내려가는 이 길은 정교하게 다듬어져 있었다. 사람들이 오가면서 자연스럽게 생긴 오솔길과 여러 모로 달랐다. 일단 한 사람이 겨우 지나갈 수 있는 오솔길과 달리 두세 명이 나란히 걸어도 될 만큼 넓었다.

또 산기슭 쪽에는 정성 들여 만든 흔적이 역력한 축대들이 보였다. 경사면 쪽을 향해 돌을 쌓아 길이 무너지는 것을 막은 것이었다. 길이 꺾이는 구간에서는 축대도 휘어지게 만들었는데, 아주 자연스러운 곡선이어서 아름다워 보일 정도였다.

사람뿐 아니라 말과 수레도 올라갈 수 있도록 고안된 길인 관계로 곳곳에 쉴 수 있는 공간도 있었다. 길 중간 중간에는 배수로만으로 감당하기 어려운 장마에 대비하기 위한 집수구가 만들어져 있었

——— 길옆 배수로의 흔적. 곡선 구간에서는 길 밖으로 물이 흘러나가도록 만들었다. 배수로 중간에 자라난 나무가 지나온 세월을 짐작케 한다.

다. 코너를 돌 때마다 길 바깥쪽으로 물을 흘려내도록 되어 있었다. 또 급회전 구간에는 벽돌을 쌓은 뒤 겉을 시멘트로 바른 가드레일의 흔적이 있었다. 가장 인상 깊었던 것은 길을 따라 놓인 배수로였다. 좌우로 돌이 촘촘하게 깔려 있었다. 물이 자연스럽게 흘러가도록 만들어진 구조였다. 빗물이 징용의 길 위로 넘쳐 흙을 쓸어버리는 일을 막기 위해 설치된 것이었다. 지금 만든다고 해도 이것보다 더 섬세하게 만들지는 못할 것이라는 생각이 들었다. 덕분에 반세기 넘게 방치된 지금까지도 그 흔적이 남아 있는 것이고 말이다.

아름답다는 감상은 길이 끝도 없이 이어지면서 다른 생각으로 이어졌다. 이 길은 포대 사령관이 말을 타고 다니는 데만 이용된 것은 아닐 것이다. 무거운 포탄을 들고 땀을 뻘뻘 흘리는 병사들도 이용했을 것이다. 그리고 이 길은 정든 고향에서 강제로 끌려온 조선인들이 굶주림과 학대에 시달리면서 만들었을 것이다. 그들의 모습을 떠올리자 이 길이 말길이나 보급로가 아니라 징용의 길로 여겨졌다.

징용의 길은 외양포로 가는 동안 여러 가지 모습을 보여줬다. 돌을 좌우로 촘촘하게 붙인 배수로가 낙엽 속에서 오가는 사람들을 지켜보는 중이었다. 적당히 달궈진 햇볕이 내리쬐는 징용의 길은 걸음을 재촉하게 만들었다. 새들이 지저귀는 소리에 귀를 기울이면서 내려오다 보니 어느덧 탁 트인 공간이 나왔다. 마을과 가까운 곳까지 내려온 것이다. 그리고 나는 이 여행의 종착점을 먼발치에서 볼 수 있게 되었다. 바다와 접한 마을 뒤편의 산기슭에 자리 잡은 외양포 포대는 을씨년스러워 보였다.

외양포 포대는 주변의 지형에 잘 녹아들어서 바로 한눈에 들어오지는 않았다. 적의 관측으로부터 포대를 보호하기 위해 취한 여러 조치 때문이었다. 일단 포대 자체도 지표면 위가 아닌 바닥을 파서 지어져 있었다. 또 포대 주변에 흙을 높이 쌓고 대나무를 비롯한 나무들을 심어서 언뜻 봐서는 눈에 들어오지 않도록 만들었다. 포대를 보호하기 위해 매우 세심한 조치를 취한 것을 알 수 있었다. 언뜻 보이는 콘크리트 구조물이 아니었다면 포대가 있으리라고는 상상도 하지 못할 만큼 잘 위장되어 있었다. 일본이 얼마나 이 포대에 공을 들이고 신경을 썼는지 짐작할 수 있는 부분이었다.

## 러일전쟁 시기에 만들어진
## 외양포 포대

땅속을 파고 지은 형태였기에 포대 주변에는 위에서 내려올 수 있는 계단이 있었다. 포대 주변은 관련 논문에서 '와플형 옹벽'이라고 지칭하는 형태의 옹벽에 둘러싸여 있었다. 자갈을 섞은 콘크리트로 지은 구조물 위쪽에 벽돌을 밖으로 나오도록 몇 줄 쌓아 마무리한 형태였다.

기존에는 소음을 흡수하기 위해 이런 형태로 지어졌다고 설명한다. 하지만 옹벽은 눈에 띄기 쉽고, 따라서 높게 쌓으면 포대를 은폐하기 어렵다. 그래서 낮게 쌓은 옹벽이 무너지는 것을 막기 위해 일종의 버팀벽을 만드느라 저런 형태가 나왔을 수도 있다는 생각도 들었다. 이 옹벽의 정체에 대한 단서는 답사가 거의 끝날 즈음에 찾을 수 있었다.

포대는 생각보다 컸다. 관련 논문에는 폭이 18미터, 길이가 78미터라고 나와 있고, 문화재청의 보고서에서는 폭이 31미터, 길이가 70미터라고 기록되어 있다. 어쨌든 꽤 큰 규모라는 것을 알 수 있다. 국제축구연맹FIFA이 규정한 축구 경기장의 길이가 105미터인 것을 감안하면, 외양포 포대의 길이는 축구 경기장의 3분의 2 정도라고 보면 된다.

이 어마어마한 공간을 직경 5.5미터의 포좌 여섯 개와 10미터 너비의 포대 두 개가 차지하고 있었다. 이 포대에 설치된 포는 28센티 유탄포였다. 본래 이탈리아제 대포였다가 이탈리아 장교들의 지도

——————  가까이서 본 외양포 포대. 주변에 흙을 쌓고 대나무를 심어 위장했다.

를 받아가면서 국산화에 성공한 무기였다. 러일전쟁 당시 여순항이
내려다보이는 203고지를 큰 피해를 입어가며 차지한 일본군이 그
곳을 관측소 삼아 포격을 퍼부었을 때 사용한 대포도 이 28센티 유
탄포였다. 발사한 포탄이 날아갈 때 발생하는 소음이 열차와 비슷하
다고 해서 '열차포'라는 별명으로도 불렸다. 사거리는 7,800미터로
대한해협 전체를 봉쇄하기에는 턱없이 부족했지만, 해안으로 접근
하는 적대국의 전함을 공격하거나 러일전쟁 당시 일본 연합함대의
기항지였던 진해만을 보호하기에는 충분했다. 특히 28센티 유탄포
는 러일전쟁 발발 당시에는 본토 해안에도 20문 정도 밖에 배치되

지 않았다는 점을 감안하면 일본이 외양포를 얼마나 중요한 요새로 생각했는지 짐작이 가고도 남는다.

포대 외의 구조물은 입구 쪽에 나란히 붙은 두 개의 탄약고, 포대 중간의 대피용 벙커 두 개, 홀로 떨어진 벙커 하나였다. 포대 안의 구조물들은 벽돌이나 콘크리트로 단단하게 만들어져 있었다. 적의 포격을 받을 가능성이 높은 곳이다 보니 튼튼하게 지을 수밖에 없었던 것이다. 포대 입구는 마을 쪽으로 나 있었다. 포대 옆으로는 배수로가 만들어져 있었고, 문 같은 것을 설치한 흔적도 있었다. 또 포대 입구에는 기념비가 하나 서 있었고, 콘크리트로 만든 2단짜리 기단

——— 포대 정문에 서 있는 비석

위에 매끈한 돌에 글씨를 새겨놓은 비석이 놓여 있었다.

이 비석은 이 포대가 한때 진해요새사령부였다는 점을 기념하기 위해 만들어놓은 것이다. 비석은 자연석 화강암으로 만들어졌는데, 앞면에는 '사령부발상지지'司令部發祥之地라는 큰 글자와 함께 메이지38년인 1905년 부대가 편성되었다는 내용이, 뒷면에는 소화11년인 1936년 이를 기념해 비석을 세웠다는 내용이 적혀 있었다. 주민들 이야기로는 본래 다른 곳에 설치되었다 광복 후에 뽑혀서 버려졌는데, 주민 중 누군가가 주워 이곳에 기단을 만들고 그 위에 세워놓은 것이라고 한다. 이 비석 덕분에 외양포 포대의 사료적 가치가 훨씬 높아졌다는 점을 감안하면 먼 미래를 내다보는 혜안이었던 셈이다. 표지석을 지나 포대 안으로 들어섰다. 시선을 왼쪽으로 돌리자 포대 안의 모습이 한눈에 들어왔다.

통로 왼쪽에는 벙커 두 개가 형제처럼 자리 잡고 있었다. 오른편으로는 28센티 유탄포를 배치한 포상과 중간에 세워진 대피용 벙커가 보였다. 저 멀리에는 용도불명의 저장고 출입구가 보였다.

포대 주변과 대피용 벙커 지붕은 흙과 잔디로 덮여 있어 위장이 철저하게 되어 있는 편이었다. 전체적으로 두껍고 단단하다는 느낌을 받았는데, 일본이 만든 요새건설규범에 포대가 적의 포격을 견딜 수 있을 만큼 튼튼해야 한다고 규정되어 있기 때문이었다.

통로 중간에는 작은 화단이 있었다. 마을 주민들이 가꾼 것인데, 전쟁을 위해 태어난 이 숨 막히는 공간의 긴장감을 덜어주는 역할을 한다고 한다. 주민들 이야기로는 일제시대에는 이 화단이 있던 자리에 큰 나무를 세워놓고 포대 전체에 위장망을 드리웠었다고 한다. 태평양전쟁 당시 제공권을 빼앗겼던 일본이 공습을 막기 위해 포대를 감추려고 했던 모양이다. 안으로 들어가 하나씩 살펴보기로 했다. 먼저 입구에서 가장 가까운 탄약고를 살펴보기로 했다.

두 개가 나란히 붙은 탄약고는 아치형 콘크리트 벙커 사이에 파묻힌 것처럼 보였다. 정확하게는 아치형 벙커의 앞부분에 벽돌을 쌓은 형태인데, 그나마 크기가 커서 산에서 봤을 때 가장 잘 보이는 부분이기도 했다.

정면에서 보면 아치형 문을 가운데 두고 양쪽에 아치형 창문이 하나씩 자리 잡고 있는 모습이었다. 문에는 경첩이 달려 있던 흔적이

───── 포대 정문 좌측의 탄약고

─────── 탄약고 내부. 두 탄약고 중 우측에 있는 것이다. 바닥 우측이 조금 높게 올라와 있는 것이 확인된다. 천장에는 그을음이 심하게 묻어 있고, 왼쪽에는 옆 탄약고와 이어지는 통로가 있다.

보였다. 사진에는 보이지 않지만 콘크리트 상부 아치 안쪽에는 물끊기 홈이 들어 있었다. 벽을 타고 흐르는 물이 안으로 흘러들어가는 것을 막기 위한 구조물이었다. 아치형 문 위쪽으로는 환기를 위해 만든 듯한 작은 사각형 창문 자리가 보였다. 앞쪽을 벽돌로 쌓았고, 창문은 물론 환기용 창문까지 만들어둔 것이다.

　덕분에 포대 운용요원들이 머무는 숙소가 아닌가 하는 추측이 많았다. 이런 추측은 사진에 보이는 천장의 그을음 덕분에 힘을 얻었다. 하지만 최근에 발견된 요새건설규범인 설계 요령서에 따르면 이런 형태는 숙소가 아니라 탄약고였다. 거기다 28센티 유탄포가 배치된 일본 본토의 포대에도 동일한 형태의 탄약고가 있다. 따라서 이 구조물 역시 탄약고로 보는 것이 합리적이다.

탄약이 보관되었을 내부는 회칠이 되어 있는 상태였다. 그리고 두 개의 탄약고는 뒤쪽에 난 통로로 연결되어 있었는데, 두 탄약고 모두 오른쪽 바닥이 다른 쪽보다 높은 상태였다.

또 한 가지 특이한 점은 두 탄약고 모두 출입문 오른쪽의 창문 아래쪽이 파손되었다는 것이었다. 그 해답은 1913년에 시행된 탄약고 개량 공사에 있었다. 관련 문건에 따르면 황색화약을 보관하기 위해 탄약고 우측 일부분을 높인 것이었다. 우측의 높은 부분은 설계 요령서에도 지시되어 있는 부분이었다. 설계 요령서에는 바닥에 리놀륨을 깔라는 내용까지 나와 있었다. 이렇게 신경을 써서 보관한 화약은 황색화약 메리나이트였다.

당시 사용하던 일반적인 화약보다 성능이 뛰어났던 황색화약은 특히 포탄의 작약으로 사용되면서 러일전쟁 때 일본의 승리에 큰 기여를 했다. 1913년의 탄약고 개량은 이 귀중한 황색화약을 잘 보관하기 위한 조치였던 것으로 보인다.

그래도 벽과 천정의 그을음은 잘 이해가 되지 않았다. 화약을 보관하는 곳에 온돌을 설치한다는 것이 이해가 가지 않았기 때문이다. 그러다 안내를 해준 마을 주민에게서 흥미로운 이야기를 들었다. 한국전쟁이 발발하고 피난민들이 이 마을까지 내려왔는데, 그들 중 일부가 1950년대 중반까지 이 포대에서 살았다는 얘기였다. 이 탄약고를 집으로 삼고 탄약고 바깥에 아궁이를 만들어 생활했다는 것이었다.

그 얘기를 듣자 탄약고의 그을음이 이해가 갔다. 그들은 아궁이와 안쪽의 공간을 연결해서 일종의 온돌을 만들어 겨울의 추위를 이겨 냈다고 덧붙였다. 그 아궁이가 설치된 공간이 탄약고 출입문의 우측 창문 아래였기 때문에 그쪽 창문이 집중적으로 파손되었다는 사실도 알게 되었다. 온돌을 연결하기 위한 관을 만들어야만 했기 때문이다. 황색화약을 보관하기 위해 만들어놓은 공간이 피난민들의 쉼터가 된 것이었다. 주민들의 땅을 강제로 빼앗아 만든 탄약고가 누

———— 위에서 내려다본 가덕도 포대

군가에게는 안락한 보금자리가 되었다는 얘기를 듣자 무거웠던 마음이 조금 누그러졌다. 밖으로 나와 28센티 유탄포가 설치되었던 포상과 탄약고로 오해를 받았던 대피용 벙커를 살펴봤다.

대피용 벙커와 포상의 모습을 자세히 보기 위해 포대 위쪽으로 올라갔다. 마을 주민들이 정기적으로 풀을 베고 정돈을 하고 있어서 그나마 풀이 우거지는 것은 막을 수 있었다고 한다.

사진 오른쪽에 집처럼 생긴 것이 피난용 벙커고, 왼쪽에 계단과 닿은 부분이 28센티 유탄포가 설치된 포상이다. 풀과 흙에 덮이긴 했지만 이곳에는 콘크리트로 만든 5.5미터 크기의 포상이 설치되어 있었다. 입구부터 일렬로 여섯 개의 포상이 있었고, 두 개의 피난용 벙커가 각각 두 번째와 세 번째 사이, 그리고 네 번째와 다섯 번째 사이에 설치되어 있었다. 피난용 벙커는 콘크리트로 만들어졌고, 측면은 와플형 옹벽으로 만들어져 있었다. 지붕 부분에 흙이 덮여 있어서 멀리서 보면 언덕처럼 보였다.

이 구조물 또한 포상 옆에 있어 탄약고로 오인을 받긴 했지만, 설계 요령서에는 피난용으로 명시되어 있었다. 포 조작 요원들이 적의 포격을 피해 숨을 목적으로 만들어진 것이다.

하지만 위에서 내려다보자 여기에 또 다른 목적이 있음을 알 수 있었다. 일렬로 배치된 포상 사이에 배치하여 방호벽 역할을 하도록 만든 것이었다. 포대 한 곳에 포탄이 명중할 경우 발생할지 모를 유폭을 막아 포대 전체가 무력화되는 것을 방지하기 위해서였다.

대피용 벙커는 약 4.5미터 높이로, 아치형 출입문이 하나 있었다.

——— 포상 사이에 있는 대피용 벙커. 아치형 출입문이 한쪽으로 살짝 치우쳐 있다.

콘크리트로 된 벙커의 지붕은 제주도 알뜨르 비행장의 격납고와 비슷하게 흙으로 덮여 있었다. 외부의 관측을 피하기 위한 위장의 한 방식이었다.

출입문이 가운데가 아니라 한쪽으로 치우친 이유가 궁금했는데, 내부로 들어가자 이유를 알게 되었다. 출입문 안쪽에 또 하나의 출입문이 있었는데, 두 출입문의 방향이 어긋나 있었다. 경희궁 방공호와 마찬가지로 입구에서 내부가 보이지 않도록 조치해둔 것이었다. 또 포격에 대피하는 용도라는 점을 감안한다면 포탄 파편이 문을 뚫고 들어왔을 때 내부에 있던 인원들이 피해를 입지 않도록 하려는 이유도 있었을 것이다.

대피용 벙커의 안쪽 문에는 바깥쪽으로 홈이 파여 있었고, 경첩이 있었던 흔적이 보였다. 그리고 안에는 사방이 콘크리트 벽으로 가려진 대피 공간이 보였다.

흥미로웠던 점은 벙커 내부가 아니라 밖에 있었다. 처음에는 보지 못했지만, 여유가 생기자 벙커 벽에 누군가가 창문과 일본 가옥의 특징인 널빤지를 가로로 붙인 미늘판벽을 그려놓은 것이었다. 탄약고의 콘크리트 아치에는 위장무늬가 그려져 있었다.

대체 누가 그랬을까 하는 의문이 들었다. 외양포 포대를 소개하는 논문에는 일반 민가로 보이기 위해 위장을 실시한 것이라고 설명되어 있었다. 그러나 지붕에 흙을 덮고 대나무를 심은 상황에서 쓸 만한 방법은 아니었다. 거기다 일본군은 위장무늬를 쓴 적이 없었다. 일본군이 철수한 후 이 시설을 관리한 한국군이나 미군이 심심풀이로 그렸다고 보는 편이 신빙성이 더 높을 듯하다.

대피용 벙커까지 둘러본 후 마지막으로 향한 곳은 따로 떨어져 있는 저장고였다. 출입문에서 가장 멀리 떨어진 곳에 있는 저장고는 포대의 벽을 파고 들어간 형태로 만들어져 있었다. 저장고라고는 하지만 사실 명확한 용도는 밝혀지지 않았다. 다만 포상 사이에 있는 두 개의 대피용 벙커가 각각 두 개 포의 요원들을 위한 것이라면 이 저장고가 나머지 두 개 포를 운용하는 요원의 피난용 벙커일 가능성을 배제할 수 없었다.

그러나 안타깝게도 내부에는 토사가 가득 차 있어 들어가 볼 수 없었다. 마을 주민들은 감옥으로 사용되었다고 했고, 내부에 통로가 뚫려 있어서 바닷가까지 연결되어 있다는 소문이 떠돈다고 전해주었다.

출입구가 흙속에 들어가 있는 상태여서 좌우 격벽을 길게 바깥쪽으로 뺀 것이 눈에 띄었다. 안쪽에는 대피용 벙커 정도 크기의 공간이 둘 있었는데, 출입문에서 오른쪽으로 90도 정도 틀어져 있었다.

저장고로 추정되는 건물까지 살펴본 후 외양포 마을을 둘러보기 위해 걸음을 떼었다. 그러다가 와플형 옹벽에 자꾸 눈이 갔다. 처음

——— 와플형 옹벽, 자세히 보면 위쪽에 쇠로 만든 고리가 있던 흔적이 남아 있다.

에는 버팀벽 역할을 하기 위해 만들어졌다고 추정했지만, 가까이 가서 본 결과 다른 가능성을 제기할 만한 단서를 발견했다.

자세히 보니 옹벽의 위쪽과 중간 부분에 쇠로 만든 고리 같은 것이 붙어 있던 흔적이 있었다. 광복 직후 주인 없이 버려진 일본군 기지의 각종 장비들은 우리나라 사람들이 고철을 얻기 위해 뜯어가는 경우가 많았다. 옹벽에 붙은 쇠고리도 그 와중에 많이 사라졌지만, 아직은 상당수가 남아 있다. 워낙 작은 데다 콘크리트 벽에 붙어 있어 떼어내기 힘들었던 탓이다. 쇠고리의 용도가 커튼이나 가림막이었다면 이 와플형 옹벽은 소음 흡수나 버팀벽 말고도 다른 용도가 있었음에 틀림없었다.

일본측 자료에 의하면 이 와플형 옹벽의 진짜 용도는 임시 포탄 저장고였다. 비상시 탄약고에 있는 탄약들을 대포 근처에 가져다놓고 신속하게 발사할 목적으로 보인다. 다만 탄약고처럼 튼튼한 곳에 넣어둘 수 없기 때문에 조금씩 나눠서 보관했던 것이다. 그렇다면 쇠고리의 용도는 적재된 포탄을 가리는 커튼 혹은 가림막을 걸어두는 곳이 아니었을까 싶었다.

치밀하기 그지없는 포대 내부의 모습을 보면서 이 땅을 향한 야욕의 민낯을 볼 수 있었다. 그들은 이 포대에 설치된 대포를 대한해협에 겨눈 비수로 삼은 채 이곳이 영원히 자신들의 땅이 되기를 바랐을 것이다. 하지만 징용의 길에서 볼 수 있듯 그것은 누군가의 고통과 아픔을 전제로 한 것이었다. 더욱이 일본군 위안부를 비롯한 여러 문제들은 아직 해결의 기미조차 보이지 않고 있다.

마을로 향하기 전 바다가 보이는 거리에 서서 일본의 손아귀에 넘어가고, 그들의 포대를 위한 장소가 되어야 했던 이 땅의 역사를 떠올려봤다. 역사를 잊은 민족에게는 미래가 없다는 말이 떠올랐다. 사실 그 얘기는 절반만 맞는 얘기다. 역사를 잊은 민족에게는 미래뿐만 아니라 현재조차 존재할 수 없다. 나는 아파오는 마음을 추스르며 마을로 향했다.

## 아직도 돌려받지 못한 땅

일본군이 들이닥쳤을 당시 외양포는 말 그대로 한적한 어촌이었다. 60~70호의 가구가 약 10만 평의 밭과 6만 평의 논, 그리고 앞바다에 의지해 살고 있었다. 이들을 하루아침에 쫓아낸 일본군은 헐값을 치르고 마을을 전부 차지했다. 포대를 운용할 요원들과 사령부 요원들이 머물 곳이 필요했기 때문이다.

당시 일본군의 요새 공사를 도맡아 했던 일본인 건설업자 나카타니 히로요시는 마을에 일본식 관사와 창고를 세우고 곳곳에 우물도 팠다. 그는 이 지역 공사를 마친 후 용산의 일본군 기지와 남산의 통감부 건물을 짓는 데도 참여했다.

일본군이 떠난 이후 떠나간 주민들은 외양포로 돌아왔다. 하지만 이 지역의 관할이 대한민국 국방부에 그대로 이전되면서 건물들에 대한 일체의 증개축이 금지되었고, 그러면서 이곳은 오늘날까지 원형을 보존하게 되었다.

하지만 주민들에게 이곳은 삶 한가운데 틀어박힌 커다란 상처와 다름없었다. 그리고 시간이 흐르면서 낡은 집은 점점 모습을 바꾸어 갔다. 일체의 증개축은 허용되지 않지만 천장에서 뚝뚝 떨어지는 빗물을 법이 막아주지는 못하는 법, 결국 그들은 조금씩 집을 고치며 살아가게 되었다. 그러면서 20세기 초반에 지어진 낡은 건물에 최첨단 위성TV 안테나가 붙어 있는 기이하고 서글픈 만남이 연출되었다. 우리처럼 스쳐지나가는 사람들에게는 잠깐 동안의 호기심거리나 사진에 담을 풍경일 뿐이지만, 이곳 사람들에게는 아직도 땅을 돌려받지 못한 아픔을 상징하고 있다. 외양포 마을에 남은 일본식 주택들은 주민의 삶과 세월이 어우러지며 남게 된 역사라고 할 수 있다. 그리고 이 마을은 다른 어느 곳보다 잘 보존되었고, 그러면서 더 눈에 띄게 되었다. 지나온 세월과 그 안의 상처들도 함께.

외양포 마을은 바다를 끼고 있는 전형적인 시골 풍경이었다. 하지만 밭과 밭 사이에 있는 집들의 모습은 낯설었다. 앞 페이지 사진에 보이는 것은 장교 관사로 사용했던 막사로, 현재는 살림집으로 사용 중인 듯 보인다.

일본식 기와를 얹은 지붕은 비를 막기 위해 푸른색 우레탄 폼으로 방수되어 있었다. 벽체도 새로 페인트칠을 했지만, '잔살'이라 불리는 가느다란 대를 세우고 널빤지를 가로로 붙여둔 방식은 명확한 일본식이었다. 게다가 현관과 창문의 차양도 예전 모습을 그대로 유지하고 있었다.

또 나는 밭 건너편에서 지붕이 특이한 건물 하나를 발견했다. 널빤지를 가로로 붙인 미늘판벽은 다른 건물과 똑같았지만, 지붕의 한쪽이 아래로 더 내려온 형태였다. 한옥에서는 이를 '달개지붕'이라 부른다. 비슷한 지붕구조를 상암동 부엉이 근린공원에 이전 복원한 일본군 장교관사에서 본 기억이 났다. 일본군은 계급별로 구조나 크기가 다른 관사를 사용했다.

이 건물은 1905년 이곳에 세워진 진해만 요새사령부의 사령관이 머무는 관사였다. 늘어진 기와지붕은 현관 위를 가리는 차양 역할을 한다. 1911년 작성된 건물 배치도에서 사령관의 관사 내부 구조를 본 적이 있었다. 한쪽은 널빤지를 깐 마루로 되어 있었고, 다른 한쪽은 다다미를 깐 침실로 되어 있었다. 배치도에는 주변에 화장실을

———— 요새사령부 사령관이 머물던 관사

비롯한 부속건물이 있는 것으로 나타났지만, 이제는 그런 흔적을 찾아볼 수 없었다.

주차장이 있는 방파제 근처에도 눈에 띄는 건물이 한 채 있었다. 야트막하게 경사진 곳에서 바다를 바라보는 형태의 이 건물은 다른 집들보다 몇 배 더 길어 보였다. 비록 벽은 슬레이트로 바뀌었고, 끝에 자그마한 공간이 추가되었지만 전체적인 형태는 변하지 않았다. 창틀과 차양도 예전 모습을 그대로 간직하고 있었다.

참고로 이 건물처럼 맞배지붕 형태의 건물 모서리에 이런 식으로 지붕을 붙이고 공간을 만드는 것을 한옥에서는 가적지붕이라고 부른다. 이 지붕은 처음 만들었던 당시의 모습을 그대로 유지하고 있었으며, 내부 구조도 마찬가지였다. 특히 지붕의 보와 마룻대, 지붕널도 그대로 남아 있어 일본식 목조 가옥의 내부 구조를 파악하는데 큰 도움이 되었다.

한옥과 일본식 가옥 지붕은 같은 기와를 사용하지만 여러 모로 차이가 있다. 한옥의 경우에는 암키와와 수키와를 따로 만들어 사용하지만 일본은 두 개가 합쳐진 형태의 걸침기와를 주로 사용한다. 암키와와 수키와가 번갈아 놓이면서 굴곡이 심해 보이는 한옥 지붕과 달리 걸침기와를 올린 일본식 가옥의 지붕은 잔물결이 흘러가는 것처럼 평평해 보인다.

그런데 이 건물의 용도에 대해서는 명확히 밝혀진 바가 없었다. 관련 논문에서는 포대 사령부 건물이라고 추정하고 있지만 명확한 근거는 없다. 신효승 씨가 식당이 아니냐는 의견을 제시했다. 포대

인원들을 다 합하면 적지 않은 수였을 텐데, 식사를 할 만한 별다른 공간이 보이지 않았기 때문이었다. 지금은 콘크리트로 덮여 있지만 산에서 내려와 바다로 들어가는 작은 하천이 바로 앞에 흐르고 있다는 점도 신빙성을 높여줬다. 하지만 명확한 기록이 밝혀지지 않는 한 이 건물의 정체에 대해서는 좀 더 오랫동안 논의해봐야 할 것이다.

일본군은 이 마을에 포대와 막사만 지어놓은 것이 아니었다. 사람에게 반드시 필요한 물을 공급할 수 있는 우물도 다섯 개나 만들었

———— 기와를 비롯한 일본식 건축의 흔적이 잘 남아 있는 건물(왼쪽)
———— 마을에 남아 있는 일본군 우물(오른쪽)

다. 그중 두 개는 지금도 물이 나와 농업용수로 사용되고 있다. 또 하나는 지붕까지 완벽하게 남아 있어 자세히 살펴보기에 제격이었다.

우물의 형태는 우리나라의 우물과 같았지만, 가장 큰 차이는 지붕의 존재 여부였다. 삼랑진에 남아 있는 우물도 그렇고 이 우물도 지붕이 있었다. 또 삼랑진의 우물이 나무 기둥 두 개를 좌우에 세운 반면, 이 우물은 벽돌 기둥을 네 귀퉁이에 쌓아서 더 튼튼해 보였다. 벽돌은 위로 올라갈수록 크기가 안쪽으로 줄어들었고, 안쪽에는 벽돌이 아치 형태로 쌓여 있었다.

아치 안쪽과 기둥에는 쇠로 만든 보강대가 붙어 있었는데, 원래부터 있었는지 나중에 붕괴를 막기 위해 만들었는지는 알 수 없었다. 다만 현지 주민들의 얘기를 들어본 결과 아주 오래전부터 있었던 것은 확실해 보였다.

지붕은 마룻대와 중도리, 그리고 끝중도리를 걸치고 지붕널을 올린 모습이었다. 지붕널 위에는 아무것도 없지만 삼랑진의 우물처럼 일본식 기와가 올라가 있었을 것으로 보였다. 반면 또 다른 우물에는 붉은색 벽돌로 만든 기둥만 남아 있었다.

외양포 마을에 남아 있는 집들을 둘러보다 어느 한 지점에서 눈길이 멈췄다. 집주인이 일부러 그렇게 만들지는 않았겠지만 지붕의 모습이 꼭 우리의 근대사를 압축시켜놓은 것처럼 보였기 때문이다.

제일 아래 있는 것은 일본식 지붕이었다. 추녀 아래 지붕에서 뻗은 사각형 목재 서까래와 그 위를 덮은 지붕널의 모습이 보였다. 그 위로 광복 이후 어느 시기에 올렸을 슬레이트의 끝자락이 보였다.

─────── 외양포의 어느 주택
에서 발견한 역사의 흔적

가장 위에는 마지막에 올렸을 플라스틱 기와지붕이 자리 잡고 있었
다. 증개축이 원칙적으로 금지되어 있기에 지붕 위에 새로운 지붕을
얹는 식으로 빗물이 새는 것을 막아온 것이었다.

이런 구조는 나 같은 방문객에게 이 집의 흘러간 시간을 알게 해
주는 중요한 단서가 되었다. 이 지붕에는 100년의 시간이 그대로
올려져 있었다. 역사를 이미지나 상징으로 보여줘야 한다면 이보다
완벽한 것은 찾아볼 수 없으리라는 생각이 들었다.

이곳에 포대를 만들었던 일제는 사라졌다. 시간이 지날수록 흔적
들은 점점 희미해지고 있고 있지만, 우리는 이렇게 생각지도 못한

곳에서 그 흔적을 만날 수 있다.

외양포는 말 그대로 시간의 보물창고다. 여러 상황이 맞물리며 포대와 관측진지, 대공진지는 물론 일본식 관사도 고스란히 잘 남아 있다. 강서구청은 이런 자원들을 활용하기 위해 다양한 방안을 고려 중이다. 강서구청의 계획대로라면 지금보다 많은 방문객들이 찾아올 것이다. 그들에게 보여줄 것은 많이 있다. 하지만 그들에게 단 하나만 보여줘야 한다면 나는 이곳에 데리고 와서 이 지붕 처마를 보여줄 것이다. 여기에 지나간 우리 역사가 차곡차곡 쌓여 있다고 하면서 말이다.

역사는 거창하고 조명이 잘된 곳에서 있는 것은 아니다. 오히려 그런 곳은 누군가의 손길이 닿은 곳일 수도 있다. 하지만 외양포의 처마에는 꾸미지 않은 진짜 역사가 남아 있다. 퇴적된 지층처럼 지나온 시간을 음미하게 해주는 진짜 역사가.

### 찾아가는 길

외양포는 가덕도 남쪽에 위치한 외진 마을이다. 대중교통을 이용하기보다 자가운전을 하는 편이 좋다. 부산에서 거가대로를 따라 가다 가덕터널을 지나 대항포로 간다. 대항포에서 임도를 따라 외양포로 넘어갈 수 있다.

# 가덕도에 남은
# 일본의 흔적들

●

가덕도 등대와 해안 동굴진지

**침략자의 길을 밝혀주다**

　　　　　가덕도는 대한해협을 바라볼 수 있고 진해, 마
산, 부산에까지 영향을 미칠 수 있는 곳에 위치해 있다. 그래서인지
외양포 포대 외에도 일본군이 만들어둔 각종 시설이 존재한다. 그중
가장 눈에 띄는 것이 가덕도 남쪽 끝 동두말에 있는 등대다. 바다를
오가는 배에게 위치를 알 수 있게 해주는 등대는 근대의 산물이다.
우리에게 등대는 개항과 함께 찾아왔지만, 안타깝게도 대부분은 침
략자들의 길을 밝혀주는 역할을 했다.

　그중 동두말의 등대는 1909년 12월에 만들어졌다. 만들어진 시
기나 위치를 감안하면 이 등대의 필요성을 가장 크게 느낀 쪽은 대

한제국이 아니라 일본이라는 사실을 어렵지 않게 추측할 수 있다.

물론 등대의 공사를 진행한 것은 탁지부 등대국이었다. 그러나 실제로 등대를 설계한 사람과 완성된 등대에 상주한 직원들은 모두 일본인이었다. 대한제국의 등대지만 일본을 향해 빛을 비춰줄 수밖에 없는 운명이었다. 가덕도의 등대는 그래서 우리 안에 남은 일본의 흔적이라고 할 수 있다.

참고로 이 등대는 지난 2002년 바로 옆에 새 등대가 만들어지기 전까지 한 세기 가까이 사용되었고, 현재 군부대 안에 있어 출입할 때는 사전에 허가를 받아야 한다.

─────── 1909년에 세워진 가덕도 등대. 100년 가까이 남해 바다를 지켰다.

외양포를 둘러보고 곧장 등대로 향했다. 외양포에서 등대까지는 좁지만 길이 잘 남아 있었는데, 이는 일본이 만들어놓은 것이라고 한다. 구불구불한 길을 따라 달리자 곧 군부대 출입문이 나타났다. 규정된 절차에 따라 안으로 들어가자 등대를 만날 수 있었다.

가덕도 등대는 등대와 부속건물이 따로 떨어진 다른 등대와 달리 두 개가 하나로 합쳐졌다. 건물 위에 바로 등대를 올린 것이다. 다른 등대가 세워진 곳이 평지가 좁아 어쩔 수 없이 건물이 나뉜 반면, 이 곳은 건물까지 세울 수 있을 만큼 땅이 넓었기 때문으로 보인다.

등대 주변은 깎아지른 절벽이었는데 놀랍게도 염소들이 살고 있었다. 동행한 구청 관계자에게 물어보니 지역 주민들의 수익증대 사업의 일환으로 들여왔던 염소들이 풀려나면서 야생에서 지내게 된 것이었다.

등대는 벽돌로 세운 단층 건물 위에 팔각형 기둥을 세우고 그 위에 원통형 등대를 올린 형태였다. 하얀 페인트가 칠해져 있었지만 원래는 붉은 벽돌 건물이었다. 중간 중간 벽돌이 기둥처럼 돌출되어 벽기둥처럼 되어 있었고, 평평한 지붕에는 난간이 둘러져 있었는데 여기엔 ⊔자 모양의 구멍이 있어 형태에 변화를 주고 있었다.

나무로 된 현관의 지붕 안쪽과 위쪽에는 오얏꽃이 조각되어 있었다. 오얏꽃은 잘 알려져 있지 않지만 대한제국의 국화로서 왕가를 상징했다. 창덕궁의 인정전 용마루에는 지금도 이 오얏꽃 문양의 주물이 박혀 있다. 이 등대가 지어진 시기인 1909년이 아직 대한제국이 이 땅에 남아 있던 시대였음이 잠깐이나마 떠올랐다.

하지만 이런 생각은 건물 내부를 보면서 산산조각 나고 말았다. 내부에는 예전의 모습이 그대로 남아 있었는데, 사무실로 사용되던 공간 뒤편에 있는 등대지기의 숙소가 온통 일본식이었기 때문이다. 아궁이와 온돌이 있긴 했지만 바닥에 다다미가 깔려 있었고, 여닫이 문도 일본 주택에서 흔히 볼 수 있는 것들이었다.

뒤늦게 이 등대를 설계한 탁지부 등대국의 설계자와 기술자들이 모두 일본인이었다는 사실이 떠올랐다. 이 등대 역시 일본인 등대지기들이 사용하는 것을 전제로 설계되고 시공되었을 것이다. 한반도의 추위를 견디기 위해 온돌과 아궁이를 두긴 했지만, 자신들의 가옥 구조만큼은 고스란히 가져온 것이었다. 이 등대가 어디를 향해 비춰지는지 새삼 깨닫게 해주는 모습이었다. 수도꼭지가 있는 세면대와 장작불로 지피는 가마솥처럼 생긴 욕조는 서구의 근대 문명과 자신들의 전통을 동시에 소유하고자 했던 열망을 그대로 보여줬다.

마치 한옥의 문을 열고 들어갔는데 전혀 다른 공간을 본 느낌이었다. 우리에게 근대가 슬픈 기억일 수밖에 없는 것은 우리의 근대가 우리를 위한 것이 아니기 때문일지 모른다는 생각이 얼핏 들었다.

등대 주변을 한 바퀴 돌고 등대 위로 올라갔다. 중간까지는 철제 계단이 있었지만 꼭대기로 올라가려면 철제 사다리를 타야 했다. 후들거리는 다리를 이끌고 위로 올라가자 어두운 바다를 향해 빛을 보내던 발광기가 보였다. 옛날 등대를 둘러보고 나서 그 옆에 2002년에 새로 세워진 등대로 올라갔다. 비교할 수 없을 정도로 높은 등대인 탓에 한참 계단을 올라가야 하는 곤욕을 치렀지만 보상은 충분했

——— 2002년 신축된 등대에서 바라본 바다

다. 등대 꼭대기로 올라가서 밖으로 나가자 거센 바람과 함께 아름
다운 풍경이 펼쳐졌다. 주변 바다가 너무나 잘 보였던 것이다.

가덕도의 해안 절벽이 걸쳐진 푸른 바다는 아무리 봐도 질리지 않
았다. 저 멀리 배가 지나가는 섬은 대통령 별장이 있던 저도였고, 그
뒤에 어렴풋하게 보이는 섬은 제주도 다음으로 크다는 거제도였다.
사진에는 잘 보이지 않지만 바다를 가로질러 긴 다리가 이어져 있는
데, 저도를 가로질러 가덕도와 거제도를 잇는 거가대교다. 가덕도가
부산과 연결되어 있으니 거제도에서 부산까지 이어진 셈이다.

과거와 현재가 나란히 서 있는 가덕도 등대 옆에는 가덕도 주민들

의 삶과 애환을 보여주는 작은 전시관이 있었다. 규모는 작지만 전시물들은 더없이 알차게 구성되어 있었다. 숙박이 가능한 팬션도 있어 사전에 예약을 하면 머물 수 있다고 한다.

전시관을 끝으로 가덕도 등대 답사를 끝내고 북쪽으로 올라갔다. 새바지 해안과 대항포의 흔적들을 찾아보기 위해서였다.


## 가덕도에 남은
## 또 다른 전쟁의 흔적들

가덕도 동쪽 해안에 있는 이 마을의 이름은 서남풍을 받는다는 뜻의 방언인 '새바지'에서 유래되었다. 남북으로 길게 뻗은 가덕도는 가덕터널이 지나는 천성 남쪽에 이르면 폭이 좁아지면서 홀쭉해진다.

가덕도에서 가장 폭이 좁은 이 지역의 서쪽에 대항포와 외양포가 있고 동쪽에는 새바지 마을이 있다. 양쪽 해안가는 1킬로미터밖에 떨어져 있지 않다. 해안 절벽이 많은 가덕도에서 마을들이 생겨난 것은 그나마 해안 지형이 평탄해서였다. 그래서 고기잡이나 농사가 가능했기 때문이었다.

새바지 마을도 그중 하나인데 북쪽에 연대봉, 남쪽에 국수봉이 자리 잡고 있다. 가장 가까이 있는 대항포도 산 너머에 있기 때문에 사실상 외양포처럼 삼면이 산으로 막혀 있는 형태다.

수십 가구가 사는 이 마을은 낚시터로도 유명해서 낚시를 하러 오는 외지인들이 항상 많다. 마을에도 낚시 전문점이 여러 개 있었다. 바다를 가로질러 만든 방파제 끝에는 방금 본 가덕도 등대처럼 하얀 등대가 하나 서 있었다. 좁은 해안 도로 한쪽의 공터에 차를 세우고 목적지로 향했다.

새바지 마을 해안에는 바다 쪽을 향해 툭 튀어나온 곳이 있었다. 그곳에 현지 주민들이 어구를 보관해놓는 창고로 쓰는 동굴이 하나 있었다. 하지만 자연적으로 생긴 것이 아니라 암석을 굴착하고 콘크리트로 보강한 동굴진지였다.

이 진지를 만든 것은 바로 일본이었다. 가덕도에는 외양포 포대나

——— 가덕도 새바지 해안에 있는 동굴진지. 콘크리트로 보강한 모습이 보인다.

등대와 같은 중요 군사 시설이 많았다. 따라서 이 지역에 대한 방어책도 함께 세워야 했다. 항공기를 통한 공습이나 적선에 의한 포격은 방어 시설을 강화함으로써 대응할 수 있었지만, 적의 상륙에 대한 대비책은 따로 마련해야 했다.

가덕도는 해안의 대부분 절벽이라 상륙이 어렵지만 새바지 마을은 몽돌이 깔린 해안가여서 상륙작전이 가능했다. 더구나 새바지 마을은 대한해협과 접한 가덕도 동쪽이었다. 이곳에 상륙해서 새바지와 대항포를 장악하면 가덕도의 핵심 군사 시설인 외양포 포대와 등대가 있는 남쪽 지역은 고립된 것이나 다름없게 된다. 결국 이곳과 대항포에는 적의 상륙을 대비한 방어 시설을 만들어야만 했고, 그것이 바로 해안 동굴진지였다.

새바지 해안에는 두 개의 동굴진지가 있다. 그중 하나가 사진에 보이는 콘크리트로 보강한 진지다. 출입구는 모두 세 개가 있는데 보통은 사진에 보이는 이곳을 통해 안으로 들어갔다. 입구 주변은 콘크리트를 아치형으로 타설해서 보강한 모습이었다. 가까이서 보면 널빤지를 대고 양생한 흔적이 보이는데, 전문가에게 물어보니 손이 많이 가고 기술적으로도 어려운 작업이라고 했다. 동굴 안쪽은 암석을 굴착해 통로를 만든 모습이었다. 도구에 의해 깨진 벽과 천장의 암석들이 날카로운 이빨을 드러내고 있었다. 얼마쯤 걸었을까? 멀리서 빛이 보였다.

동굴진지의 맞은편 끝과 맞닥뜨린 것이다. 여기도 입구처럼 주변이 콘크리트로 보강되어 있었다. 그런데 이곳엔 출구 대신 창문 같은 것이 보였다. 무슨 용도인지는 가까이 다가가서 밖을 내다본 다음에야 알게 되었다. 이곳은 출입구나 창문이 아닌 총안구였다. 해안에 상륙한 적을 공격하기 위해 일부러 작게 만든 것으로 보였다.

옆에는 통로 하나가 더 있었다. 그쪽을 따라가자 역시 해안 방향으로 난 총안구가 보였다. 첫 번째 것보다는 훨씬 작았다. 그러니까 이 동굴은 영화나 드라마에서 본 것처럼 해안에 상륙하는 미군들에게 온갖 무기들을 쏘던 일본군이 숨는 곳이었다. 신기하다는 생각이 들자 오싹한 느낌이 들었다. 이 해안에서 미군과 일본군이 싸운다면 결국 피해를 입는 쪽이 누구일지 금방 답이 나왔기 때문이다.

밖으로 나와서 살펴보자 암석 사이를 굴착하고 콘크리트로 총안

——— 동굴진지의 맞은편. 총안구로 빛이 스며들고 있다.

구 주변을 두텁게 감싼 것이 보였다. 총안구는 웬만한 총탄으로는 뚫을 수 없을 정도로 두꺼웠고, 중간 중간 철근이 들어 있어 강도가 보강되어 있었다. 영화에서 본 것처럼 안쪽으로 들어갈수록 총안구가 작아져 정확하게 명중시키지 않고서는 무력화하기 어려워 보였다. 더욱이 옆에 작은 보조 총안구도 있어서 함부로 접근하기도 어려웠다. 한참 밖을 바라보는데 이상한 점이 느껴졌다. 총안구로 보이는 것이 바다 쪽이 아니라 해안 쪽이었던 것이다.

부두와 방파제가 있는 새바지 마을 옆으로는 몽돌이 깔린 해안가가 길게 펼쳐져 있었다. 총안구는 바다 쪽이 아니라 90도로 꺾인 채 해안가를 향하고 있었다.

총안구가 그렇게 만들어져 있는 이유는 두 가지를 고려했기 때문이었다. 하나는 바다 쪽으로 총안구를 낼 경우 상대방의 관측에 의해 발각될 수 있다는 점이다. 보통 미군은 상륙 예정지에 엄청난 포격과 공습을 퍼붓는 경우가 많았다. 해안가의 방어진지들을 무력화할 목적이었다. 실제로 태평양전쟁 당시 일본군이 상륙하는 미군에 맞서 해안 지역에 집중 설치한 벙커와 토치카는 쏟아지는 포격에 큰 피해를 입었다. 따라서 일본은 이오지마 전투부터는 섣부른 반격 대신 미군이 해안에 상륙할 때를 기다려 집중 공격하는 전략을 사용했다. 그러기 위해 방어진지들은 튼튼하기도 해야 했지만 적의 관측도 피할 수 있어야 했다. 새바지 해안의 동굴진지 역시 그런 방어 전략에 따라 만들어졌다. 일부러 단단한 암석지형을 팠고, 입구와 총안구 부분은 콘크리트로 보강해서 쉽게 무너지지 않도록 만든 것이다.

──────── 해안을 향한 동굴진지의 총안구. 한눈에도 두껍다
는 사실을 알 수 있다. 옆에는 작은 크기의 총안구가 하나 더
있다.

또 한 가지 이유는 상륙한 적군의 예상을 뒤엎고 측면에서 공격할
수 있다는 장점도 누릴 수 있었기 때문이다. 이 전략은 한 가지가 더
해지면서 큰 효과를 발휘할 계획이었다. 바로 협공을 할 수 있는 또
다른 동굴진지의 존재였다.

나는 반달형으로 굽어진 해안가를 따라 맞은편으로 걸어갔다. 맞
은편은 절벽이어서 쉽게 올라가기 어려웠다. 두 번째 동굴진지는 그
절벽 중턱에 있었다. 길이 없었기에 올라갈 방법은 누군가가 나무에
걸어둔 밧줄을 이용하는 것 외에는 없었다.

밧줄을 잡고 아슬아슬하게 올라간 두 번째 동굴진지는 첫 번째 동굴진지보다는 간소했다. 콘크리트로 보강되었다거나 내부가 크고 복잡한 편도 아니었다. 통로는 출입구에서 양쪽으로 비스듬하게 갈라지는데, 한 곳은 금방 막혔고 다른 한 곳도 그리 깊지 않았다.

이 진지는 전투를 하기보다 숨거나 피신하기 위해 만들어놓은 것처럼 보였다. 하지만 길도 없는 해안가 절벽 중간에 대피나 은폐용 동굴을 만들 리는 없었다. 용도가 의심스러울 만큼 작고 간소했지만 바닷가 쪽을 향하지 않아서 찾아내기가 어려웠다. 거기다 위치 선정이 기가 막혔다. 동굴 입구에 올라선 순간 왜 이곳에 두 번째 동굴진지를 만들었는지 알 것 같았다.

이곳은 높은 곳에 위치해 있어 해안가가 한눈에 내려다보였다. 특히 첫 번째 동굴진지의 총안구와 정면으로 마주보는 형태이면서 해안가를 좌우에서 그대로 바라볼 수 있었다.

즉 해안에 상륙한 적을 좌우에서 협공할 수 있다는 뜻이다. 적의 상륙은 허용하지만 내륙 진출은 막으면서 최대한의 타격을 주겠다는 의미로, 태평양전쟁이 후기에 접어들며 일본군이 미군의 상륙에 맞서 취한 전략과 유사했다. 일본이 방공호나 포대를 만들어놓은 것은 알고 있었지만, 이렇게 상륙에 대비한 동굴진지까지 만들어놓은 줄은 꿈에도 몰랐다. 그래서인지 눈으로 보고도 쉽게 믿기지 않았다. 동굴진지들의 방향을 감안하면 영락없이 미군의 상륙을 막기 위한 것으로 보였다. 사실 일본이 지배하고 있는 이곳에 상륙할 수 있는 세력은 미군밖에 없었다. 결7호 작전의 대상지가 된 제주도에서도 느낀 것이지만, 전쟁의 바람이 조금만 더 거세게 불었다면 우리들은 어떻게 되었을까 생각해볼 수밖에 없었다.

새바지 해안을 둘러본 뒤 산 너머의 대항포로 향했다. 대항포 역시 새바지 해안처럼 상륙이 가능한 해안가였고, 중요한 항구였다. 그래서 이곳에도 일본군의 방어 시설이 만들어졌다. 그래서인지 새바지의 해안 동굴진지보다 숫자도 더 많았고, 규모도 더 컸다. 대항포도 새바지처럼 움푹 들어간 해안가에 마을과 포구가 조성된 곳이다. 따라서 양쪽 해안가의 절벽에 동굴진지가 구축되었다. 이때 대체적으로 새바지 해안 동굴진지와 같은 개념의 방어 전술이 토대가 되었다. 즉 적의 상륙 자체는 막지 않고 해안에 상륙하는 순간을 노려 최대한의 피해를 입히는 방식이다. 태평양전쟁을 통해 미군의 막강한 화력을 접한 일본이 택한 차선책이었다.

대항포 마을은 한가운데에 T자형 방파제가 있었고, 한쪽 끝에는 하얀 등대가 있었다. 대항포 부두를 제외한 주변 지역은 바위와 절벽으로 이뤄져 있었다. 따라서 대항포를 좌우로 바라보는 해안 절벽에 집중적으로 방어용 동굴진지가 만들어졌다.

사진에서도 두 개의 방어용 동굴진지를 확인할 수 있다. 해안가 끝에서 살짝 떨어져 나온 작은 암초들 중 바깥쪽 암초에는 시멘트로 고정시킨 사각형 돌기둥이 설치되어 있었다. 원래는 좀 더 긴 편이었는데 위쪽이 잘린 상태였다. 경계표시용 표석이었던 것으로 추정되지만 정확히 알 수 있는 방법은 없었다.

이곳의 동굴진지는 언뜻 봐도 새바지 해안의 것보다 커 보였고, 숫자도 많았다. 대항포가 새바지보다 크고 외양포나 가덕도 등대로 접근하기 편리해서였던 것으로 보였다. 다만 이곳에 배치하려고 했던 것이 새바지 해안 동굴처럼 병사들인지, 가이텐回天 같은 자폭 잠수정이나 신요震洋 같은 자폭용 보트였는지는 알 수 없었다.

병사들이 들어가는 동굴진지는 높은 위치에서 사격할 수 있도록 해안가에 있다고 해도 어느 정도 높은 곳에 만들기 때문이다. 여기에 관측과 공격을 피하기 위해 동굴 입구를 최소화하는 편인데 이곳 진지들의 입구는 매우 컸다.

사실 대항포의 동굴진지는 사진을 찍은 방향에 더 많이 만들어져 있었다. 일렬로 만들어진 다섯 개의 동굴진지는 155미터의 길이를

——— 해안가 암석지대에 나란히 구축된 두 개의 방어용 동굴진지

자랑한다. 모두 하나의 통로로 연결되어 있고, 지금은 막혀 있지만 바깥쪽에도 출구가 하나 있다. 새바지의 해안 동굴진지처럼 신속하게 많은 병력을 투입할 수 있도록 만든 것이다.

또 안쪽에는 관측소 역할을 했던 것으로 보이는 또 다른 동굴진지가 만들어져 있었다. 언제 만들어졌고, 어떤 부대가 편성되었는지 기록한 자료는 전해지지 않고 있다. 다만 구축 시기는 태평양전쟁 말기인 1944년이나 1945년쯤으로 파악된다.

동굴진지 앞에는 '진해만요새 제1지대표'라고 새겨진 표지석이 있었다. '대정 12년'1923년이라는 글자가 있는데, 부대의 관할구역을 표시하기 위해 만든 것으로 보였다.

남의 나라 일이나 먼 과거라 생각했던 것들의 흔적을 눈앞에서 보면 이상한 떨림이 느껴진다. 그래서인지 그 동굴들이 보이는 전망대 앞에서 한참이나 걸음을 떼지 못했다. 떨어지는 해가 너무 아름다웠지만, 내 시선은 명백하게 남아 있는 역사에서 떨어질 줄 몰랐다.

### 찾아가는 길

가덕도는 대중교통이 불편한 곳이다. 자가운전으로 이동하는 것을 추천한다. 거가대로를 따라 가다 가덕터널을 지나 천성IC에서 남쪽 도로로 내려가면 대항포와 새바지로 갈 수 있다. 가덕도 등대로 가는 길은 험한 편이고, 등대가 군부대 내부에 있기 때문에 방문하기 위해서는 사전에 허가를 받아야 한다.

# 아름다운 동백꽃에 깃든
# 전쟁의 그림자

●

지심도 포대

## 요새가 된 섬

　　　　　지심도에 가기 위해서는 장승포에서 떠나는 배를 타야 한다. 일행을 태운 배는 창백하고 푸른 바다를 헤치고 작은 섬으로 향했다. 거제도 옆에 붙은 작은 섬은 역사 속에서 자신의 모습을 드러낸 적이 없었다.

조선시대 들어서도 거제도의 지세포진에 속한 작은 섬일 뿐이었다. 한말인 1889년이 되어서야 공식적인 행정구역으로 편입되었던 걸 보면 소수의 주민들만 살고 있었던 것으로 보인다. 그럴 수밖에 없었던 것이 섬 주변이 온통 절벽이라 배를 댈 수 없었기 때문이다. 그렇게 섬은 사람의 손길에서 벗어나 오랫동안 지내왔다.

섬의 형태가 마음 심心자를 닮아 지심도라는 이름이 붙었다는데, 그 이름처럼 섬에는 마음을 울리게 하는 것들이 많다. 우선 동백나무를 비롯하여 후박나무 등 수십 종의 희귀한 나무들이 자라고 있다. 특히 붉은 동백꽃을 흐드러지게 피우는 동백나무는 방문객들로 하여금 섬에게 마음을 빼앗기게 한다. 그리고 이 섬에는 일본이 심어놓은 전쟁과 죽음이라는 이름의 또 다른 나무가 자라났다.

배가 파도를 헤치며 30분 만에 도착한 지심도는 아담해 보였다. 해안가의 절벽 지역을 제외하고는 울창한 숲으로 둘러싸여 있어 보기만 해도 마음이 포근해지는 기분이었다. 지심도의 단 하나뿐인 선착장에는 돔 형태의 휴게실이 있었다.

관광객과 낚시꾼들을 따라 내렸다. 지심도는 아주 작은 섬이라 넉넉잡아 반나절이면 섬 전체를 돌아볼 수 있었다. 높은 산이나 험한 고개가 없어 편하게 다닐 수 있었는데, 무엇보다 좋았던 건 돌아다니는 차가 없었다는 점이다. 섬이 작고 길도 좁아서 민박집의 오토바이나 ATV 정도만 운행되는 중이었다. 길은 시멘트로 포장되어 있었다. 바다 쪽에는 난간이 세워져 있었고, 산 쪽에는 빗물이 흘러갈 수 있도록 배수로가 파여 있었다.

현재 섬에 남아 있는 길과 배수로는 일본군이 이곳에 요새를 만들 때 함께 건설했던 것이다. 일본군 관련 시설은 이 섬에 오랫동안 사람들의 손길이 닿지 않게 되면서 고스란히 남는 행운 아닌 행운을 누리게 되었다.

답사를 다니면서 이런 경우를 많이 보게 된다. 가덕도의 외양포도

—— 숲속으로 난 지심도의 길. 좁아서
차들이 운행할 수 없다. 조용하고 아늑했다.

그렇고 이곳 지심도 역시 결국은 사람 손을 타지 않았기 때문에 아름다운 자연과 지나간 기억들이 잘 남을 수 있었다.

반면 조선총독부는 국민감정과 민족정기 구현이라는 이유로 하루아침에 사라졌다. 물론 경복궁 복원을 위해 철거할 수밖에 없었지만 과정을 보면 아쉬움이 많이 남는다. 지금은 서울도서관이 된 경성부청 역시 사라질 뻔했다. 그런 식으로 사라진 것들은 셀 수 없이 많았다. 굳이 우리의 역사도 아니고 지켜야 할 당위성도 없으니 걸림돌이라는 생각이 들어 없앤 것이다. 눈앞에 보이는 것을 없앤다고 역사가 사라지지는 않는다. 우리가 쓰는 언어와 습관, 바라보는 시선 모두에 역사가 녹아들어 있다. 아직도 출판계나 언론계에서는 일본식 용어들이 쓰이고 있다. 우리의 전통이라고 자부하는 제삿상에는 일본 술인 정종이 올라간다. 수십 년간 우리 입맛을 사로잡은 아지노모도는 다른 이름의 조미료로 여전히 우리 곁에 있다. 지심도의 포대를 비롯해 일본이 남긴 유적들을 찾아 나선 여행은 우리 안의 일본에 대해 깊은 생각을 하게 했다.

답사는 하나밖에 없는 길을 올라가면서 시작되었다. 관광객들은 서둘러 걸음을 떼느라 금방 없어졌고, 답사 일행은 천천히 올라갔다. 섬이 조용하고 아늑해서 사전 정보가 없었다면 이곳에 군사 시설 같은 것이 존재하리라고는 상상도 못했을 것 같았다.

동백나무가 많아 동백섬이라고도 불리는 이곳은 TV에 소개되는 등 유명세를 치르면서 관광객들이 늘고 있다. 주민들은 대부분 민박집이나 음식점을 운영하면서 생계를 유지하고 있다.

하지만 이 섬에는 아름다운 자연경관만 존재하지는 않는다. 러일전쟁이 발발하면서 진해의 지리적 이점에 눈독을 들인 일본은 진해와 거제 인근 지역을 모두 군사용지로 묶었다.

그리고 1936년 섬 전체를 요새화하는 작업이 진행되었다. 거제도 인근의 이 섬은 대한해협을 직접 겨냥하는 지리적 요충지였기 때문이다. 1935년 겨울 요새화 작업에 대한 결정이 내려졌고, 이듬해 봄에는 섬에 사는 주민들을 쫓아내는 일이 벌어졌다. 한순간에 생활의 터전에서 쫓겨난 지심도 주민들에게는 시세에 못 미치는 헐값의 보상비만이 주어졌다.

주민들이 쫓겨난 지심도에는 포대와 탄약고, 서치라이트를 보관하는 벙커 등이 만들어졌다. 그리고 이런 시설들을 보호할 헌병 분주소도 설치되었다. 지심도의 길이 시멘트로 포장되고 배수로가 설치된 것도 이때였다.

급작스러운 요새화 작업이 이루어진 것은 대한해협을 지켜야 할 필요성이 대두되었기 때문이다. 1930년대 들어 일본이 중국을 침략할 야욕을 노골적으로 드러내자 미국은 이를 견제하기 위한 무역 금지 조치들을 취해나갔다. 미국과의 갈등이 본격화되면서 대륙 침략의 거점 역할을 하는 한반도와 일본 사이의 해상 교통로를 보호할 필요성이 대두되었다. 물론 러일전쟁 시기에 가덕도의 외양포와 인근의 저도에 포대를 설치하긴 했지만, 당시 배치된 해안포인 28센티 유탄포는 사거리가 7,800미터에 불과해 해안 방어용으로만 적합할 뿐이었다. 대한해협을 직접 통제하기 위해서는 사거리가 긴 신형 대포를 배치해야 했다. 그리하여 부산 지역의 장자등 포대를 시작으로 부산과 진해 인근 지역에 해안포대가 들어서기 시작했다. 지심도는 절영도와 기장 포대와 더불어 1930년대 후반에 포대가 만들어진 곳이었다.

전쟁의 기억을 감춘 채 아름다운 동백꽃이 하염없이 보이는 오르막길을 오르는데 갑자기 음식점 간판을 단 집들이 보였다. 야트막한 평지라 집들이 옹기종기 들어선 이곳이 이 섬의 유일한 번화가가 아닐까 싶었다. 음식점과 팬션으로 사용 중인 집들로, 모두 오래된 집들을 고친 것들이었다.

손님들을 맞이하기 위해 벽에 페인트칠을 해두었거나 지붕을 교체하는 등의 변화가 있었음에도 일본식 목조 가옥이었다는 점은 어렵지 않게 눈치 챌 수 있었다. 하얀색 페인트가 칠해진 벽에는 일본 목조 가옥의 형태가 묻어 있었고, 새로 지붕을 덮은 처마 아래에는 사각형 마룻대와 지붕널의 흔적이 보였다.

그곳에는 마치 마을처럼 집들이 옹기종기 모여 있었다. 평지에다 바람이 불지 않는 지역이기에 관사가 집중적으로 세워진 것이었다. 섬에는 포대를 운용하는 1개 중대가 머물 막사와 관사, 헌병 분주소, 서치라이트의 전원을 공급해주는 남선전기의 사택들이 세워졌었다.

아침부터 움직이느라 출출하던 차에 이곳에서 잠시 쉬어가기로 했다. 그렇게 가게에 들어갔는데 뜻밖의 행운을 얻었다. 우리 일행이 섬에 찾아온 이유를 들은 주인 할머니가 보여줄 것이 있다며 앞

——— 가게의 창고로 쓰이고 있는 옛 일본군 방공호

장섰다. 주인 할머니가 우리를 안내해준 곳은 가게의 창고로 쓰던 일본군 방공호였다. 할머니는 원래 관사였던 건물에 딸려 있던 방공호인데 사람을 가둬두는 용도로 쓰였다는 얘기를 들은 적이 있다고 전해줬다.

콘크리트로 만든 벽과 천장은 양생한 흔적을 찾아보기 어려울 정도로 매끈했다. 특히 천장과 지붕 사이의 각진 공간이 눈에 띄었다. 이곳에 있는 관사들이 장교들을 위한 것이었다면 방공호 역시 신경 써서 지은 게 분명했다. 다시 발걸음을 재촉해서 길을 나섰다.

─────── 펜션으로 사용 중인 일본군 장교 관사. 먼저 봤던 관사들보다 훨씬 컸다. 지붕 일부에는 관사가 만들어질 당시의 일본식 기와가 그대로 남아 있다.

섬은 깊이 들어갈수록 아름다워졌다. 길을 따라 올라가다 또 다른 일본식 목조 가옥과 마주쳤다. 벽의 모습은 많이 바뀌었고 지붕도 상당 부분 플라스틱 기와로 바뀌었지만, 처음 만들어진 당시의 일본식 걸침기와도 일부 남아 있었다. 현재 펜션으로 사용되고 있는 이곳의 주인아저씨는 이곳이 일제 강점기 때는 포대사령관이 머물던 관사였고, 광복 후에는 지심도에 세워진 초등학교 분교의 선생님이 머물던 숙소로 사용되었다고 전해줬다.

내부는 펜션의 용도에 맞게 개조되었지만 일본식 가옥의 내부 구조도 어느 정도 남아 있었다. 주인아저씨의 허락을 받고 몇 년 전까지 다다미가 깔려 있었다는 방과 마루를 살펴볼 수 있었다.

펜션을 살펴보고 나와서 조금 더 올라가자 주변 풍광이 눈에 잘 들어오기 시작했다. 남해 특유의 옥색 바다가 잔물결을 만들어내는 가운데, 멀리 거제도 장승포 쪽에 한국석유개발공사의 제5석유비축기지의 저장고들이 보였다. 몇 걸음 더 가자 표지판이 서 있는 갈림길이 나왔다. 포진지와 동백터널이 있는 쪽과 활주로가 있는 쪽을 가리키는 표지판이었다.

일본군이 점령하고 있던 지심도는 광복 후에 국방부가 소유권을 물려받았다. 덕분에 주민들은 섬에 머물 수 있었지만, 외양포처럼 집을 마음대로 고치거나 늘릴 수 없게 되는 등 큰 불편을 겪었다.

한편 국방부는 이 섬에 국방과학연구소를 세웠다. 극비리에 무기를 만들고 시험해야 하는 장소로서 지심도만 한 곳을 찾기는 어려웠을 것이다.

군 관련 연구소가 들어오고 군대가 관리하면서 아이러니하게도 섬은 동백꽃의 천국이 되었다. 아울러 일본군이 만들어놓은 군사시설들도 잘 보존되었다. 거제시에서는 계속 지심도의 관리권 이관을 요구했고, 지난 2013년 소유권 이관 협의를 마쳤다. 그로써 1936년 일본군이 접수했던 지심도는 80여 년 만에 다시 사람들의 품으로 돌아오게 되었다.

하지만 환경부는 자연 훼손을 이유로 관리권 이관을 계속 반대해왔고, 실제로도 무분별한 난개발을 우려하는 목소리가 높은 상황이

──────── 길을 따라 나 있는 배수로의 흔적

다. 앞으로도 관심을 가지고 지켜봐야 할 부분이다.

표지판이 있는 갈림길에서 포진지가 있는 곳으로 향했다. 어차피
이 섬에 온 목적이기도 했으니까 말이다. 그런데 길을 가다가 이상
한 걸 발견했다.

콘크리트로 만든 배수로였는데, 특이하게도 한쪽 배수로 벽면이
이상한 모양을 하고 있었다. 처음에는 부서졌거나 무언가에 눌려서
한쪽이 땅속으로 파고든 것이라고 생각했다. 하지만 그렇다기엔 무
언가 이상했다. 포진지로 이어진 길을 걷는 내내 이런 형태의 배수

로가 이어져 있었다.

앞서 살펴본 외양포 징용의 길 배수로와 비슷하면서도 달랐다. 외양포의 배수로는 돌로 되어 있었지만 이곳의 배수로는 콘크리트로 되어 있었다. 그리고 사진에서 확인할 수 있듯 배수로 한쪽에 45도의 경사로가 있었다.

신효승 씨는 산에서 흘러내려온 물이 배수로 바깥으로 넘어가지 않도록 고안한 것이라고 얘기했다. 이 길은 외양포 징용의 길처럼 길가에 축대를 쌓아놓지 않았기에 산비탈에서 물이 직접 흘러내릴 수밖에 없는 구조였다. 경사로는 배수로에 쏟아진 물이 길로 넘치는 것을 막기 위한 일종의 방파제였던 셈이다. 외양포의 배수로보다 훨씬 적용된 모습을 보여준 것이다. 일본군이 이 땅을 수십 년간 지배하면서 땅을 다루고 지배하는 데 좀 더 능숙해졌었다는 생각이 머리를 스쳐갔다.

배수로는 지심도에 남아 있는 포진지로 일행을 안내하는 이정표 역할도 했다. 길가에 피고 땅에 떨어진 동백꽃을 보느라 정신이 팔려 있는 사이 포진지에 도착했다.


## 동백꽃 사이에
## 숨은 포대

1936년, 수십 년간 섬에 살고 있던 주민들을 강제로 몰아내고 설치한 포진지는 80여 년이 지난 현재까지 잘 남아 있었다. 섬이 짊어져야 했던 불운한 운명의 상징인 포진지는 쏟아지는 뙤약볕 아래서 말없이 방문객을 맞이했다.

포진지는 대포를 설치하는 포상과 그 옆에 있는 탄약고로 구성되어 있었다. 포진지는 지심도의 남쪽에 집중 배치되어 있었는데, 이는 대한해협을 직접 겨냥할 수 있는 위치였다. 외양포의 포대가 대한해협을 겨냥한 비수였다면 지심도의 포대는 창이었다. 외양포에 배치된 28센티 유탄포보다 사거리가 훨씬 긴 45식 15센티 캐논포가 배치되었기 때문이었다.

외양포의 포대가 진해만에 접근하는 적을 막겠다는 수세적인 의

──── 탄약고와 연결된 포상. 앞쪽에 홈이 파여 있다.

미가 강했다면, 지심도의 포대는 대한해협을 완전히 봉쇄하겠다는 의미가 강했다. 실제로 45식 15센티 캐논포는 약 22킬로미터의 사거리를 자랑한다. 28센티 유탄포보다 세 배 멀리 포탄을 날려 보낼 수 있기 때문에, 대마도에 배치된 포대가 감당할 수 없는 한반도 남해안 쪽을 막을 수 있었다.

항공기와 잠수함이라는 새로운 무기의 등장, 그리고 대한해협으로 너끈히 진출하고도 남을 미국이라는 새로운 상대를 맞이하게 될 일본이 준비한 비장의 한 수였다.

대륙 진출의 중간 거점이자 병참기지가 된 한반도로는 수많은 병력과 물자들이 넘어갔는데, 대부분 배를 이용해서 대한해협을 건너갔다. 이곳이 공격당하거나 마비된다면 일본의 전쟁 수행 능력은 심각한 타격을 받을 수밖에 없었다.

일본이 1930년대 내내 싸우던 중국은 그럴 능력이 없었고, 영국이나 프랑스 같은 서구 국가들도 이곳에 올 일이 없었지만 미국은 달랐다. 1930년대 후반 부산 장자등에 추가로 포대가 건설되고, 기장과 절영도에도 포대가 신설된 것은 이런 우려가 현실이 되었기 때문이다.

그러나 지심도의 포대는 그런 지나간 역사에는 관심이 없다는 듯 무심하게 서 있었다. 가장 먼저 눈에 띈 것은 콘크리트로 만든 거대한 포상이었다. 직경이 7미터 이상이고 깊이도 1.5미터에 달했다. 양쪽에 내려갈 수 있는 좁은 계단이 있었고, 가운데 부분은 대포를 올리고 360도 회전도 할 수 있도록 만들어져 있었다. 여기에 배치된 대포는 대한해협을 지나는 적의 함선과 부상한 채 운항하는 잠수함을 공격하기 위해서 만들어진 것이었다.

포대는 콘크리트로 두껍게 만들어져 한눈에 튼튼하다는 걸 알 수 있었다. 이곳까지 오는 표지판과 포대의 역사를 설명하는 안내판이 잘 설치되어 있어서 사전 정보가 없어도 돌아보는 데 별 문제가 없다. 첫 번째 포대는 우리 일행이 쌍둥이 포대라고 이름 지었다. 두 개의 포상이 하나의 탄약고로 연결되어 있었기 때문이다. 포상은 그때까지 봤던 그 어떤 것보다 정교했다. 일본이 이곳에 얼마나 공을 들였는지 짐작할 수 있는 대목이었다. 두 포상은 탄약고를 사이에 두고 쌍둥이처럼 자리 잡고 있었다. 지형적 특성을 고려, 두 개의 포대를 배치하고 탄약고를 하나로 만들어 시간과 비용을 절약한 것이었다.

탄약고를 가로질러 또 다른 포상을 살펴봤다. 포상 가운데에 도드라진 원형 구조물이 보였다. 캐논포가 설치된 곳인데 가운데 움푹 들어간 곳에 롤러 같은 것이 배치되어 회전을 할 수 있도록 만든 것이 아니었나 추측해봤다.

포상의 테두리에는 두 개의 계단 말고 비스듬하게 홈이 나 있었다. 처음에는 제작 과정에서 실수를 했거나 시간이 지나면서 파손된 것으로 생각했는데, 모든 포상의 테두리에 이런 홈이 있었다. 그리고 비스듬하게 홈이 생긴 방향의 끝에는 탄약고가 있었다.

이곳에 배치된 캐논포에서 발사하는 포탄의 무게는 40킬로그램이 넘었다. 따라서 탄약고에서 신속하게 꺼내 운반하기 위해서는 사람의 손보다 레일 같은 것을 이용하는 것이 더 효율적이다. 어떤 형태인지는 모르겠지만 탄약고부터 포상까지 신속하게 포탄을 옮길 수 있는 일종의 레일 장치가 있었던 게 아닌가 싶었다. 포상 안으로 내려가 내부를 살펴봤다.

포상의 벽면은 어떤 방식을 사용했는지는 몰라도 양생한 흔적이 보이지 않았다. 콘크리트를 타설하고 굳는 시간까지는 모양을 고정시키기 위한 양생 과정을 거쳐야 하는데, 이때는 널빤지를 대야 한다. 그리고 시간이 흐르면서 콘크리트가 굳으면 떼어내는데, 이때 널빤지를 댄 흔적이 자연스럽게 남게 된다. 특히 타원형이나 원형의 경우 이 자국이 더 심하게 남을 수밖에 없는데, 지심도 포대의 포상에선 이런 흔적을 찾을 수 없었다. 그만큼 공을 들였다는 의미가 아닐까 싶었다.

신경을 많이 썼다는 점은 다른 곳에서도 찾을 수 있었다. 일례로 포상의 벽면을 따라 사각형 구멍이 여러 개 나 있었다. 방향지시봉을 끼워둔 자리 같았는데, 그 테두리를 따라 배수로가 파여 있었다. 그리고 그 중간 중간에는 고인 물이 땅속으로 스며들도록 배수구가 나 있었다. 보수가 곤란한 섬이라는 점을 감안해서 철저하게 만든 것이었다.

포상을 살펴본 다음 향한 곳은 바로 옆에 세트로 지어진 포대였다. 산중턱을 깎아 터널을 만들고 콘크리트를 타설하여 만든 탄약고 입구는 지붕과 옹벽이 그대로 이어져 있었다. 붕괴를 막기 위한 구조였다. 탄약고 입구 옆에는 역시 물이 고여 빠지게 하는 집수구가 있었다. 특히 물에 젖어서는 안 되는 탄약을 보관하는 곳이라 더욱 방수 대책에 신경 쓴 흔적이 역력했다.

입구는 약간 안쪽에 있었다. 문은 사라지고 없었지만, 녹슨 테두리에 경첩이 달린 흔적이 있는 것으로 미루어 두꺼운 철문이 있었던 것으로 보였다.

사진을 자세히 보면 탄약고 안쪽이 바깥쪽보다 살짝 높다. 그리고 흙과 낙엽에 가려지긴 했지만 입구로 들어가는 길 좌우에 작은 배수구가 파여 있는 것이 보인다.

─────── 포대의 탄약고 입구. 위에 안내판이 붙어 있다.

——— 탄약고 내부의 모습.
맞은편에 출구가 보인다.

탄약고 안에는 45식 15센티 캐논포에 사용되는 각종 포탄은 물론, 경비용이나 대공용으로 사용되는 기관총의 탄약도 같이 보관되어 있었다. 조명기구가 설치되어 있어 내부를 살펴보는 데는 어려움이 없었다. 입구에서 약간 비스듬하게 뻗어나간 통로는 콘크리트로 되어 있었다. 또 아까 가게에서 봤던 벙커처럼 지붕과 벽이 닿는 부분이 기울어져 있었다.

탄약고 벽에는 조명등과 함께 이곳 포대의 역사와 장비를 설명하는 안내판이 부착되어 있었다. 내부는 약간 휘어진 통로와 두 개의

─────── 탄약고 내부에 있는
두 개의 방. 두꺼운 철문이 있던
흔적이 보인다.

방으로 구성되어 있었다. 방은 실제 포탄의 탄약을 보관했던 것 같
았다. 전체적으로 몇 년 전에 만들었다고 해도 믿을 수 있을 만큼 깔
끔했다. 잘 보존되어 있기도 했고, 지속적으로 관리가 되었기에 둘
러보는 데 별 어려움이 없었다. 역시 가장 눈에 띄는 것은 벽면을 따
라 작게 홈이 파인 배수로였다.

　탄약고 내부는 민감하고도 중요한 탄약을 보관해야 하는 장소답
게 밀폐와 배수에 많은 공을 들였다는 점이 여지없이 드러났다. 다
음으로는 탄약고 내부에서 가장 중요하다고 할 수 있는 두 개의 방

을 살펴봤다.

캐논포의 포탄을 보관하던 곳이 아닌가 싶었다. 두 방 모두 탄약고 입구에서 본 것 같은 녹슨 문 테두리가 있었다. 바깥쪽으로 경첩이 달려 있던 흔적으로 보아 입구처럼 두꺼운 철문이 있었던 것 같았다.

눈에 띄는 점은 또 있었다. 문틀의 구조가 매우 복잡하다는 것이었다. 문틀은 여러 개의 굴곡이 주어지면서 복잡한 요철 모양이 되었는데, 내부로 공기가 통하지 않도록 할 의도였다. 탄약과 함께 보관했을 장약이 공기와 접촉하면서 변하는 것을 최대한 막기 위한 것이었다.

그 밖에 방의 문턱이 바깥보다 살짝 높은 것도 눈에 들어왔다. 혹시 모를 물의 침투를 막으려고 한 것이었다.

반대쪽 출구로 나오자 햇빛 아래 또 다른 포상이 보였다. 두 포대가 탄약고를 사이에 두고 나란히 자리 잡은 것이었다.

나는 문을 나서기 전 위쪽에서 흥미로운 구조를 또 하나 찾아냈다. 전문용어로 '물끊기 홈'이라 부르는 구조였다. 어떤 인공적인 건축물이든 시간이 흐르면 물의 공격으로 심각한 훼손을 입기 마련이다. 설사 물에 잘 견디는 돌이라 해도 바닥의 기반이 물 때문에 약해지면 무너질 수 있다. 근대 들어 철, 시멘트 같은 좀 더 단단한 재료가 등장했지만 역시 물을 조심할 필요가 있었다.

따라서 건물 내부나 바닥으로 물이 흘러드는 것을 막기 위한 여러 장치들이 고안되었고, 가장 흔히 쓰이면서 많은 효과를 본 것이 바로 물끊기 홈이었다. 물이 타고 들어올 수 있는 처마나 지붕 끝부분에 홈을 파서 만드는 물끊기 홈은 석탑이나 돌로 건축한 무덤에서 흔히 찾아볼 수 있다. 그만큼 오랜 전통을 자랑하며, 지금도 집을 지을 때 반드시 만들어놓는 것 중 하나다. 이 같은 탄약고 내부의 배수로와 입구 옆의 집수구, 입구 지붕의 물끊기 홈은 한반도 남부 지방의 장마를 고려한 것이었다.

밖으로 나와 보니 우거진 숲 너머로 한없이 푸른 남해가 보였다. 위치를 기막히게 잘 잡았다는 생각이 절로 들었다. 쌍둥이 포대와 탄약고를 둘러보고 다른 포대를 보기 위해 걸음을 돌렸다.

다른 두 개의 포대에는 포상과 탄약고가 하나씩 설치되어 있었다. 쌍둥이 포대처럼 두 개의 포대를 같이 설치할 만한 평지가 없었기 때문이다.

포대가 하나인 만큼 탄약고 내부 구조도 달랐다. 입구가 하나밖에 없었고, 탄약고 내부의 방도 하나밖에 없었다. 하지만 전체적인 모습이나 배수로, 집수구 등은 똑같이 설치되어 있었다.

1937년 완공된 지심도 포대는 1945년 짧은 생애를 마쳤다. 일본군이 철수하면서 포를 비롯한 장비들은 파기되거나 버려졌고, 뒤이어 밀어닥친 고철 수집업자에 의해 쓸 만한 쇠붙이였던 포와 문짝들은 분해되어 사라졌다.

그리고 국방부가 이 섬을 그대로 접수하면서 나머지는 그대로 남게 되었다. 냉장고에 보존되는 것처럼 시간 속에 그대로 냉동된 것이었다. 눈앞에 보이는 포대며 탄약고들이 그냥 콘크리트로 만든 버려진 건축물이 아닌 이유이기도 했다.

## 일본이 사라진 섬

일본이 평화롭고 조용한 섬 지심도를 전쟁의 섬으로 만들어버렸다는 사실을 기억하는 것. 어쩌면 그것이 이곳으로 온 가장 큰 목적이기도 했다.

포대들을 둘러보고 다음 장소로 이동했다. 일본은 지심도에 포대와 함께 서치라이트도 배치했다. 야간에 침입하는 적을 감시하기 위한 서치라이트는 포대와 달리 지심도 북쪽에 배치되었다. 그곳에 가기 위해 콘크리트로 포장된 길을 걷다가 옆에 넓은 공터를 발견했다.

공터 끝에는 한눈에도 오래되어 보이는 목조 건물이 한 채 서 있었다. 이곳에 주둔하던 일본군이 사용하던 연병장과 막사였다. 이 막사들은 광복 후에는 다른 용도로도 사용되었다. 1954년 개교한 지심도의 유일한 교육기관이었던 일운초등학교 지심분교로 이용된 것이다. 연병장은 분교의 운동장으로 사용되었다. 광복 후 지심도로 주민들이 하나둘씩 들어오면서 세대가 늘어났고, 아이들을 가르쳐야 할 필요성이 늘어났다. 그래서 거제도 지세포에 있는 일운 초등학교의 분교가 생긴 것이었다. 첫 학기에는 18명의 학생과 한 명의 교사가 있었다고 한다. 이후 섬 주민들의 육지 이주가 늘면서 차츰 학생 수가 줄었고, 학교는 1994년 폐교되었다. 현재 학교 운동장은 마을 주민들의 쉼터로 이용되고 있다.

가장 먼저 나의 눈길을 끈 것은 운동장 한구석의 목조 건물이었다. 교실로 사용되었을 이 건물은 널빤지를 옆으로 길게 붙여 벽을 만든 전형적인 일본식 목조 건물이었다. 문 위의 차양과 지붕의 모

——— 넓은 공터 한구석의 목조 건물

양도 그런 생각에 힘을 실어주었다.

이 건물이 1954년 새로 개교할 때 지은 것인지, 원래부터 있던 것인지는 알 수 없었다. 이곳이 연병장으로 이용되었던 점을 감안하면 일제 강점기 시절에 만들어졌을 가능성도 있었다. 그러나 학교의 연혁에는 1961년에 건물을 신축했다는 기록이 있었다. 어쨌든 섬의 과거를 간직한 또 다른 의미의 역사라고 할 수 있겠다.

1965년 10월 2일자《경향신문》에는 지심 분교의 아이들이 두 달간 동백꽃과 미역을 따 모은 돈으로 섬의 노인들에게 회갑잔치를 베풀어줬다는 기사가 실려 있다. 잔치가 열린 곳이 어딘지는 나와 있지 않지만 아마 이 학교 운동장이었을 것이다. 아이들에게 뜻밖의 잔치

——— 지심도 중앙부의 활주로. 이름은 활주로지만 실제로는 넓은 평지다.

상을 받은 노인들이 고마워했다는 내용으로 기사는 마무리된다.

반세기 전의 기억을 품은 지심분교는 조용히 방문객들을 바라보고 있었다. 건물 내부는 비어 있었는데, 조만간 역사관이나 기념관이 들어설 것으로 생각되었다.

지심 분교를 지나자 활주로가 나타났다. 정식 활주로는 아니고, 섬 정상부의 평지를 다듬은 정도였다. 포장도 되어 있지 않아 헬기나 프로펠러기 정도만 내릴 수 있을 듯했다. 이 활주로는 섬의 국방과학연구소와 관련된 시설로, 지금은 관광객들을 맞이하고 있다. 섬에서 가장 높고 넓은 곳이어서인지 바다를 바라볼 수 있는 벤치와 전망대가 설치되어 있었다.

이곳을 가로질러 북쪽으로 가자 동백꽃과 만날 수 있었다. 섬에는 온갖 풀과 나무들이 자라는데, 가장 많이 자라고 가장 유명한 것이 동백꽃이었다. 붉은 동백꽃은 보기에도 아름답지만, 떨어질 때도 꽃 망울째 떨어져 범상치 않은 느낌을 준다고 한다.

동백나무 터널을 지나 조금 걷다 보니 길옆에 교통호의 흔적이 보였다. 비교적 높은 곳에 있고, 나무들이 없어 관측되기 쉬운 섬 중앙부를 오가는 병력의 이동을 감추기 위해 만든 것으로 보였다.

서치라이트를 보관하던 창고는 바로 이곳에 있었다. 창고라는 말을 들으면 떠오르는 허름한 곳이 아니라 콘크리트와 철문이 있는 벙커 같은 창고였다. 1938년 설치된 서치라이트는 야간에 침입하거나 지나가는 적선을 탐지하기 위한 것이었다. 한국군에서도 전방에서 관측용으로 서치라이트를 사용하는데, 지심도의 서치라이트는 직경이 1.5미터에 달하는 거대한 것이었다고 한다.

그래서인지 보관하는 창고 역시 만만치 않은 높이와 두께를 자랑했다. 당시로서는 귀중한 최첨단 장비였기에 보관에 신경을 썼음을 알 수 있었다. 문화재청에서 발간한 보고서에 따르면, 일본군이 항복할 당시 편제상 지심에는 서치라이트가 배치되어 있지 않았다. 원래 배치되었다 다른 곳으로 이동되었거나, 나중에 배치될 것을 대비해 미리 시설을 만들어두었을 가능성이 높았다.

보관소는 길옆에 돌로 주변 축대를 쌓고 콘크리트로 단단하게 구축한 형태였다. 이곳 철문은 너무 크고 무거워서인지 온전히 남아 있었다. 크기는 다르지만 앞서 본 탄약고 안에 있던 방들의 문과 같

——— 지심도의 서치라이트 보관소. 이중 격벽으로 되어 있는 것이 특징이다.

은 형태였다. 덕분에 탄약고에서 사라졌던 문들의 모양을 유추할 수 있었다. 문과 문틀에 요철을 가미해 문을 닫으면 공기가 통하지 않도록 만든 것도 같았다. 나무줄기에 살짝 가려지긴 했지만 천장 부분에 물끊기 홈이 있는 것도 같았다.

하지만 탄약고와 다른 점도 눈에 띄었다. 우선 벽이 이중으로 되어 있었다. 열린 문 옆을 보니 좌우의 벽과 벽 사이에 공간이 있었다. 실제로 한 사람이 들어갈 수 있을 정도로 넓었다. 귀중한 시멘트를 낭비하는 것이나 다름없었기 때문에 왜 이런 방식으로 만들었을까 논의가 분분했다. 일단은 민감한 전기제품인 서치라이트가 빗물이나 습기에 망가지는 것을 막기 위한 것이 아니냐는 의견이 나왔다. 이중으로 된 벽 사이에 습기를 차단하기 위한 환기구나 환풍구가 만들어져 있는 것이 그런 의견을 뒷받침해주고 있었다.

입구의 천장에는 거대한 쇠고리가 걸려 있었다. 서치라이트를 수리하거나 점검할 때 쓰는 용도일 것이라는 추측들이 오고갔다. 실제로 서치라이트를 비추는 장소는 좀 떨어진 해안가였다. 서치라이트 보관소부터 해안가까지는 콘크리트로 길이 포장되어 있어 유사시에 이곳에서 꺼내 바퀴로 이동시켰던 것으로 보였다. 실제로 서치라이트를 비추는 장소에는 콘크리트로 된 원형 지반이 있었다.

이곳은 주변에 수풀이 울창하지만 장소 자체가 해안가 높은 곳이었기에 바다가 잘 보이는 편이었다. 보관소 주변에는 방향 지시석이 있었다. 방향 지시석은 모두 여섯 개인데, 시계방향 순으로 장승포, 정북, 가덕도, 절영도, 대마도 북단, 대마도 남단을 가리키고 있었다. 마지막 여섯 번째 방향 지시석은 글자가 마모되어서 알아볼 수 없었고, 대마도 북단이라는 글자도 추정에 의해서만 알 수 있었다. 각각의 지시석 옆에는 방위도 표시되어 있었다. 서치라이트가 주요하게 비춰야 하는 장소들이 어딘지 쉽게 알 수 있었다. 인근의 장자등과 외양포의 포대에 서치라이트가 배치되었다는 기록이 있지만, 현재 관련 유적이 남아 있는 것은 지심도가 유일하다.

서치라이트 보관 장소를 지나 계속 가다 보니 사각형 콘크리트 덩어리를 하나 볼 수 있었다. 콘크리트는 길가에 덩그러니 놓여 있었는데, 그 옆에는 길게 홈이 파여 있었다. 이곳에 주둔하던 일본군이 일장기를 걸 때 사용하던 국기 게양대였다. 바닷가라 바람이 센 것을 감안해 튼튼하게 만든 것으로 보였다. 옆으로 파인 홈에 깃발을 단 깃대를 세워 고정시켰을 것으로 보였다. 이곳에 주둔하던 일본군은 매일 일장기를 걸면서 이곳의 바다를 자신들이 지배하고 있음을 암묵적으로 보여줬다.

그곳에서 조금 더 가자 관측소의 흔적이 보였다. 바다가 잘 보이는 해안가 절벽 위에 돌로 담을 쌓아놓은 정도에 불과했지만, 주변 바다를 살펴보기에는 최적의 장소였다. 다만 일본군이 만든 것인지 이후 주둔한 한국군이 만든 것인지는 명확하지 않았다.

관측소 주변에는 옥색의 바다가 끝없이 펼쳐져 있었다. 해안가의 절벽에서 자라는 소나무 가지가 바람에 흔들리는 가운데, 지심도 주변에는 어선 몇 척이 파도를 이겨내며 조업을 하는 중이었다. 섬을 남쪽에서 북쪽까지 모두 둘러보고 선착장으로 돌아가는 길에, 나는 아주 잘 보존된 일본식 목조 주택과 마주쳤다.

일본식 걸침기와로 치장된 모임지붕과 널빤지를 가로로 붙이고 잔살을 중간 중간 댄 벽체도 완벽하게 남아 있었다. 창문과 문 위의 차양도 원형을 유지하고 있다. 다른 관사나 막사들이 살림집이나 가게, 펜션으로 이용되면서 원형이 많이 변한 것과 다른 모습이었다.

이 목조 주택은 섬에 전기를 공급하는 남선전기의 소장이 머물던 사택이었다. 섬에는 100명이 넘는 병력이 주둔하고 있었고, 서치라이트나 포대 같은 시설도 있었기에 전기 공급은 필수였다. 따라서 발전기가 있어야 했고, 이를 운영하고 관리할 인원도 필요했다. 그 역할을 한 것이 남선전기였다. 남선전기는 섬에 설치된 발전기를 관리하기 위한 인원도 파견했었다.

이곳은 이제 카페로 사용되고 있었으며, 정원에 의자와 파라솔도 놓여 있었다. 비교적 작은 섬이었기에 여기저기 꼼꼼하게 둘러보고 중간 중간 발걸음을 멈춰도 반나절이면 충분히 섬을 둘러볼 수 있었다. 아름다운 동백꽃이나 광활한 바다의 풍광을 보는 것만으로도 시간이 어떻게 흘러가는지 모를 정도였다.

하지만 이곳의 아름다운 동백꽃을 볼 때마다 남해의 작은 섬을 전쟁터로 만들고자 했던 일본군의 모습이 떠올라 착잡한 마음은 감추기 힘들었다.

**찾아가는 길**

거제도 장승포에서 배를 타고 간다.

# 4장
# 들판 곳곳에 남아 있는 기억들

동척 목포 지점

목포 일본 영사관                    목포 고하도 해안 동굴진지와 막사

넓은 평야를 품고 있는 전라도는 한반도의 곡창지대였다. 쌀이 귀했던 일본은 전라도의 토지를 반강제로 빼앗아 대규모 농장을 차렸다. 동양척식주식회사를 비롯한 일본인 지주들은 수천에서 수만 명의 농민들을 노예처럼 부리고 수확한 쌀을 일본으로 가져갔다.

전라도의 넓은 평야 곳곳에는 그때의 흔적인 창고와 별장들이 남아 있고, 목포와 군산항에는 쌀을 실어 나르기 위해 확장한 항만들이 남아 있다.

어민들이 집단으로 이주해 마을을 이룬 경상도와 달리, 이곳에는 대규모 자본이 투자되었고 대규모 농장이 형성되었다. 지역에 맞춤한 최적의 수탈을 이루기 위해 서로 다른 방식을 사용한 것이었다.

쌀과 면화, 소금의 산지인 목포는 일본이 일찍이 탐내면서 개항장으로 지정되었다. 목포에 들어온 일본은 유달산 중턱에 화려한 2층짜리 영사관을 지었다. 영사관이 이사청이 되고, 다시 목포부청이 되는 과정은 일본이 이 땅을 집어삼키는 상황을 상징적으로 보여준다.

목포부청은 사라진 조선총독부 대신 일본이 이 땅을 지배했다는 기억을 상기시켜줬다. 목포 앞을 방파제처럼 가로막는 고하도에는 미군의 상륙에 대

여수 수상비행장과 방공호

군산 시마타니 금고와 이영춘 가옥

비해 파놓은 동굴진지와 병력들이 머무는 막사가 있었다. 목포항을 향한 동굴진지 입구에서 서니 모골이 송연해지는 느낌이 들었다.

군산의 어느 초등학교에 가면 국보 아래 등급의 보물이 두 점이나 있다. 이곳까지 보물이 오게 된 사연은 우리 근대사의 서글픈 얼굴을 대변해주고 있다. 그리고 이곳에는 전라도에서도 손꼽히는 일본인 대지주가 만들어놓은 큰 금고가 있다. 또 서울을 비롯한 다른 지역과 다른 형태로 이뤄진 수탈의 흔적들도 만날 수 있다.

남쪽의 여수에는 우리나라의 유일한 수상비행장의 흔적이 남아 있다. 그냥 비행장도 아니고 수상비행장이 여수에 세워진 이유는 지도를 들여다보고서야 알았다.

책에는 싣지 못했지만 군산에도 일본의 흔적들이 만만치 않게 남아 있었다. 모든 것은 수확한 쌀을 일본으로 실어 나르는 데 초점이 맞춰져 있었다. 길과 철로를 비롯한 모든 시설을 통해 일본으로 쌀을 보내고 나면 이곳엔 과연 무엇이 남을까 하고 나는 부둣가에 서서 가만히 생각에 잠겼다.

# 언덕 위의 일본

●
목포 일본 영사관

**목포의 슬픔**

       목포는 항구다. 또 쌀과 목화, 그리고 소금이 나는 삼백의 도시이기도 하다. 그래서 이곳 또한 역사적으로 굉장히 중요한 지역으로 떠올랐다. 실제로 이곳은 삼국시대에는 마한에 속했다 백제 땅이 되었으며, 통일신라시대에는 무주가 세워졌다. 조선시대 들어서는 목포진이 설치되었다.

  주변에 드넓은 평야가 펼쳐져 있고 영산강이 나주까지 이어진 교통의 요지였기에, 자연스럽게 이곳을 노리는 왜구의 침입도 잦았다. 따라서 이들을 막고 인근 지역의 섬들을 통제하기 위해서 만호진이 설치되었다.

임진왜란 당시 파직 후 삼도수군통제사로 복귀한 이순신 장군은 명량에서 왜선을 격파하고 전열을 정비하기 위해 목포 앞바다의 고하도에 머물기도 했다.

하지만 목포의 운명을 가장 극적으로 바꾼 것은 1897년의 개항이었다. 조선의 개항을 진두지휘했던 외국인 고문 묄렌도르프는 군산, 법성포, 목포를 비롯한 영산강 일대의 항구들에 대한 입지조건 등을 분석했다. 그중 목포는 쌀의 주산지인 나주, 영암, 무안, 영산강으로 이어져 있어 물류 유통에 큰 장점을 지니고 있다는 평가를 받았다. 또 산의 경사면에 위치해 있어 하수 문제를 손쉽게 처리할 수 있다는 점도 장점으로 꼽혔다. 덕분에 인천이나 부산보다 늦은 시기에 개항했지만 변화는 눈에 띄게 빨랐다.

특히 일본인들의 침탈이 가속화되었다. 청일전쟁에서 승리한 후라 기세가 올라 있기도 했지만, 그들은 애초부터 이곳을 탐내고 있었다. 한반도 남부 최대의 곡창지대인 호남의 주요 항구이기도 했지만, 한반도 북부와 중국 대륙으로 가는 중간 기착지로서의 역할도 할 수 있었기 때문이다.

일본은 앞서 개항한 인천에서의 실패를 반복하지 않기 위해 치밀하게 준비했다. 인천의 거류지가 협소하게 설정된 바람에 청일전쟁이 발발하면서 인천에 주둔할 일본군의 숙영지를 만들지 못해 애를 먹었던 경험을 잊지 않은 것이었다. 그래서 목포에 진출했을 때는 최대한 넓게 거류지를 설정하려고 했다. 그리고 목포의 개항장에 나타난 일본인들은 돈과 폭력으로 땅을 사들였다. 일본의 이런 움직임은 아관파천 이후 자주독립을 꿈꾸던 대한제국의 희망을 완전히 무산시켰다.

1900년 일본은 목포의 상징이라고 할 수 있는 유달산 기슭에 자신들의 본거지인 영사관을 지었다. 일본의 거류지인 유달동이 내려다보이고 등 뒤에는 유달산이 있었기에 최고의 입지조건을 가진 곳이었다. 목포 시내가 한눈에 내려다보이는 곳에 지어진 목포 영사관은 침략의 상징이자 영역 표시의 흔적이기도 했다.

근대의 건축물들은 건축양식, 입지조건 등을 통해 여러 상징을 보여준다. 예를 들어 경복궁이 내려다보이는 명동의 언덕 위에 세워진 명동성당은 가톨릭의 위세를 보여주고, 태조의 어진이 봉안된 전주 경기전 앞에 보란 듯이 지어진 전동성당 역시 마찬가지다.

일본이 군이 일본인들이 많이 모여 살던 남산과 충무로 일대를 떠나 조선인들이 많이 오가는 종로 한복판에 거대한 총독부를 지은 이유도 조선인들에게 누가 지배자인지 보여주기 위해서였다. 어느 지역에 어떤 용도의 건물이 들어서는가를 통해 그들은 상대방에게 메시지를 전달하고자 한 것이었다.

목포의 영사관도 마찬가지였다. 일본은 유달산 기슭의 잘 보이는 곳에 이 건물을 지음으로써 많은 사람들에게 일본의 영향력을 과시하려고 했다. 일본이 서둘러 영사관을 지으려 했던 목적 중에는 러시아에 대한 견제도 포함되어 있었다.

러일전쟁 직전까지 이곳은 일본과 러시아의 세력이 팽팽하게 대치하던 곳이었다. 러시아에게는 블라디보스토크와 뤼순 항을 잇는

——————— 유달동 사거리에서 본 목포 일본 영사관의 모습. 옆의 표지석은 국도 1, 2호선 출발점이라는 표시다.

중간 거점이 필요했다. 그래서 절영도, 마산과 함께 목포를 탐냈다. 그런 러시아의 야심을 꺾어야 했고, 경제적인 필요성도 더해지면서 일본은 러시아와 이곳에 대한 치열한 쟁탈전을 벌였다.

결국 러일전쟁에서 승리하며 러시아의 야욕을 꺾은 일본은 목포뿐 아니라 한반도 전체를 독점했다. 그러면서 목포의 일본 영사관에도 변화가 생겼다.

1905년 을사늑약이 체결되면서 목포 일본 영사관은 통감부의 지방기관인 목포이사청을<sub>을사늑약 체결 이후 통감부를 설치한 일본은 지방 행정을 장악하고 자신</sub>

들의 이익을 보장받기 위해 각 지방에 이사청을 설치했다. 주로 지방에 설치한 자국의 영사관을 활용했다으로 간판을 바꿔 달았다. 그리고 5년 뒤인 1910년, 일본이 조선을 강제로 병합하면서 목포이사청은 목포부를 관할하는 목포부청사로 바뀌었다.

광복 후에는 목포시청을 거쳐 시립도서관, 문화원으로 사용되었고, 현재는 목포근대역사관으로서 삶을 이어가고 있다.

유달산의 노적봉이 올려다보이는 유달동 사거리에 서면 몇 개의 안내판이 여행객들을 안내해준다. 안내판 옆에는 의미 있는 표지석이 하나 서 있다. 이곳이 국도 1, 2호선의 출발점임을 알려주는 표지석이다. 국도 1호선은 이곳에서 출발해 평안북도 신의주에 이르는 939킬로미터의 도로를 지칭한다. 국도 2호선은 이곳에서 부산 중구까지 이어지는 377킬로미터 길이의 도로다.

도로가 확장되고 다리가 개통되면서 현재 1호선의 출발점은 고하도로 바뀌었고, 2호선은 신안군 장산면으로 변경되었다. 그러나 이곳이 원래 출발점이었다는 사실은 변하지 않는다.

이번 답사의 목표인 목포 일본 영사관은 노적봉 아래 자리 잡고 있었다. 사거리에서 올려다본 목포 영사관의 모습은 이질적이었다. 온통 초록색인 주변 풍광과 거리가 먼 붉은색 벽돌 건물인 탓이었다. 야트막한 언덕을 올라가자 원형의 거대한 정원이 보였다. 용산의 일본군 장교 관사나 사단장 관사에서 봤던 것과 같은 것이었다. 건물로 들어오는 차의 진행 방향을 정리해주는 로터리 역할을 함과 동시에 건물의 웅장함을 드러내주는 구조물이었다.

## 화려한 외관

　　　　　일본 영사관으로 가려면 로터리 뒤편 계단을 이용해야 했다. 눈에 잘 띄는 곳에 있지만 쉽게 접근을 허용하지 않는다는 이중성이 느껴졌다.

가파른 돌계단을 올라가자 영사관 건물이 불쑥 눈앞에 모습을 드러냈다. 특히 눈길을 끌었던 것은 화려하다 못해 요란스러운 현관이었다. 근대 건축물에는 방문객들이 비나 눈을 피할 수 있도록 현관에 지붕을 세우곤 한다. 이런 구조물은 간단한 차양에서 기둥과 벽을 쌓고 지붕을 올리는 포치로 점차 발전하면서 건물의 형태와 양식을 규정하는 구조물로 발전했다.

실제로 포치의 설치 여부와 크기는 건물의 용도와 규모를 짐작하게 해주는 단서 역할을 한다. 근대 건축물을 오랫동안 살펴보던 우리 일행도 어떤 건물을 보든지 습관적으로 현관문의 크기와 포치의 존재 유무를 확인했다.

시간이 흐르면서 이런 구조물에는 자동차라는 변수가 추가되었다. 집 주인이나 초청을 받은 사람이 차에서 내릴 때 비를 맞지 않도록 해야 한다는 조항이 추가되면서 포치는 더욱 길어지고 커졌다. '캐리지 포치'Carriage porch라 불리는 새로운 형태의 포치는 지금도 어렵지 않게 찾을 수 있다.

지금은 하텔하우스가 된 용산의 일본군 사단장 관사에는 차 두 대가 나란히 설 수 있을 정도로 긴 포치가 설치되어 있었다. 덕수궁의 희정당 문은 한옥스럽지 않게 되어 있는데, 이곳에 살던 순종이 차를 타고 내리기 쉽도록 현관을 포치 형태로 개량했기 때문이다.

목포 일본 영사관의 현관은 계단을 올라 당도하는 곳이므로 캐리지 포치를 만들 필요가 없었다. 하지만 건물의 격을 유지하고 싶어서인지 화강암과 벽돌로 만든 받침에 목재로 기둥과 처마를 세운 모습이었다.

앞으로 길게 돌출된 지붕은 함석판으로 덮여 있었다. 벽돌과 화강암을 조합해 만든 받침에 올라가 있는 기둥이 앞에 여섯 개, 뒤에 네 개였다.

목재로 만든 처마 부분도 대단히 화려했다. 대개 두 개의 기둥과 지붕으로 구성된 포치보다 훨씬 많은 기둥과 공간을 활용하는 이 방식을 '포르티코'Portico 혹은 '주랑현관'柱廊玄關이라 부른다.

사실 목포 영사관의 현관은 포르티코라고 할 만큼 크거나 화려하지는 않았다. 어떤 의도로 만들었는지는 명백했다. 보는 사람으로 하여금 이 안에 들어올 때 옷깃을 여미고 심호흡을 하도록 만드는 것이었다.

이런 포르티코가 가장 잘 남아 있는 곳은 현재 배재학당 역사관으로 사용 중인 배재학당 동관 건물이다. 계단과 돌기둥, 그리고 페디먼트로 구성된 배재학당의 포르티코는 화려하면서도 배움의 공간이라는 특유의 무게감을 잘 드러낸다.

영사관의 포르티코는 그 정도의 아우라를 보여주지는 않았지만 나름의 존재감을 드러내기는 했다. 포르티코 안으로 들어선 뒤 현관으로 진입하기 위해서는 다시 계단을 올라야 했다.

벽돌로 된 아치형 현관에는 경첩이 있는 네 귀퉁이에만 화강암이 박혀 있었다. 2층은 양쪽의 벽돌을 벽기둥처럼 돌출시키고, 가운데 창문을 두는 방식이었다. 반원형 창문의 위쪽에는 처마와 연결된 키스톤이 박혀 있었다. 특이하게도 창문은 두 개로 나뉜 형태였는데, 실용적인 의미보다는 장식적인 느낌을 주고자 한 것 같았다. 2층 지붕은 목조였는데, 기둥과 그 위에 얹힌 삼각지붕인 페디먼트로 구성되어 있었다. 목조 기둥이 있는 현관, 벽돌로 구성된 2층, 그리고 다시 목조로 된 지붕 장식이 교차하면서 원래 높이보다 높아 보이는 착시 현상을 일으켰다.

현관을 살펴보고 뒤를 돌아봤다. 아래를 보니 목포 시내를 관통하는 큰 길과 좌우의 건물들이 한눈에 들어왔다. 시야는 멀리 영산강 건너편의 갈매산과 중매산까지 트여 있었다. 현관에서 본 게 이 정도였으니 2층에서는 더 멀리까지, 더 많은 것이 보였을 것이었다. 일본이 왜 굳이 축대까지 쌓아가면서 영사관을 지었는지 알 것 같았다. 위에서 내려다본다는 것은 예로부터 가진 자의 특권이자 권력의 상징이었다. 지금도 부의 상징을 고층 아파트나 산중턱에 따로 떨어져 있는 호화저택으로 꼽고 있는 것처럼 말이다.

영사관 건물을 한 바퀴 돌면서 외형을 감상했다. 현관의 독특하면서 화려한 분위기는 다른 곳에서도 어렵지 않게 찾아볼 수 있었다. 전체적으로 화강암의 사용을 최소화하고 대부분 붉은 벽돌로 만들어진 모습이었다. 그런 점은 창문에서도 볼 수 있었다.

벽돌은 효율적인 건축자재다. 비교적 쉽게 제작 가능하고, 어떻게

——— 목포 일본 영사관 현관. 돌과 벽돌, 목
재가 적절히 섞여 사용되었다.(왼쪽 위)
——— 영사관 측면. 정면보다 단조롭다.(오른
쪽 위)
——— 영사관의 창문. 위층과 아래층이 같
으면서도 다른 이중적인 모습을 보인다.(아래)

쌓아올리느냐에 따라 여러 형태를 만들어낼 수 있기 때문이다. 무엇
보다 돌이나 나무보다 크기가 작고 덜 무겁다는 점은 벽돌을 근대
건축의 스타로 만들었다.

　하지만 설계자들은 화강암을 비롯한 석재에 미련을 버리지 못했

다. 그리스와 로마 시대부터 이어져온 전통을 쉽게 포기하지 못한 것이다. 석재를 사용하는 것은 벽돌이 흔해질수록 더 큰 미덕이자 의무가 되었다. 또 석재는 벽돌이 가질 수 없는 무게감이라는 장점을 가지고 있다. 그래서 화강암 기단 위에 벽돌을 올리고, 기둥이나 창틀에 석재를 사용해 포인트를 주는 방식으로 공존이 이뤄졌다. 영사관 건물에서도 그런 타협은 쉽게 찾아볼 수 있었다. 가장 눈에 띈 것은 창문이었다.

창문은 문 다음으로 건축물의 특징을 잘 드러낼 수 있는 곳이다. 그렇기에 많은 건축물이 이 창문을 어떻게 드러내고 감추느냐에 따라 모습이 변해간다. 영사관의 창문은 정적인 고요함이나 은은함 대신 화려함과 변화를 추구했다.

우선 1층과 2층의 창문 모양이 비슷하면서도 달랐다. 일단 아치형이라는 점은 같았지만, 1층보다 2층이 더 변화가 심한 편이었다. 1층은 창틀 아래에 붙이는 하인방이 화강암이었고, 위쪽은 모서리가 화강암이었으며 나머지는 하얀색과 붉은 벽돌을 번갈아 끼운 형태였다. 마무리는 한가운데 자리 잡은 키스톤이었다. 그리고 이곳이 일본 영사관이라는 사실을 알려주기라도 하듯 창문 위쪽에 하얀색과 붉은색 벽돌로 일본의 상징인 욱일기가 형상화되어 있었다. 1층과 2층 사이에는 벽돌이 돌출된 형태의 돌림띠가 둘러져 있었다.

2층 창문은 좀 더 복잡했다. 일단 돌림띠부터 2층 하인방까지 벽돌을 일부분 들여쌓은 형태였다. 마치 기둥에 떠받쳐진 모양이었다. 위쪽 창틀은 하얀색과 붉은색 벽돌을 번갈아가면서 사용한 형태였고, 동시에 바깥쪽 테두리의 벽돌이 요철 모양으로 나와 있어 역동적인 모습이었다. 2층 창문의 키스톤 역시 1층보다 훨씬 화려한 편이었다. 2층 창문의 키스톤은 곧장 처마의 돌림띠로 이어지면서 연결성이 강조된 모습이었다.

1, 2층 모두 하얀색 벽돌이 띠처럼 둘려 있었다. 덕분에 붉은색 벽돌이 줄 수 있는 밋밋함이 줄어들어 있었다. 벽에는 총탄 자국이 간간이 보였는데, 실제로 한국전쟁 때 북한군이 쏜 총알이 박힌 흔적이라고 한다.

다음으로 건물의 옆쪽을 살펴보기 위해 걸음을 떼었다. 영사관의 왼쪽 측면을 보자 현관에 가려져 있던 나머지 모습들이 보였다. 측면은 두 개의 출입구와 두 개의 창문으로 구성된 1층, 그리고 네 개의 창문이 자리 잡은 2층으로 분할되어 있었다. 측면에 있는 두 개의 출입구는 나무문과 빗물을 막아주는 차양이라는 단출한 구성으로 되어 있었다. 그런 밋밋함을 감소시켜준 것이 하얀색 벽돌로 된 띠였다.

또 2층은 창틀 주변의 벽돌을 안쪽으로 물려 쌓은 모양이었다. 기둥이 창틀 사이에 서 있는 것처럼 보이는 효과가 두드러져 보였다. 그리고 일본식 걸침기와가 있는 지붕은 전형적인 모임지붕의 형태였다.

앞쪽으로는 현관의 포르티코가, 뒤쪽으로는 목재로 만든 부속건물의 모습이 보였다. 오른쪽 측면은 건물 정면은 물론 왼쪽과도 형태가 달랐다. 창문이 네 개가 아닌 세 개였고, 출입구도 없었다. 내부 구조 때문인 것으로 보였다. 1층에는 목조로 만든 부속건물이 있었다. 출입문이 있던 자리에 설치되면서 출입구가 가려진 것이 아닐까 싶었다.

일본의 목포에 대한 지배의 상징이 되었던 영사관은 수많은 변화 끝에 지금은 자신의 역사를 보관하는 역사관으로 탈바꿈했다. 지어진 지 110년 만에 평화를 찾은 것이다. 영사관 건물 좌측에는 좀 뜬금없는 건축물이 하나 서 있었다.

## 그리스 신전을
## 닮은 서고

언뜻 보면 그리스 신전을 흉내 낸 것처럼 보이는 이 건물은 영사관이 목포부청사로 사용되던 1930년대에 건축된 서고였다. 영사관이었던 시절과는 비교할 수 없을 만큼 업무량이 많아지면서 각종 서류들이 넘쳐났을 것이고, 이를 보관할 별도의 장소가 필요했을 것이다. 그렇다고는 해도 서고 건물 치고는 너무 뜬금없다는 생각을 지울 수 없었다. 벽돌을 중점적으로 쓴 영사관 건물과는 달리 처음부터 끝까지 화강암을 쓴 형태였기 때문이었다.

이 건물은 석재로 만든 2층 건물이어서 서고라기보다는 금고나 벙커처럼 보였다. 호적 같은 중요한 서류를 보관할 곳이어서 화재 위험을 피하기 위해 화강암으로 튼튼하게 지은 것 같았다.

이 서고는 장방형의 영사관 건물과 달리 정면이 좁은 직사각형 모

양이었다. 화강암을 잘 다듬은 문기둥 사이에 양쪽으로 여는 커다란
철문이 자리 잡고 있었다. 철문 위에는 비와 태양을 피하는 차양이
올려져 있었다. 2층 정면에는 두 개의 큰 창문이 있었는데, 덧문은
굳게 닫혀 있었다.

지붕의 박공부터 코니스라 불리는 처마 끝부분까지, 이 건물은 전
형적인 그리스의 이오니아 양식을 취하고 있었다. 처마 아래 부분에
석재를 돌출시킨 부분은 이오니아 양식에서 볼 수 있는 처마의 이빨
형태 장식을 흉내 낸 것으로 보였다. 모서리와 문기둥, 2층 창문 주
변의 돌은 매끈하게 다듬어져 있었지만 다른 부분들은 거칠게 마감
되어 있었다. 석재로 된 기단이나 1층의 벽면은 거칠게 마감하고 위
층의 벽면은 잘 다듬어 대비시키는 방식은 많이 봤지만, 이렇게 매
끈한 벽면과 거친 벽면을 섞은 것은 의외였다. 서구 건축양식을 일

본식으로 해석했다는 의미일까?

옆에는 2층으로 올라가는 계단과 별도의 출입문이 보였다. 매끈한 벽면과 거친 벽면이 혼합된 정면과 달리 측면의 벽들은 모두 거칠게 마감되어 있었다. 석조 건물에 이런 거친 질감까지 더해지면서 서고는 한층 탄탄한 볼륨감을 자랑했다. 2층의 문 양쪽에는 창문이 하나씩 있었고, 1층 측면에도 두 개의 창이 보였다. 종이를 보관하는 곳이라 나름 환기에 신경을 쓴 것 같았다.

영사관 건물이 1981년 일찌감치 국가 사적 제289호로 지정된 것과 달리, 이 서고와 방공호는 2014년에야 등록문화재로 지정되었다. 영사관과 서고까지 둘러본 다음, 나는 뒤편에 있는 방공호를 살펴보러 갔다.


## 전시관이 된 방공호

남해안과 제법 떨어진 목포에 방공호를 만들었다는 것은 그만큼 전황이 급박했다는 뜻일 것이다. 실제로 한반도 남부 지역은 태평양전쟁 후반기에 미군의 작전권 안에 들어갔다. 제주도 인근 지역에 미군 잠수함이 나타나 일본 군함이나 상선을 격침하거나 폭격기들이 공습을 하는 경우도 종종 있었다. 따라서 일본도 목포 지역 역시 언제든 공격을 받을 수 있다고 생각하고 대비했던 것이다.

태평양전쟁이 격화되면서 공습을 받을 위험성이 높아지자 그들은

─────── 목포부청이 된 영
사관 건물 뒤편의 방공호

급히 뒤편에 방공호를 만들었다. 방공호는 아치형 입구에서 시작되었다. 출입구는 모두 세 개이며 총 길이는 82미터에 달했다. 서고 뒤편의 출입구는 폐쇄된 상태였다. 이곳도 그렇고 다른 곳의 방공호들도 모두 두 개나 세 개의 출구를 가지고 있었다. 폭격으로 입구가 붕괴되어 못 빠져나가는 상황을 대비한 것으로 보였다.

방공호는 암벽을 굴착한 형태 그대로였다. 바닥에는 타일이 깔려 있었지만, 이는 나중에 개방할 때 만들었기 때문에 원래는 없었던 것이었다.

내부에는 전체적으로 군데군데 조명이 켜져 있어 돌아보는 데 문제가 없었다. 안쪽에는 목포 지역에 일제 강점기에 만들어진 방공호나 군용 시설물에 대한 설명이 적힌 안내판이 있었다. 그리고 당시 벌어졌던 강제동원의 참상을 보여주는 내용의 동상들이 곳곳에 서

——— 강제 동원된 조선인들과 그들을 감시하는 일본인 관리의 동상

있었다. 방공호 안의 어둠과 극명하게 대비되는 하얀색이라 더욱 도
드라져 보였다.

　방공호는 터널 길이가 80미터가 넘고 여러 갈래로 나뉘어 있었지
만, 조명과 안내판 덕분에 금방 돌아보고 나올 수 있다. 당시 방공호
를 만드는 규정에는 해당 건물 바닥 면적의 10분의 1이상의 넓이를
가져야 한다는 내용이 있었다. 이 방공호도 그런 규정에 따라 지었
기 때문에 내부가 생각보다 길고 복잡했다.

　방공호 출입구 옆에는 계단이 하나 있었다. 일본 국왕의 초상화를
보관하던 봉안전이 있던 터였다. 지금 이 순간에도 일본이 이 땅에

──── 방공호 내부. 생각보다 넓었다.

남겨놓은 흔적들을 상처로 생각하고 치료를 위해 모두 없애야 한다는 의견들이 있다. 보존과 소멸의 중간 어디쯤에 있을 이런 존재들을 보니 고민이 깊어질 수밖에 없었다. 방공호는 어둠과 습기 탓인지 잠깐만 둘러봐도 악몽을 꾼 것처럼 몸이 피곤해졌다. 조명도 없는 땅속으로 들어가 방공호 공사를 해야 했던 누군가가 떠오르자 겸연쩍음과 함께 미안함이 울컥 솟아올랐다. 떨리는 마음을 눌러 담은 채 두 번째 목적지인 근대역사관 별관으로 향했다.

## 찾아가는 길

목포역에서 나와 좌측으로 영산로를 따라 쭉 걸어가다 초원실버타운 앞 사거리에서 오른쪽 방향으로 가면 도로원표가 나오는 유달산 사거리에 도착한다. 이곳에서 유달산 방향에 목적지가 보인다. 도보로 10분이면 충분하다.

## 목포 일본 영사관 연표

1900년 설립
1905년 목포이사청으로 변경
1910년 목포부청사로 변경
1947년 목포시청으로 사용
1974년 목포 시립도서관으로 사용
1990년 목포문화원
2014년 목포근대문화원

# 농민들의 피땀
# 위에 세우다

---

●

동척 목포 지점

## 식민지를 개척하다

　　　　일본 영사관이었던 목포근대역사관에서 내려와 반듯하게 조성된 유달동 거리를 걸었다. 목포가 개항되면서 일본인들이 거류지로 삼았던 곳이어서인지 곳곳에 그들의 흔적이 남아 있었다.

　가장 눈에 띄는 것은 한동안 버려졌다 근대역사관 별관으로 재탄생한 동양척식주식회사, 줄여서 동척의 목포 지점이었다. 두 건물 사이는 걸어서 5분도 걸리지 않았다. 길가에 남은 일본식 주택들을 눈으로 더듬다 보니 어느덧 목포근대역사관이라는 커다란 입간판과 석조 건물이 보였다.

이 건물에 대해 얘기하기에 앞서 동양척식주식회사에 대해 설명하는 것이 순서일 듯싶다. 1908년 경성에서 설립된 이 회사의 목적은 이름에 명백하게 드러나 있다. '척식'拓殖은 식민지를 개척한다는 뜻으로, 일본이 조선을 어떻게 바라봤는지를 적나라하게 드러내주는 단어다.

명백하게 영국과 네덜란드의 동인도회사를 모델로 했을 이 회사의 목적은 조만간 식민지가 될 조선을 경제적으로 수탈하는 것이었다. 당시 조선을 불법적으로 위임통치하고 있던 통감부는 조선 정부에 압박을 넣어서 합작회사를 설립했다. 그리고 창립위원에 조선인을 포함시켰다. 그러나 그들은 모두 친일 매국자들이었다. 그나마도 형식적인 선임에 불과해 모든 결정권은 일본이 행사했다.

창립자금은 주식 판매로 충당했는데, 일본에서는 큰 인기를 끈 반면 조선에서는 외면당했다. 일본에서 동척의 주식이 큰 인기를 끌었던 것은 향후 조선의 토지를 장악할 회사였다는 점을 알고 있었기 때문이다. 실제로 동척은 일본이 주도한 조선의 토지조사사업에서 발생한 막대한 국유지들을 무상이나 헐값으로 불하받았다. 이때 개인이 가지고 있던 사유지 역시 번거로움과 미비한 홍보로 인해 국유지로 편입되는 사례가 적지 않았다.

동척은 불법과 편법으로 얻은 막대한 토지를 조선으로 이민 오는 일본인들에게 분양했다. 이런 과정을 거치면서 일본인들과 결탁한 소수의 지주를 제외한 대부분의 농민들이 자기 땅을 빼앗기거나 토지 소유주가 바뀌는 일이 벌어졌다.

특히 이런 피해는 농경지가 집중되어 있던 삼남지방, 그중에서도 가장 비옥한 토지를 가지고 있던 전라도에 집중되었다. 하루아침에 땅을 빼앗긴 농민들은 가족들과 함께 만주로 떠나야 했다.

일본이 조선을 넘어 만주와 중국으로 침략의 손길을 넓히자 동척도 그에 발맞춰 만주와 중국에 지점을 냈다. 그러면서 일본 제국주의의 첨병 노릇을 톡톡히 했다.

그런 동척이 조선의 독립 운동가들의 공격 목표가 된 것은 자연스러운 수순이었다. 1926년 12월 28일, 중국인 마중덕으로 변장하여 조선에 잠입한 나석주는 식산은행에 폭탄을 던지고 곧장 지금의 을지로 2가 길가에 있는 동척으로 향했다. 수위를 총으로 쏴서 쓰러뜨리고 2층으로 올라간 그는 폭탄을 던졌지만 불발되고 말았다. 밖으로 나온 나석주는 추격해온 일본 경찰과 치열한 총격전을 벌이다 마지막 남은 탄환으로 자결했다.

이처럼 동척은 일본 제국주의의 상징이었으며, 농민들에게는 자신들의 고혈을 빨아 가는 대표적인 수탈 기관이었다. 경성에 있던 동척 본점은 일본으로 옮겨졌고, 한반도에는 경성을 비롯하여 아홉 개 지점이 생겼다. 일본인들과 친일 매국자들은 이를 성과와 성장이라고 포장했지만, 그것은 수많은 농민의 피땀으로 이루어진 전형적인 수탈이었다.

동척은 불하받은 토지를 경작시키면서 막대한 소작료를 걷었고, 토지와 임야를 담보로 한 대부업에도 손을 뻗었다. 목포 지점은 본래 나주 영산포에 있던 출장소를 1920년에 이곳으로 옮기면서 지

——— 동척 목포 지점. 철옹성처럼 단단한 느낌을 준다.

점으로 승격된 경우였다. 전국의 동척 지점 중 가장 많은 소작료를
걷었다고 하니 얼마나 많은 수탈을 하며 원성을 샀는지 짐작할 수
있을 법하다.

　1932년 10월 24일, 목포근대역사관 별관이 된 동척 목포 지점에
50여 명의 농민들이 밀어닥쳤다. 전남 무안군 박곡면 봉명리와 달
산리 주민들이 40리를 걸어온 것이었다. 이들은 자신들이 경작하던
땅을 빼앗고 다른 곳에 경작지를 주겠다는 약속을 지키지 않은 데
항의하러 방문한 것이었다. 목포 동척 지점은 봉명리에 수리조합의
저수지를 만들기 위해 공사를 진행 중이었는데, 이 농민들은 그 와

중에 생활 터전을 잃고 말았었다.

또 같은 해 4월에는 100여 명의 주민들이 몰아닥친 적이 있었다. 애처로운 항의 방문은 12월에도 이어졌다. 항의 방문 이후 몇 가지가 합의되긴 했지만, 동척 목포 지점은 소액의 거주이전비만 지급하고는 이들을 외면했다.

결국 농민들은 동척 목포 지점 앞에서 항의 시위를 이어갔는데, 차마 바라보기 어려울 정도로 비참한 모습으로 시위는 끝나고 말았다. 그 사연을 알고 나서인지, 서구의 건축양식으로 지었다는 동척 목포 지점의 화려한 출입문을 보고 있자니 그 앞에서 울면서 항의하던 이름 없는 농민들의 모습이 떠올랐다.

동척 목포 지점을 먼발치에서 보며 가장 먼저 느낀 점은 단단하다는 것이었다. 지금은 한국은행 화폐박물관이 된 조선은행 본점과 인

──────── 동척 목포 지점의 화려한 현관(왼쪽)
──────── 측면에서 바라본 모습. 화강암으로 만든 것처럼 보이지만 사실 눈속임이다.(오른쪽)

천에 세워진 일본 은행들의 지점 건물에서 느꼈던 첫인상과 비슷했다. 돈이 오가는 금융기관이기 때문에 가져야 하는 견고하다는 느낌을 방문객들에게 줘야 했고, 외관을 통해 이를 보여주고자 했던 것이다. 물론 이곳에서 가혹한 수탈을 당한 농민들에게는 끄떡없는 철옹성으로 보였겠지만.

1921년 지어진 것으로 추정되는 이 건물의 내부는 몇 번인가 바뀌었지만, 외관은 거의 변하지 않았다. 기단 부분은 두꺼운 화강암으로 되어 있었다. 그리고 거칠게 마감한 화강암이 그 위로 3단 정도 더 쌓여 1층 창틀의 아랫부분과 닿아 있었다. 두툼하고 거친 화강암 기단들은 건물이 단단한 기반 위에 서 있다는 걸 은연중에 보여주었다.

벽면은 화강암을 매끈하게 다듬은 것처럼 보였다. 관련 자료에서는 벽돌로 쌓은 건물이라고 언급되어 있었다. 이상하다 싶어 가까이서 본 결과 속임수였다. 시멘트에 가는 모래를 섞어 만든 석판을 겉에 붙인 것이었다. 건물 전체가 화강암으로 만들어진 것처럼 보이게 한 것이었다.

왜 이런 번거로운 공정을 추가했을까 하는 의문은 뒤쪽의 부속 건물을 보면서 어느 정도 풀렸다. 한때 철거되었다 원형으로 복원된 부속 건물은 동척 목포 지점과 같은 형식으로 지어졌지만, 중간에 벽돌로 쌓은 부분이 노출되면서 평범한 건물이 되고 말았다. 전국에 아홉 개뿐인 동척 지점의 하나이면서 가장 많은 수익을 올리는 지점임을 상징하기 위해 복잡한 공정을 기꺼이 추가한 것이었다. 이 건물의 영향 때문인지 목포 시내에 남은 일본식 가옥이나 상점들에서도 이런 방식을 많이 찾아볼 수 있었다.

창문들은 하나같이 긴 편이어서 건물이 높게 보이도록 만드는 데 일조하고 있었다. 출입문 위쪽을 비롯한 각 방향 정면 상층부에는 삼각형 박공 페디먼트가 서 있었다. 그리고 지붕 난간 패러핏이 페디먼트를 가로지르고 있었다. 창문이나 벽에는 별다른 장식이 없고, 층과 층 사이를 지나는 돌림띠도 없었다. 다만 처마 아래에는 돌림띠 장식이 촘촘하게 되어 있었다. 아울러 층과 층 사이, 그리고 페디먼트 아래에는 일본을 상징하는 원형 무늬가 조각되어 있었다. 수수한 외관과 달리 현관에는 꽤 많은 장식성이 부여되어 있었다.

두툼한 화강암으로 기둥과 천장을 세우고 안쪽에 현관을 만든 모습이었다. 현관 위쪽에는 창문을 내서 채광에 신경을 쓴 흔적이 보였다. 현관 안쪽은 아치형으로 다듬어져 있었지만, 바깥쪽 석재는 사각형이어서 건물의 전체적인 느낌과 맥을 같이하고 있었다. 가운데에는 커다란 키스톤이 중심을 잡고 있었다. 비록 재료와 크기는 다르지만 대학로에 남아 있는 조선총독부 중앙시험소의 현관과 비슷한 느낌을 받았다.

현관 위쪽에는 건물 곳곳에 있는 원형의 조각물이 줄지어 배치되어 있었다. 단단하고 견고한 느낌을 주느라 평범해진 외관의 단점을 화려한 장식을 통해 상쇄하려고 시도한 것이었다. 현관 안쪽에는 타일로 만든 벽이 있었는데, 은행 같은 곳에 사용되는 격벽이나 거울, 혹은 내부를 가리는 화분과 비슷했다.

정면 상층부에서 가장 눈에 띈 것은 현관의 지붕 장식 위에 달린 조각이었다. 현관의 지붕이 마치 떠받드는 것 같은 모양새를 취하고 있었다. 이 조각은 건물 내부의 기둥 위쪽에서도 심심찮게 발견할 수 있었다.

정면 2층은 네 개의 기둥이 지붕을 지탱하는 이미지였다. 기둥 위의 처마에는 원형 조각이 하나씩 자리 잡고 있었고, 그리스 신전에서 볼 수 있는 독특한 처마 장식과 페디먼트로 이어지고 있었다. 기둥과 기둥 사이에는 세 개의 긴 창문이 배치되어 기둥이 주는 수직성에 힘을 더하고 있었다.

정면을 살펴보고 현재 주차장으로 이용되고 있는 왼쪽 측면으로

──── 정면 2층의 화려한 외관

향했다. 정면과 오른쪽 측면은 도로에 접해 있는 탓에 제대로 살펴볼 수 없었지만, 왼쪽은 주차장 공간을 통해 멀리서 볼 수 있었기 때문이다.

가장 눈에 띈 것은 상층부에 페디먼트가 없다는 점이었다. 지붕난간에 수리한 흔적이 있는 것으로 보아 본래 있던 것이 사라진 것이 아닐까 싶었다. 측면 역시 정면이 주는 단단함을 그대로 이어가고 있었다. 정면에 있던 네 개의 기둥이 두 개로 줄었지만 출입문이 없어 기둥이 기단까지 연장되면서 오히려 견고함이 더해지는 느낌이었다. 벽면 아래에는 기념비와 옛날 비석들이 서 있었다.

비석들은 목포진 만호와 수군절도사의 공덕비로, 땅속에 묻혀 있던 것을 꺼내 세운 것이었다. 그 옆의 기념비에는 이곳이 1946년부터 1949년까지 해군기지로 이용되었다는 점이 적혀 있었다. 그러나 1946년이었다면 정식 해군이 아니라 조선해안경비대였을 것이다. 1948년 정부수립과 더불어 해군이 창설되었으니 이 자리는 대한민국 해군 탄생의 역사를 담은 곳이기도 했다.

이후 이 건물은 목포 해역을 방어하는 목포 해역사의 헌병대가 사용했다. 1989년에 헌병대가 이전한 후에는 빈 건물로 남아 철거될 뻔했다 시민들의 보존 운동 덕분에 지금의 목포근대역사관 별관으로 재탄생할 수 있었다.

## 기억을 담은 전시관

내부는 근대역사관으로 변모해 있었다. 1층에는 목포의 옛 모습을 담은 기록들이, 2층에는 일본의 침략 역사를 보여주는 전시물들이 전시되어 있었다.

일본이 목포에서 가장 많이 가져갔던 것은 면화였다. 1904년 우리나라에서 가장 먼저 목포 고하도에서 미국산 육지면의 수확에 성공했기 때문이다. 내부를 돌아보다 동척 목포 지점에서 실제로 사용했던 금고를 볼 수 있었다.

한눈에도 두툼해 보이는 금고 안에는 1936년 면화재배 30주년 기념 사업회에서 세운 기념비의 복제품이 전시되어 있었다. 목포가 육지면의 최초 재배지라는 것을 기념하기 위한 비석이었다. 금고문 위에는 작은 금고가 하나 더 있었다. 야간에 금고문이 닫혔을 때 사용하는 비상금고인데, 인천의 제일은행 지점에서 봤던 것과 동일했다. 둘러볼 것이 한두 가지가 아니었지만, 그중 가장 눈여겨봐야 할 것이라고 생각했던 것은 '팔굉일우'八紘一宇라는 글자가 새겨진 비석이었다.

팔굉일우라는 말은 1940년 고노에 후미마로 총리가 시정 연설에서 '전 세계를 하나의 집으로 만드는 것이 일본의 국시'라고 말한 데서 비롯되었다. 그 '하나의 집'의 주인이 누구인지는 따로 얘기할 필요가 없을 것이다. 후미마로 총리의 연설은 조선과 대만을 집어삼키고 만주를 침략한 것도 모자라 중국까지 손아귀에 넣기 위해 침략 전쟁을 일으킨 일본이 자신의 야욕과 만행을 정당화하기 위해 내세

──── 동척 목포 지점 금고

운 궤변이었다.

한때 서양을 따라잡기 위해 '탈아입구'라는 구호를 내세웠던 일본
의 극적인 후퇴였다. 독일과 이탈리아의 나치즘이나 파시즘과는 다
른 일본만의 제국주의 사상은 자국민과 식민지의 수많은 사람들을
죽음과 고통의 구렁텅이로 몰아넣었다. 이 비석에 적힌 '팔굉일우'
라는 글자는 조선의 제7대 총독 미나미 지로가 쓴 것이었다.

이 비석은 목포여자중학교 국기 게양대 근처에 버려졌다 지난
2011년 뒤늦게 발견되어 이곳으로 옮겨졌다. 대한민국에서 유일한
팔굉일우 비석으로 일본의 제국주의를 상징하는 표상이나 다름없

─────── 일본이 자신의 야욕
과 만행을 정당화하기 위해 내세
운 구호인 '팔굉일우'가 새겨진
비석

었다. 그런 비석이 동척 목포 지점에 전시되어 있으니 상징과 상징
의 만남이라고도 할 수 있을 것이다.

## 거리에 남은 기억들

한편 동척 목포 지점 근처에는 일본식 가옥과
상점들이 아직도 많이 남아 있다. 카페로 변신해서 생명을 이어가고
있는 나상수 가옥, 호남에서 가장 크고 아름다운 정원으로 이름난
이훈동 정원 등이 대표적이다.

하지만 내 눈길을 끌었던 건축물들은 따로 있었다. 카페로 변한 나상수 가옥 맞은편에 서 있는 특이하게 생긴 창고 건물이었다.

일단 벽면이 눈에 띄는 건물이었다. 방금 본 동척 목포 지점처럼 시멘트에 모래를 섞어 석판처럼 만든 자재를 붙인 형태였다. 물건이나 농작물을 저장하는 창고라면 도저히 쓸 수 없는 사치였다. 지금은 시멘트로 메웠지만 문 양쪽에 커다란 창문이 있었던 흔적도 있었다. 이 역시 이곳이 원래 창고 건물이 아니었음을 추론하게 해주는 점이었다.

또 밖으로 돌출된 현관과 지붕의 차양에도 정성이 배어 있었다.

───── 나상수 가옥 맞은편의 창고 건물

지붕 처마 밖으로 튀어나온 사각형 목재 중도리와 지붕널은 이 건물을 세우고 사용한 것이 일본인이었음을 일깨워주었다. 박공지붕과 차양 지붕에는 슬레이트가 덧붙어 있었지만, 원래는 목재나 벽돌로 만들었던 것으로 보였다.

이 건물의 정체를 밝혀줄 해답은 문 위쪽의 현판에 남아있었다. 시멘트로 정성껏 만든 현판에는 양각된 글자가 남아 있었다. 윗줄에는 '목포'木浦라는 글자가 선명하게 새겨져 있었고, 아랫줄의 글자는 '기독'基督까지만 읽을 수 있었다. 문제의 다음 글자는 '교'敎인 것 같았다. 그렇다면 남은 마지막 글자의 흔적은 '회'會일 것이라는 생각

———— '목포 기독교'라는 글자를 읽을 수 있는 창고의 현판

이 들었다. 목포 기독교회라는 뜻의 이 현판과 이곳의 위치가 목포의 일본인 거류지 한복판이라는 점을 감안하면 이곳이 목포로 이주한 일본인들이 다니던 교회라고 추정할 수 있었다.

또 아랫줄 앞쪽에 사라진 글자가 두 개 정도 있을 듯했다. 아마 이 교회의 이름이 아니었을까. 다른 자료들은 더 이상 찾아볼 수 없어 이 교회가 언제 세워지고 어떤 활동을 했으며, 어떤 과정을 거쳐 창고로 이용되고 있는지는 알아볼 수 없었다. 지나간 시간이 역사를 묻어버린 셈이다.

다음으로 인상 깊었던 것은 목포에 이주한 일본인 자녀들이 다녔

——— 길거리에서 마주친 이삼훈 가옥

던 심상소학교를 보러 갔다 돌아오는 길에 마주친 목조 주택이었다.

길을 걷다 우연히 마주쳤기에 아무 사전 정보 없이 사진에 담았던 이 건물의 정체는 이삼훈 가옥이었다. 한옥과 전혀 다른 전형적인 일본식 2층 목조 주택이었다. 한옥에서 찾아보기 어려운 눈썹지붕이 이채로웠다. 현관의 박공지붕은 자연스럽게 정면 창문의 차양으로 이어졌다. 창문 앞에는 작은 정원이 꾸며져 있었다.

목포 시내에서는 이런 가옥과 상점들을 어렵지 않게 찾아볼 수 있었다. 서울이 전쟁과 재개발로 인해 아픈 역사를 지워나가는 동안 지방은 조용히 그 상처를 보듬어가는 중이었다. 누군가가 잊고 싶어 하는 역사가 이곳에서는 차곡차곡 모아진 것이었다. 그것이 어떤 의미였든 우리처럼 역사를 찾아온 방문객들이 이곳에 빚을 지고 있다는 것은 명백한 사실이 아닐까.

## 찾아가는 길

목포근대역사관 본관을 둘러보고 이곳에 오는 것을 추천한다. 유달동 사거리에서 남쪽으로 내려와 첫 번째 사거리에서 오른쪽으로 꺾으면 얼마 가지 않아 보인다. 이곳은 예전 일본인 거류지가 있던 곳이어서 주변에 일본식 상점과 가옥이 많이 남아 있다. 두 곳을 둘러보고 근처에 있는 일본식 가옥을 개조한 카페 '행복이 가득한 집'에서 차를 마신 뒤 주변을 둘러보는 것을 추천한다. 평지를 걷는 것이므로 특별한 옷차림이나 준비물은 필요 없다.

## 동척 목포 지점 연표

1920년 목포 지점 설립

1946년 조선해안경비대 목포 기지 본부

1948년 해군 목포 기지 본부

1974년 목포 해역 방어사령부 헌병대 본부

1989년 이후 방치

2006년 목포근대역사관 별관으로 개관

# 칼이 된 섬과
# 교회가 된 막사

●

목포 고하도 해안 동굴진지와 막사

### 육지면의 고향

고하도는 목포 앞바다를 길게 가로막고 있는 형태의 섬이다. 그래서 '칼섬'이라는 이름으로도 불린다. 영산강과 이어진 중요한 항구인 목포 앞바다에 있던 탓에 많은 역사적 사건을 겪었다. 임진왜란 당시에는 명량해전에서 승리한 이순신 장군이 겨울을 보내며 전력을 확충하는 장소이기도 했다. 그래서 고하도에는 모충각이라는 비각이 남아 있다.

1897년 목포가 개항되면서 고하도의 운명도 요동치기 시작했다. 목포는 넓은 평야와 내륙으로 연결된 영산강을 끼고 있다는 경제적인 이점이 있었고, 대륙진출의 중간 거점이었다. 그래서 일본에겐

매력적인 곳이었다. 뤼순과 블라디보스토크에 항구를 가지고 있던 러시아 역시 한반도 남부 지역을 중간 경유지로서 탐내며 고하도의 조차를 요구하기도 했다.

일제 강점기에 접어들면서 고하도는 새로운 문물을 받아들였다. 바로 미국산 목화인 육지면이다. 육지면은 여섯 갈래로 잎이 갈라지기 때문에 토종 목화보다 더 많은 실을 얻을 수 있다는 장점이 있다.

1904년 목포주재 일본영사였던 와카마츠 도사부로若松兎三郎가 목포 앞바다에 있는 고하도의 따뜻한 기후를 눈여겨보고 있다 시험 재배에 성공했다. 그러면서 목화는 인근 지역에서 대량으로 재배되었

──────── 고하도의 육지면. 이름에 걸맞게 여섯 갈래로 퍼졌다.

고, 목포를 상징하는 3백 중 하나로 자리 잡았다.

목화를 이용한 면화산업은 대표적인 노동집약적 산업으로, 목포의 가난한 집안 여성들을 블랙홀처럼 빨아들였다. 가혹한 노동 조건 속에서 가족을 위해 일해야 했던 여공들의 고통은 이난영이 부른 「목포의 눈물」에 잘 드러난다.

현재 고하도에서는 더 이상 육지면이 상업적으로는 재배되지 않는다. 다만 이곳이 발상지라는 점을 알리는 것과 청소년 체험학습을 위한 재배장이 있다. 이곳에 들렀을 때 운이 좋게도 활짝 핀 육지면과 만날 수 있었다.

하지만 역사는 고하도를 육지면의 발상지로만 남겨두지는 않았다. 태평양전쟁이 발발하면서 미국의 공격에 대비한 방공호가 만들어지는 등 요새화 작업이 진행되었다. 그러면서 목포 앞바다의 고하도 역시 미군을 막기 위한 진지들이 만들어졌다. 칼섬이라는 이름답게 적과 싸우는 칼이 된 것이었다. 목포에 공습을 피하기 위한 방공호들이 만들어지는 동안 고하도에도 동굴이 만들어졌다. 공습을 피하기 위해서가 아니라 바다로부터 쳐들어오는 적을 막기 위해 해안가에 만들어졌다.


## 고하도 동굴진지

해안가의 동굴진지는 적의 관측과 공습을 피하는 동시에, 적이 상륙하거나 접근하는 와중에 타격하는 거점 역할을 할 수 있다. 진주만 기습으로 전쟁을 시작했지만 연거푸 패배한 일본은 어느덧 본토와 식민지 한반도의 코앞까지 적들이 밀려온 것을 목격했다.

본토를 지키기 위해서 몸부림을 치는 중에 고하도에도 적을 막기 위한 해안 동굴진지가 만들어졌다. 동굴진지는 고하도 곳곳에 20여 개가 만들어졌다. 용머리라고 불리는 북쪽 끝과 외막개 해안, 그리고 말바우 정상에서 내려다보이는 해안가다.

이중 용머리 쪽의 해안 동굴진지를 제외하고는 모두 안쪽, 그러니까 목포항 쪽을 향해 굴착되었다. 대다수의 해안 동굴진지가 외해가

———— 바닷물에 상당 부분 잠긴 고하도 해안 동굴진지

아닌 목포항 쪽을 향해 만들어진 이유를 찾는 것이 이번 답사의 목적 중 하나였다.

예전에는 연락선을 타고 들어가야 했지만 지금은 목포대교가 개통되면서 육지와 연결되었다. 비록 육지와 이어지긴 했지만 고하도는 고즈넉했다. 눈에 보이는 목포항이 예전만큼은 아니지만 시끌벅적하고 활기에 차 있는 것과는 정반대였다. 용머리 해안으로 가기 위해 해안가를 따라 난 좁은 길로 차를 몰았다.

물이 빠져 있다면 직접 안으로 들어가 볼 수 있었을 텐데, 아쉽게도 도착한 시점에는 물이 차 있었다. 외해 쪽으로 낮게 굴착된 동굴진지라 물이 찬 상태에서는 먼발치에서 보는 것으로 만족해야만 했다. 동굴진지들은 콘크리트 같은 것으로 보강되어 있지 않았다. 물이 차면 잠길 만큼 해안가에 바짝 붙여 지은 것은 이 동굴진지의 용도가 병사들이 무기를 가지고 숨어서 다가오는 적을 막기 위해서가 아니라는 것을 암시한다.

가덕도 새바지의 해안 동굴들은 관측과 사거리 확보를 위해 높은 곳에 위치해 있었다. 하지만 고하도 동굴진지들은 오히려 해수면에 바짝 붙어 있었다. 적을 막는다는 목적은 같았지만 수단이 달랐기 때문으로 보였다. 고하도 동굴진지에 배치되었거나 혹은 배치될 무기는 기관총 같은 화기가 아니라 카이류海龍나 가이텐, 신요 같은 자살특공병기라고 추측하게 만드는 대목이었다. 어차피 목포항을 공격할 정도의 적이라면 보병이 동굴진지 안에서 기관총으로 대적할 수 있는 수준은 아니었을 것이다. 엄청난 크기의 함선을 공격하려면 다른 방법이 필요했다.

　태평양전쟁 후기가 되면서 미군의 공세를 견디지 못한 일본은 가미카제神風 특공대라는 자살특공대를 동원한다. 비행기 조종사들이 그대로 적의 함선에 충돌하는 방식으로 공격한 것이다. 1944년부터 시작된 이런 자살특공을 위해 일본은 여러 수단을 개발했다. 소형 잠수정 카이류는 초기에는 어뢰를 발사하는 방식이었지만 후기에 접어들면서 폭약을 장착하고 자폭하는 자살병기가 되었다. 가이텐 같은 경우는 일본 해군의 어뢰를 개량해 조종수가 탑승하도록 만들었다. 조종수가 직접 어뢰를 조작해 적의 함선에 충돌하는 방식을 택한 것이었다. 신요는 선수에 폭탄을 장착한 모터보트로, 이 역시 자살병기였다. 가미카제만큼 유명하지는 않지만 일본이 본토를 지키기 위한 결전병기로 대량 생산해서 여러 곳에 배치했다. 그중 하나가 고하도였거나 혹은 그럴 예정이었을지도 모른다는 생각이 들었다.

　어뢰인 가이텐도 그렇고, 보트인 신요 역시 바다와 가까이 있어야 적에게 바로 대응할 수 있었다. 따라서 진지도 해수면 가까이에 만들 수밖에 없었다. 일본의 자살병기에 대해서는 알고 있었고, 그런 무기들이 제주도에 배치되었다는 것도 이미 알고 있었다. 하지만 한반도 남해안, 그것도 수많은 사람들이 살고 있는 목포 앞바다에까지 만들어졌다는 사실은 까맣게 몰랐다.

　해안 동굴진지가 잘 보이는 해안가에 서서 멍하니 보는 동안에도 목포대교에는 차들이 오가고 있었고, 목포항으로도 배들이 쉴 새 없이 드나들었다. 일제 강점기와 태평양전쟁이 먼 과거의 일이 아니라 우리 곁의 역사라는 사실을 새삼 느꼈다.

역사가 가지는 무게감과 선입견 때문에 우리는 종종 먼 과거, 그리고 먼 장소의 일이라고 짐작한다. 하지만 목포 앞바다의 고하도에는 지금도 사람들이 살고 있고, 목포대교를 통해 수많은 자동차들이 이곳을 스쳐 지난다. 우리 곁에 역사가 잠들어 있다는 것을 다시금 깨달았다.

물이 빠지는 시간에 그곳을 재차 방문하자 해안 동굴진지의 모습을 가까이서 볼 수 있었다. 한눈에도 인공적으로 굴착된 동굴이라는

──── 해안가에서 바라본 동굴진지

것을 알 수 있었다. 대개 높이가 3미터에 깊이가 10미터, 폭이 4미터가량이었다. 바닷물이 차오르면 동굴 안으로 들어갈 정도로 낮게 지어졌고, 동굴에서 바다까지는 일종의 평탄화 작업이 되어 안에 있는 배나 잠수정이 바다로 쉽게 나아갈 수 있도록 만들어져 있었다. 혹시나 하는 마음은 바닷가와 가까운 해안 쪽을 보면서 확신이 들었다. 사람이 직접 작업을 한 흔적이 남아 있었기 때문이다.

해안가 바위들은 사람 손으로 쪼개져 있었다. 동굴진지 입구에서 바다까지는 일종의 수로가 있었다. 배든 잠수정이든 해상 병기를 빠른 시간 내에 바다에 입수시키기 위한 것이었다. 동굴진지 앞의 평탄화 흔적은 다른 동굴진지에서도 찾아볼 수 있었다. 사각형으로 굴 착된 또 다른 해안 진지에서는 평탄화 작업의 흔적이 더 눈에 띄었다. 암석을 파내고 돌을 깔아놓아 평평하게 만든 것이 한눈에 들어

———— 동굴진지 방향에서 본 해안가. 멀리 목포항 쪽이 보인다.(왼쪽)
———— 또 다른 해안 동굴진지. 동굴 앞에 평탄화 작업을 한 흔적이 보인다.(오른쪽)

온 것이다.

그렇다면 고하도의 해안 동굴진지에 있던 무기는 무엇이었을까? 일단 특수 잠수정 카이류과 자살 어뢰 가이텐은 가능성에서 제외했다. 카이류는 길이가 17미터가 넘었고, 가이텐 역시 길이가 15미터에 달하기 때문에 10미터 남짓한 진지와는 맞지 않았다. 더욱이 잠수를 해야 하는 카이류나 가이텐은 출격하기 위해 여러 절차를 거쳐야 한다. 따라서 고하도에 따로 떨어져 있는 동굴진지에서 출격하기는 어렵다. 또 둘 다 주로 잠수함에서 출격하는 방식이었으므로 이곳에서 사용되었을 가능성은 희박하다.

그렇다면 남은 것은 신요뿐이었다. 사실 신요는 제작 과정이 간단했고, 물속에서 움직이는 카이류나 가이텐에 비해 조작도 쉬웠다. 때문에 많은 수가 만들어져 종전까지 무려 6,000척이 넘게 제작되고 배치되었다. 발진 절차도 간단하여 적이 나타났을 때 바로 출격할 수도 있었다.

일본 해군은 본토 결전을 대비해 관측이 어려운 강가에 동굴을 파고 그곳에서 신요가 출격하는 전술을 준비 중이었다. 고하도의 해안 동굴진지 상당수도 목포항 방향이기 때문에 적의 관측에서 벗어날 수 있다는 장점이 있었다. 신요는 길이가 5미터 남짓에 폭도 2미터가 넘지 않아 고하도 해안 동굴진지에 충분히 들어갈 수 있었다. 따라서 고하도 해안 동굴진지는 신요를 감추기 위한 용도로 사용된 것으로 추정되었다.

하지만 문화재청에서 발간한 보고서에는 고하도의 해안 동굴진지들이 공격용 무기를 위한 것이 아니라 발동정을 은닉하는 장소라는 의견이 제시되어 있다.

'다이파츠'大發動艇라 부르는 이 발동정은 선수가 열리는 방식으로, 미군의 상륙정과 비슷한 형태다. 원래는 육군에서 운용했지만 해군에도 도입, 대량으로 사용했다. 전차까지 실을 수 있는 대형부터 병력 탑승용 소형까지 다양한 버전이 제작되어 태평양전쟁 기간 내내 사용되었다.

1944년 들어 미군이 일본 근해의 제해권과 제공권을 장악하자 물자와 병력 수송이 극히 어려워졌다. 따라서 야간을 틈타 움직이거나 잠수함을 이용해 보급을 하기도 했다. 대안으로 마련된 것은 발동정을 이용한 수송이었다. 배보다 작은 발동정은 눈에 잘 띄지 않았고, 어뢰나 포격으로 공격하기도 애매했기 때문이다.

이런 점에 착안한 일본군은 발동정을 이용한 물자 수송에 적극적으로 나섰다. 대양 항해는 불가능했지만 짧은 거리의 연안 항해는 충분히 가능했기 때문이다. 일본은 이런 장점을 십분 이용하기 위해 1944년 하반기에 한반도 남해안 지역에 연안항로대를 조직했다. 미군 항공기의 공습과 잠수함 공격을 피하기 위해 발동정을 적극적으로 이용하기로 한 것이다. 연안항로대의 운영을 위해 목포와 여수, 제주도에 주정기지를 설치할 것을 계획했다. 이때 고하도가 주정기지로 선정되었을 수도 있다. 목포에 집적된 군수물자를 인근의 섬이나 제주도로 운송하기 위해서였다면 고하도가 최적지였음에 분명하다. 동굴진지에 대기하고 있다 목포항으로 가서 물자를 싣고 바로 목적지로 이동할 수 있었기 때문이다. 고하도에 남아 있는 동굴진지의 크기를 감안하면 대형 발동정은 무리였지만, 중소형 발동정이라면 충분히 은닉할 수 있었다.

고하도 해안 동굴진지에 관한 명확한 부대 배치를 알려주는 자료가 발견되지 않는 상황이라 그 목적을 단언하기는 어렵다. 하지만 일본이 고하도를 글자 그대로 자신들을 지키는 칼로 사용하려 했다는 점은 명백한 사실이다. 해안 동굴진지를 둘러본 후 고하도의 마지막 목적지로 향했다.


## 교회가 된 막사

고하도길이라 명명된 2차선 포장도로를 따라 달리다 보니 길옆 언덕에 특이하게 생긴 건물이 있었다. 길옆에는 고하도가 이순신 장군의 통제영 터가 있던 자리라는 안내판이 붙어 있었다. 더 눈에 띄는 것은 그 너머에 있는 긴 막사처럼 생긴 건물이었다. 상당히 낡은 건물인 데다 창문 형태나 벽면 모양이 판이했기 때문이었다.

지붕은 모두 함석 슬레이트로 덮여 있었는데, 그나마도 색깔이 다른 것들이 중간 중간 끼어 있었다. 벽면은 오른쪽은 시멘트로 되어 있었고, 왼쪽은 널빤지가 가로로 덧대어져 있었다. 창문의 형태도 제각각이었다.

사실 이 건물은 고하도에 주둔한 일본군이 사용하던 막사였다. 해

──────  언덕 기슭에 자리 잡은 낡은 건물

안 동굴들에 배치된 것이 발동정이든 신요든 운용할 요원이 이곳에 상주해야 했고, 그들이 머물 막사 역시 필요했을 것이었다. 규모로 보면 1개 소대 병력 정도가 머물 만한 크기였다. 사진에 보이는 막사 왼쪽의 널빤지 벽으로 된 부분은 그때 만들어진 것이었다. 그렇다면 나머지 부분이 증축된 것은 언제였고, 무슨 목적이었을까? 해답을 얻기 위해 내부를 살펴보기로 했다.

막사는 아무도 사용하지 않고 있었다. 같은 나무 바닥이긴 하지만 중간에 창문의 모양이 다르다는 것을 알 수 있었다. 문 반대편에는 설교를 할 때 쓰는 교단과 나무 십자가가 서 있었다.

기도원으로 사용했던 것 같았는데, 인터넷으로 검색해보니 고하도에 기도원이 있었음을 알 수 있었다. 기도원에서 광복 후 버려진 막사를 사용하다 어느 시기엔가 증축한 것으로 보였다. 그 기도원도 역사의 뒤편으로 사라지면서 이 막사만 남게 된 것이었다. 전쟁을 위해 태어난 막사가 평화를 상징하는 기도원으로 사용된 것은 우연 이라고 보기에는 너무나 운명적이었다.

증축된 부분은 또 있었다. 건물 한쪽에 시멘트로 2층 공간을 증축 한 것이었다. 기도원 원장이 머무는 곳이 아닌가 싶었는데, 2층으로 올라가는 시멘트로 된 계단도 따로 놓여 있었다. 또 막사 뒤편에는 일본군이 만들어놓은 동굴이 남아 있었다.

암반을 굴착해 만든 동굴 입구는 상당 부분 매몰되어 천장만 겨우 보일 정도였다. 하지만 내부는 의외로 넓었다. 콘크리트나 다른 재 료로 별다른 보강을 하지 않은 것으로 보아 막사에 머무는 병사들이 공습 대피용으로 만든 것으로 보였다. 바닥이 제대로 마무리되지 않 았고, 출입구가 하나밖에 없는 것을 보면 완성이 되지 않았던 것 같 았다. 다른 지역의 대피용 동굴들에는 입구가 두엇 정도 있었기 때 문이다.

고하도 해안 동굴진지와 막사를 돌아보고 나자 전쟁과 평화라는 상반된 두 단어가 떠올랐다. 전쟁의 섬이 되었던 고하도는 병사들 이 머물던 막사가 기도원으로 사용되면서 평화를 찾았다. 역사가 주 는 역설이라고 할 수도 있겠지만, 내가 느낀 감정은 '원위치' 내지는 '정상화'였다. 세상 그 어떤 전쟁과 지배도 정상일 수는 없으니까.

차들이 지나가는 목포대교 바로 아래 바닷물에 반쯤 잠긴 동굴진

──── 막사 뒤쪽에 있는 동굴. 공습을 피하려는 목적으로 만들었다.

지를 보며 과거의 기억이 아직 우리 곁에 존재하고 있음을 깨달았
다. 그리고 이리저리 증축되긴 했지만 기도원이 된 막사를 보면서는
그 상처가 시간이 지나면서 아물 수도 있다는 사실을 알게 되었다.

### 찾아가는 길

대중교통이 불편하므로 자가운전을 추천한다. 목포대교를 지나 고하대로를 따라가다
사거리에서 왼쪽 고하도 방향으로 꺾은 뒤, 허사로 81번길을 따라 가다 보면 고하도
로 들어가는 고하도길이 나온다. 해안 동굴진지를 볼 수 있는 곳은 북쪽 용머리해안
과 큰덕골 저수지 동쪽 해안가다. 가는 중간에 고하도 목화밭이 있다. 교회로 사용되
었던 막사는 고하도 이충무공 유적지 북쪽에 있다.

# 그들만의 제국

●

군산 시마타니 금고와 이영춘 가옥

## 초등학교에 남겨진
## 보물

시마타니 금고는 군산의 발산초등학교 뒤편에 있다. 그리고 금고 옆에는 보물이 있다. 그냥 보물이 아니라 국보 다음 단계의 문화재를 지칭하는 보물이다. 보물 제234호 군산 발산리 석등과 제276호 군산 발산리 5층 석탑이 그 주인공이다.

그 외에도 많은 문화재들이 이곳을 지키고 있다. 석탑과 석등 같은 것들이 왜 초등학교로 왔어야 했는지에 대해, 그리고 이번 답사의 목적지인 시마타니 금고에 대해 얘기하려면 먼저 한말의 개항과 일제 강점기 조선으로 건너온 일본인들에 대해 얘기하는 게 순서가 아닐까 싶다.

강화도조약의 체결과 함께 조선은 오랫동안 유지해온 쇄국 정책을 폐기하고 문호를 개방했다. 군산은 1899년 뒤늦게 개항했다. 하지만 2년 먼저 개항한 목포의 위치를 위협할 만큼 빠른 성장세를 보였다. 넓은 평야를 배후에 두고 있고, 내륙과 연결된 금강을 끼고 있기 때문이었다.

백제가 웅진성과 사비성으로 천도한 이후부터 금강을 이용한 내륙수운의 중요성은 높아졌고, 군산은 교통의 요지이자 물자의 집결지로 자리 잡았다. 고려시대 들어서는 세금으로 거둬서 개경으로 운반하는 곡식을 보관하는 창고가 만들어졌다.

조선이 개국한 후에도 군산의 중요성은 줄어들지 않았다. 왜구의 침입을 막기 위해 수군 기지인 군산진이 설치되었고, 이곳은 종3품 수군만호가 지휘했다. 아울러 조운선에 실을 곡식을 보관하는 군산창도 만들어지면서 각지의 장사꾼들이 몰려드는 곳이 되었다.

이런 지역적 특성은 결국 한말의 개항으로 이어졌다. 대한제국 정부는 일본의 자신들만이 거주할 수 있는 전관 조계지 요구를 끝끝내 거부했다. 그리고 다른 열강들과 함께 이용할 수 있는 각국 조계지를 설정했다.

하지만 군산을 호시탐탐 노리고 있던 일본은 대한제국과 다른 열강의 견제를 뿌리치고 집요하게 세력을 뻗어나갔다. 개항이 된 군산에 도로가 깔리고 철도가 놓이면서 군산항은 주요 무역항으로 발돋움했고, 이는 군산이 근대 도시로 성장하는 계기가 되었다.

물론 그 이면에는 일본이라는 그림자가 있었다. 조선을 집어삼킨 일본은 자국민들의 이주 정책을 펼쳤다. 늘어나는 본토의 인구를 줄이고 하층민들을 해외로 이주시켜 안정을 취하려는 목적이었다.

일본인의 이주는 글자 그대로 조선에 대한 지배력을 견고하게 만들 안전장치이기도 했다. 따라서 일본은 개항초기부터 여러 가지 지원 정책을 펼치면서 이주를 권유했다. 그러면서 일본과 지리적 위치가 가깝고 기온이 따뜻했던 남부 지방에 일본인 이주민들이 쏟아져 들어왔다.

전라도와 경상도 지역에 온 일본인 이주민들은 이주 목적과 출신 성분이 극명하게 달랐다. 경상도 지역으로 주로 이주한 이들 중엔 어민 출신이 많았다. 당시 일본 근해에서의 어업은 어족 자원의 고갈로 인해 심각한 문제에 직면한 상태였다. 그런 상황이라 일본 어민들의 조선 진출은 상당한 절박함 속에서 이뤄졌다. 초창기에는 조선 어민들과 일본 어민들이 서로 잡는 어종이 달라 경쟁을 할 필요가 없다는 것도 장점으로 꼽혔다. 일본 어민들은 주로 경상도 지역에 정착했는데, 일본과 바다로 맞닿아 있고 기후가 비슷했기 때문이다. 이들은 주로 마을별로 집단 이주를 해서 해안가에 정착했다. 관광지로 개발된 구룡포를 필두로 방어진, 장생포 등에 자신들만의 마을을 세웠다. 이들의 집단 이주에는 앞바다의 소유권을 인정하는 일본의 관습도 한몫했다. 하루빨리 목 좋은 곳에 마을을 세워 어족 자원이 풍부한 앞바다를 차지할 속셈이었던 것이다.

반면 전라도로 이주한 일본인들의 목적은 넓고 비옥한 땅이었다.

일본이 필요한 쌀을 충분히 얻을 수 있었기 때문이다. 그리고 군산은 수확한 쌀을 일본으로 실어 나를 수 있는 가장 이상적인 항구였다. 그것이 군산에게 지워진 운명 내지는 어둠이었다. 군산 내항이 건설되고 조수간만이 발생해도 배에 쌀을 옮겨 실을 수 있는 부잔교가 세워졌다. 그에 따라 전라도 지역으로 온 일본인들은 돈다발을 가지고 와 막대한 토지를 사들여 농장을 세웠다. 소작농만 수만 명에 소유 토지가 몇 개 군을 합친 것보다 큰 경우가 허다했다. 그래서 농장주들은 엄청난 재력을 자랑하며 화려한 별장을 곳곳에 지었다. 시마타니 금고와 발산초등학교 뒤편에 있는 보물급 문화재들 역시 조선의 토지를 집어삼킨 어느 일본인 농장주의 욕심이 만들어낸 것이다. 괴물이라 부르기엔 서글프고, 역사라 부르기엔 가슴 아픈 일이다.

사실 발산초등학교가 있던 자리는 발산면 지역에 대규모 농장을 경영하던 시마타니 야소야嶋谷八十八의 저택과 사무실이 있던 자리나. 야마구치현 출신의 시마타니 야소야는 본래 술을 만들어 파는 일로 돈을 번 인물이었다. 일본 술의 원료가 되는 쌀을 싼 값에 구하기 위해 조선으로 건너온 그는 넓은 군산 인근의 평야를 보고 이곳에 투자할 계획을 세웠다. 1903년부터 시작된 그의 토지 매점은 엄청난 규모의 농장으로 확대되었다. 그러면서 그는 군산을 대표하는 5대 농장주 중 한 명으로 꼽혔다. 그가 소유한 토지는 145만 8,000평에 달했다. 우리가 흔히 땅의 규모를 얘기할 때 언급하는 여의도 전체 면적이 약 75만 평이니 그의 두 배 가까운 토지를 가지고 있었던 것이다.

그러나 시마타니는 전라도의 대지주 축에 들어가지도 못했다. 뒤에 소개할 이영춘 가옥의 원 소유주였던 구마모토 리헤이熊本利平는 약 1,000만 평의 토지를 가지고 있었다고 한다. 전라도 지역의 일본인 소유 농장의 규모에 대해 짐작할 수 있는 대목이다.

조선인들의 피와 땀으로 재산을 모은 시마타니 야소야는 조선의 문화재도 탐냈다. 그래서 그의 정원에 일종의 컬렉션을 만들어두었다. 광복이 되자 시마타니 야소야가 살던 저택과 사무실이 있던 자리에 발산초등학교가 들어섰다. 소작료로 걷은 쌀 건조장은 운동장

——— 시마타니 야소야가 모아둔 우리 문화재. 발산초등학교 뒤편에 남아 있다.

으로 변했고, 창고 자리에는 강당이 세워졌다. 사무실과 시마타니 가족이 머물던 주택엔 학교 건물이 들어섰다. 시간이 흐르면서 시마타니에 대한 기억은 사라졌지만 그가 수집한 보물들은 오늘날까지 그대로 남아 있다.

시마타니 야소야의 컬렉션은 정원처럼 꾸며져 방문객들을 기다리고 있었다. 대부분 석등이나 석탑, 그리고 무덤 앞을 장식했던 석물들이었다. 수집이라고는 하지만 정상적인 거래로 모은 것이 아니라 강탈하거나 훔쳐온 것들도 적지 않았을 것이다. 집안이 아무리 쪼들린다고 해도 조상 무덤을 지키는 석물을 팔지는 않았을 테니까 말이다. 그중 가장 눈에 띈 것은 절에서 가져온 석탑과 석등이었다. 둘 다 보물로 지정되어 있었다. 가까이서 살펴보니 그럴 만했다.

학교 건물을 뒤로 한 채 나무와 함께 서 있는 5층석탑은 고려시대 때 만들어진 것으로, 원래 5층석탑이었는데 한 층이 사라져 있었다. 그러나 보기에도 5층 같고, 설명문에도 5층석탑으로 나와 있으며, 보물의 등록 명칭도 5층석탑이다. 불탑의 구조에 대한 이해 부족 때문이다. 제일 아래와 그 위쪽은 모두 기단부에 해당한다. 따라서 우리가 2층이라고 생각하는 부분이 실제로는 1층이다.

화려하기 그지없는 신라시대의 석탑과 달리 고려시대의 석탑들은 간결한 느낌을 준다. 불교가 공인되고 정착되었기 때문에 굳이 탑을 요란하게 만들 필요가 없게 된 것이었다. 그러나 신라 석탑의 화려함이 완전히 사라지지는 않았다. 대표적인 예가 각 층 사이에 처마처럼 가로놓인 옥개석의 끝자락이다. 마치 한옥의 처마처럼 살짝 들려 있다. 덕분에 한없이 무거운 석탑이 날개를 단 것처럼 무게감을 벗은 듯 보였다. 또 다른 보물은 담백하고 간소한 5층석탑과는 반대의 모습이었다.

발산리 석등이라는 이름으로 불리는 이 석등은 받침인 하대상단 석부터 기둥인 간주석, 불이 밝혀지는 화사석과 지붕인 옥개석까지 화려하기 그지없었다. 사각형 받침돌이 활짝 벌어진 꽃잎 모양의 하 대상단석으로 절묘하게 연결되어 있었고, 기둥인 간주석에는 구름을 타고 승천하는 용이 그려져 있었다. 간주석 위의 상대석에는 꽃 잎이 피어나는 모습이 담겨 있어 확장성을 보여주었다.

그중 가장 눈에 띈 것은 불이 밝혀지는 화사석이었다. 팔각형이지만 각진 것이 아닌 둥그스름하게 다듬은 형태였다. 불빛이 나오는 화창은 테두리로 강조되어 있었고, 그 옆에는 마귀를 밟고 있는 사천왕상이 조각되어 있었다. 지붕인 옥개석 부분에도 꽃잎이 조각되어 장식성이 더해져 있었다. 옥개석 처마 아래쪽에는 타고 흐른 빗물을 땅으로 떨어뜨리는 물끊기 홈이 있었다. 원래 옥개석 위에 상륜부가 있었던 것으로 보였지만 흔적은 찾아볼 수 없었다. 화려한 조각의 상륜부를 제외하고도 높이가 2.5미터에 달해서 대단히 눈에 띄었다. 특히 간주석의 용 조각이 있는 석등으로는 우리나라에서 유일하기 때문에 당연히 보물급으로 지정될 만했다.

간주석에 새겨진 용 조각은 일품이라는 말이 절로 나올 정도로 정교했다. 반드시 승천하겠다는 의지가 엿보이는 부릅뜬 눈과 앙다문 이빨은 이 조각이 얼마나 섬세하게 조각되었는지 잘 보여주었다. 세

——— 발산초등학교에 있는 보물 제276호 발산리 5층석탑(왼쪽 위)

——— 보물 제234호 발산리 석등(오른쪽 위)

——— 석등의 간주석에 조각된 용. 대단히 역동적이다.(아래)

개의 손가락이 그려진 손은 한없이 역동적이었다. 화사석에 조각된 사천왕상 역시 입고 있는 옷의 주름까지 하나하나 볼 수 있을 정도로 정교했다.

이 두 보물은 본래 완주군 고산면 삼기리의 봉림사라는 절터에 있던 것을 시마타니 야소야가 가져온 것이었다. 현재 발산초등학교에는 그 외에도 전라북도 문화재자료 제185호 발산리 육각부도를 비롯해서 각종 문인석과 망주석을 비롯한 석물과 석등, 부도 같은 문화재 30여 점이 남아 있다. 모두 시마타니 야소야가 돈과 권력으로 수집한 자신만의 컬렉션이었다. 그는 이곳에 각지에서 긁어모은 우리 문화재들을 보면서 자신이 이 땅의 주인이라는 사실을 만끽했을 것이다.

평양박물관장인 일본인 관리가 슈회 전시 중인 신라의 무덤에서 나온 금관을 기생에게 씌우고 춤을 추게 해서 말썽이 난 적이 있었다. 그들은 아마 금관을 쓴 기생을 신라의 여왕쯤으로 생각하면서 유흥을 즐겼을 것이다. 우리의 귀중한 문화재가 한낮 술자리의 흥취를 돋우는 존재로 전락하고 정원을 장식하는 수집품이 된 것이다. 지배를 당하는 것은 지금 가지고 있는 것을 빼앗기거나 강탈당하는 데 그치지 않는다. 지배자들은 피지배자들을 다음 세대까지 지배하기 위해 고유의 문화를 부정하거나 말살하고 부정적으로 보게 만들었다.

## 금고라고 불리는 건물

이곳에서 얼마 떨어지지 않은 곳에 특이하게 생긴 2층 건물이 있었다. 짧은 지붕 처마 위에 전형적인 일본식 걸침 기와가 있는 박공지붕이 보였다. 외형은 회색의 콘크리트로 되어 있었는데, 한눈에 봐도 굉장히 두꺼웠다. 1층과 2층에 하나씩 있고, 반지하에 두 개가 있는 창문 역시 철로 된 두툼한 덧문이 있어 강한 폐쇄성을 보여주었다. 사람이 사는 용도로 만든 것 같지는 않았고, 그렇다고 창고로 보기에는 너무나 단단했다.

이 건물은 문화재청 등록문화재 제182호 구 시마타니 농장 귀중품 창고였다. 보통은 '시마타니 금고'라고 부른다. 일본의 농촌 주택에서 흔히 볼 수 있는 창고인 쿠라̯와 유사한 형태로, 귀중품을 보관하기 위해서 벽과 문을 튼튼하게 만든 것이다.

지금은 학교 건물이 있지만, 예전에는 시마타니 집안 사람들이 거주하는 주택과 농장을 관리하는 사무실이 있던 자리였다. 그래서 운동장에는 콘크리트로 바닥을 다진 곳이 남아 있다. 그 부분은 수확한 쌀을 말리던 자리였다고 한다. 이 넓은 학교가 시마타니의 집과 사무실 자리였으니 그가 이 지역에서 얼마나 위세를 부렸을지 짐작이 가고도 남았다.

시마타니 금고는 그 주택과 통로로 직접 연결되었다고 한다. 실제로 그런 흔적들을 여러 군데서 찾아볼 수 있었다. 현관 위에는 삼각형 박공지붕이 달린 흔적이 고스란히 남아 있었다. 출입문도 지상에서 어느 정도 올라간 상태였다. 앞에 있던 건물과 통로로 연결되었

─────── 발산초등학교 뒤편의 시마타니 금고. 육중하고 단단해 보인다.

다는 사실을 알려주는 사실이었다.

인천에 있는 일본 제1은행 지점 본관이 뒤편의 금고동과 연결된 것과 비슷한 구조였다. 그러고 보니 양쪽이 비슷해 보였다. 어차피 같은 목적이었을 테니까 말이다. 아무리 그렇다고 해도 부유한 농장 주가 귀중품을 보관하는 창고를 금고라고 부르다니 너무 거창한 게 아닐까 하는 생각이 들었다. 그러나 그 생각은 정문을 보면서 산산조각 났다.

기껏해야 조금 튼튼한 철문이겠지 생각했지만, 시마타니 금고는

——— 시마타니 금고의
문. 실제 금고문을 사용했다.

글자 그대로 미국에서 수입한 튼튼한 금고를 문으로 사용했다. 지
금은 파랗게 도색이 되어 잘 보이지 않지만, 왼쪽 문에는 Made in
USA라는 글씨가 굳건하게 새겨져 있다. 시마타니 야소야는 미국에
서 가져온 금고를 문짝으로 쓸 만큼 이 금고에 애착이 심했다. 정확
하게는 이 안에 보관된 것에 애착이 심했던 것이겠지만.

## 철옹성 같은 내부

한때는 시마타니 야소야를 제외하고는 들어설 수 없었던 금고 안으로 들어갔다. 계속 방치되었던 금고는 몇 년 전에 새로 보수를 해서 깨끗해진 상태였다.

금고 내부는 비교적 낮다는 점을 제외하면 놀랄 정도로 깔끔했다. 바닥을 새로 깔고 벽에 페인트칠까지 한 덕에 새 건물처럼 보인 것이었다. 입구 옆에는 위층으로 올라가는 계단이 있었고, 아래층으로 내려가는 계단이 있는 나무 뚜껑도 보였다. 금고 문 안쪽에는 격자창이 있는 여닫이문이 하나 더 있었다. 기록에 의하면 반 지하에는 비상시에 대비한 옷감과 음식을, 1층에는 유사시 사용할 수 있는 농장의 중요 서류와 현금을 보관했다고 한다. 2층에는 느긋하게 감상할 수 있는 조선의 문화재를 수집하여 가져다놓았다고 전해진다. 족자나 도자기 같은 것들이 아니었을까 싶었다. 1층을 둘러보고 아래층으로 내려갔다.

반 지하는 시멘트로 만든 기둥과 벽이 그대로 노출되어 있어 황량한 느낌이었다. 건물 자체의 무게가 상당한 편이라 기둥들이 중간에 서 있었고, 벽 쪽도 보강이 되어 있었다.

다른 층과 달리 창문의 숫자가 더 많았고, 구석에는 사진에서 보이는 것처럼 덧문이 없는 창문이 있었다. 습기가 많이 찰 수밖에 없는 지하라 환기에 더 많은 신경을 쓴 것으로 보였다. 환기창에는 쇠창살이 촘촘하게 가로질러져 있었다. 혹시 모를 침입에 대비한 모습이었다. 환기창 테두리를 보니 시마타니 금고의 벽이 얼마나 두꺼운

지 알 수 있었다. 자갈을 섞은 시멘트 벽은 당시의 웬만한 장비로는 뚫거나 부수기가 불가능했을 것이다. 금고 문을 제외하고 유일하게 바깥과 연결된 창문에는 이중삼중의 안전장치가 만들어져 있었다.

일단 제일 바깥쪽에 철로 만든 덧문이 있었고, 감옥의 창살을 연상시키는 쇠창살이 창문을 막고 있었다. 그리고 마지막으로 나무로 만든 미닫이창문이 안쪽에 있었다. 창문 역시 쉽게 침입할 수 없도록 여러 가지 장치를 해둔 것이었다. 출입문이 시마타니 야소야의 집과 직접 연결되었다면 사실상 외부 침입은 불가능했다. 아마 그도

───── 시마타니 금고 1층. 왼쪽이 2층으로 올라가는 계단이고, 오른쪽 바닥의 나무뚜껑이 아래층으로 내려가는 계단이 있는 곳이다.

그럴 목적으로 이걸 만들었겠지만.

마지막으로 둘러본 곳은 2층이었다. 일단 눈에 띈 것은 대들보와 서까래가 다른 건물보다 훨씬 두껍다는 점이었다. 천장에 널빤지로 만든 지붕널이 보였지만 그게 전부는 아니었다. 실제로 시마타니 금고의 지붕과 벽 사이에는 별다른 장식 없이 바깥쪽으로 비스듬하게 나온 부분이 있었다. 내부에서 보이는 지붕에는 바깥쪽으로 뻗어나가거나 돌출된 공간이 없었다. 따라서 그 공간만큼 시멘트로 보강을 한 게 틀림없었다. 보통 목조로 지어지는 일본식 주택은 지붕의 하중을 줄이기 위해서 널빤지만 대고 바로 기와를 올리지만, 미국에서 수입한 금고를 문으로 삼았던 시마타니는 지붕을 그런 식으로 만들어놓지는 않았을 것이었다. 시멘트로 지붕 전체를 두껍게 덮었기 때문에 엄청난 하중을 받았을 게 틀림없었다. 그런 무게를 지탱하기 위해서는 자연스럽게 대들보와 서까래가 두꺼워질 수밖에 없었을 것이다.

아마 시마타니 금고 주변으로는 조선인은 물론 웬만한 일본인도 얼씬거리지 못했을 것이다. 그는 제국을 상징하는 이 금고 안에 쌓인 것들을 보면서 자신이 성취한 것들을 황홀한 눈으로 바라봤을지도 모르겠다. 하지만 그의 제국은 반세기를 채 버티지 못했다.

1945년 광복이 된 후에도 시마타니 야소야는 귀국하지 않고 버티려 했다. 심지어 귀화신청까지 하면서 자신이 쌓아올린 부를 지키려 했다. 일반적인 예상과 달리 광복 이후 이런저런 이유로 한반도에 남아 있으려는 일본인들이 적지 않았다.

───── 시마타니 금고의 덧문이 달린 창문(왼쪽 위)

───── 외부에서 본 시마타니 금고의 창문. 차양이 인상적이다.(오른쪽)

───── 시마타니 금고의 반 지하(왼쪽 아래)

　　조선에서 태어난 일본인들에게는 오히려 일본이 외국이었고, 그곳엔 아무런 기반도 없었기 때문이다. 그런 상황인 데다 패전이라는 악몽까지 찾아왔으니 차라리 이곳에서 적응하면서 살겠다고 마음먹었던 것이다. 시마타니 야소야처럼 귀화신청을 하고 평생 귀를 기울이지 않았던 조선어를 열심히 배우면서 말이다. 하지만 미군정은 추방령을 내렸고, 시마타니 야소야는 짐가방만 든 채 일본으로 돌아가야 했다. 자신이 세운 제국을 뒤로 한 채 말이다. 금고 안을 감상하고 외관을 살펴보기 위해 다시 밖으로 나왔다.

이번에 다시 살펴본 것은 창문이었다. 붉은색 페인트가 칠해진 단단해 보이는 덧문 위에는 시멘트로 만든 차양이 있었다. 바깥쪽으로 비가 떨어질 수 있도록 굴곡이 져 있었다. 직선만이 존재하는 시마타니 금고에서 유일하게 발견한 곡선이어서 숨통이 트였다.

차양 받침도 범상치 않아 보였다. 시마타니 금고의 창문은 1, 2층에는 좌우측에 하나씩 있었고, 지하에는 두 개씩 있어서 도합 여덟 개였다. 그리고 반지하의 뒤쪽 모서리에 환기창이 별도로 하나 만들어져 있었다.

금고 안에 있던 문화재는 광복 이후 미군정에서 보낸 트럭이 와서 몽땅 싣고 가면서 행방이 묘연해졌다. 다행히 보물급 석탑과 석등을 비롯한 정원의 컬렉션은 그대로 남아 시마타니 금고와 함께 방문객들을 맞이해주고 있다.

역사란 완성이나 진행, 도전 같은 것이 아니라 기다림의 또 다른 표현인 것 같다는 생각이 들었다. 완주군의 어느 절에 있던 석탑과 석등, 누군가의 무덤을 지키던 석물들, 죽은 스님의 기억을 품고 있던 부도들은 각각의 사연을 가지고 이곳에 모였다. 자신이 만들어지고 자리 잡고, 그리고 이곳에 오게 된 기묘하고도 슬픈 사연을 품은 채 원치 않은 여행을 거쳐서 말이다. 석등의 용이 자신의 눈으로 봤던 기억들이 무엇일지 상상해봤다. 용은 하염없이 기다렸을 것이다. 자신이 태어나고 살았던 그 절로 돌아갈 때를. 늘 그렇지만 이번 답사에서도 무거운 기억을 곱씹을 수밖에 없었다. 이것이 어둠을 쫓는 여행의 숙명일지도 모르겠다. 무거워진 마음을 안고 다음 목적지인 이영춘 가옥으로 향했다.

## 구마모토 농장의 주인
## 구마모토 리헤이

시마타니 금고를 얘기하면서 시마타니 야소야에 대해 설명해야 했던 것처럼, 이영춘 가옥을 설명하기 위해서는 구마모토 리헤이라는 인물을 언급하고 넘어가야 한다. 사실 앞서 설명한 시마타니 야소야는 이 인물에 비하면 아무것도 아니었다. 앞서 말했듯 이 인물이 소유했던 토지의 규모가 무려 1,000만 평에 달했기 때문이다. 소유 토지가 몇 개 군과 읍에 걸쳐 펼쳐져 있었고, 소작인만 3,000세대 2만여 명에 달했다. 덕분에 그의 성을 딴 구마모토 농장은 관리하는 직원만 50여 명에 달했다. 특이한 것은 소작인들을 치료하는 진료부가 있었다는 점이다.

그렇다면 구마모토 리헤이는 어떻게 이렇게 많은 토지를 소유할 수 있었을까? 나가사키 출신의 그는 게이오 대학에 재학하던 중 일본 정부의 이민 권유에 응해 조선으로 건너왔다. 조선을 돌아다니면서 정착할 곳을 찾던 중에 군산에 눈길을 주었다. 만경강을 낀 넓은 평야와 거기서 수확한 쌀을 일본으로 실어 나를 군산항이라는 입지 조건이 마음에 든 것이었다.

그는 《오사카 아사히 신문》에 한국농업의 전도가 유망하다는 내용의 기고문을 쓰면서 본격적으로 투자에 나섰다. 그리고 1903년 군산에 자신의 이름을 딴 구마모토 농장을 세우고 본격적인 확장을 시작했다.

게이오 대학 출신의 젊고 영민한 두뇌를 자랑하는 그는 곧 엄청난 토지를 사들였다. 최신 농법을 도입하고 그에 비례해서 소작농들을 혹독하게 다루면서 막대한 수확량을 얻은 것이었다.

1930년대 들어서는 대규모의 농장을 일구었다. 30년 만에 자신의 제국을 세운 것이었다. 물론 그가 농장을 확장시키고 성장시켰던 밑바탕에는 조선총독부라는 배후의 권력, 그리고 소작인들의 피와 땀이 있었다.

구마모토 농장의 소작농들은 정해진 소작료 외에도 농작물 재배에 필요한 비료를 비롯한 각종 부대비용을 대느라 허덕였다. 일본인의 토지 독점 현상은 넓은 평야와 수출을 할 수 있는 항구가 있는 전라도 지방에서 특히 많이 발생했다.

1935년 3월 5일자 《동아일보》 기사는 300만 평 이상의 토지를 보유한 소유자 47명 중 조선인은 10명뿐이라고 밝혔다. 37명의 일본인 토지 소유주 중에서도 구마모토는 단연 눈에 띄는 존재였다. 그리고 그에 걸맞은 별장을 세우며 자신의 재력을 자랑했다. 군산 간호 대학교 주차장에 내려 노란 은행잎이 깔린 공터를 지나자 그가 세운 별장의 모습이 먼발치에서 보였다.

1920년대 지어진 이 가옥은 구마모토 리헤이가 주로 봄과 가을 수확 철에 잠시 내려왔을 때 머무르기 위해 지어진 별장이었다. 수십 명의 관리부 직원들을 둔 그는 주로 경성과 도쿄에 머물렀다고 한다. 공터를 지나 가까이 다가가서 살펴본 이영춘 가옥의 모습은 눈이 번쩍 뜨일 정도로 특이했다.

일본 근대 건축은 서양의 석조 건축물을 자신들의 목조 기술로 모방한 의양풍의 시대를 지나면서 나름대로의 체계를 구축했다. 서구의 건축양식을 제대로 소화해내면서 1920년대에 조선총독부, 철도

───── 이영춘 가옥의 전체적인 모습. 뭐라 딱 꼬집어 얘기하기 곤란한 형태다.

호텔 등 다양한 서구 건축물들을 관공서나 호텔로 만들어낸 것이었다. 주택에도 전통양식과 함께 서구의 석조 주택 양식을 도입했다. 따라서 일본인들이 머물렀던 주택은 전통적인 목조 주택이거나 서양 건축물과 비슷한 형태였다.

하지만 구마모토 리헤이가 만든 별장은 건축양식이나 제작 방식들이 언급하기 곤란할 정도로 혼재되어 있었다. 지붕의 재질이 특이한 건 둘째 치고 지붕의 모양과 각도가 너무 이상했다. 보통 지붕에 살짝 걸쳐 올라가게 되어 있는 굴뚝은 나무처럼 우뚝 솟아 있었고, 급한 경사를 자랑하는 지붕들은 꺾임새가 심상치 않았다. 가까이 다

——— 건물의 굴곡과 복잡한 지붕을 그대로 느낄 수 있는 외관

가가 살펴보기로 하고 서둘러 은행잎을 밟으면서 다가갔다.

일단 기단의 경우 보통 주택에 많이 쓰이는 화강암 대신 호박돌이 사용되어 있었다. 벽난로도 보통 사용하는 벽돌 대신 호박돌이었다. 호박돌 기단 위에는 백두산에서 자라는 낙엽송을 껍질을 벗기지 않고 그대로 켜서 통나무집처럼 포갰다.

그렇게 쭉 올렸다면 미국 서부 개척 시대에 흔히 볼 수 있었던 통나무집이 될 뻔했다. 하지만 통나무 벽은 창문 중간까지만 올라갔다. 그 위쪽은 황토와 석회석을 혼합해서 만든 벽이 차지했다. 지붕의 경사도 대단히 급한 편인 데다, 양쪽 끝이 삼각형을 이루는 박공지붕과 가운데에서 모이는 모임지붕이 여러 방향에서 제각각 겹쳐 있어 모양새를 종잡을 수 없었다.

그런 혼란은 지붕에 올라가 있는 정체불명의 재료 덕에 극에 달했다. 지붕을 덮고 있던 것은 검정색 점판암으로, 얇게 쪼개서 올린 것이었다. 지붕이 복잡했던 이유는 크고 작은 사각형이 덕지덕지 붙은 것처럼 구성된 구조 때문이었다. 보통 주거지의 경우에는 내부 구조의 효율적인 이용과 건설비 절감을 위해 되도록 직사각형이나 ㄱ자 형태의 단순한 외부 구조를 가진다. 하지만 구마모토 별장은 그런 법칙 따위는 깡그리 무시해버렸다. 이런 복잡한 구조와 쉽게 볼 수 없는 건축 재료들 덕분에 돈 많은 사람의 별장이라는 느낌이 확실히 각인될 수 있었다.

내부는 외부보다 한 술 더 떴다는 표현이 어울릴 정도로 복잡했다. 간단하게 요약하자면 거실은 서양식, 안방은 일본식, 그리고 관

─────── 안방의 모습. 바깥쪽으로 복도가 보인다.

리인 숙소는 온돌을 깐 한식이었다. 외부만큼이나 복잡한 내부를 보면서 구마모토 리헤이가 이 별장을 통해 어떤 얘기를 들려주려고 했을지 추측해봤다.

안방을 둘러싼 공간은 전형적인 일본식이었다. 일본식 미세기 문 위에는 벽과 지붕 사이를 가로지르는 부재인 중인방이 자리 잡고 있었다. 그 위에는 일본 주택의 트레이드마크라고 할 수 있는 고창이 보였다. 미세기 문 밖으로는 역시 일본 주택 특유의 좁은 복도가 펼쳐져 있었고, 베란다를 통해서는 바깥의 경치를 안방에서도 볼 수 있었다. 원래는 다다미가 깔려 있었는데 지금은 나무 바닥으로 바뀌

어 있었다. 일본식 가옥의 안방에 있는 작은 전시 공간이라고 할 수 있는 '도코노마'床の間에는 구마모토 리헤이가 떠난 이후 이 저택을 사용한 이영춘 박사의 옷이 전시되어 있었다. 실제로 2009년부터 이곳은 이영춘 박사의 전시관으로 꾸며져 있다.

안방 옆에는 서양식으로 꾸며놓은 거실이 있었다. 창문에는 커튼이, 벽에는 서양화가 걸려 있었다. 천장에서는 샹들리에가 환하게 빛을 발했고, 한쪽 구석에는 벽난로까지 있었다. 마치 서양의 어느 거실에 온 것 같은 착각이 들었다. 정교하게 복원된 샹들리에가 내려다보고 있는 거실 역시 전시 공간으로 꾸며져 있었다. 이렇게 바깥쪽과 안쪽 모두 특이하고 값비싼 재료들을 정신없이 사용한 덕분에 총독부의 총독관저를 짓는 데 들어간 만큼의 비용이 소요되었다고 전해진다. 한마디로 이 별장을 통해 재력을 과시한 것이었다.

저택 외관과 구조는 복잡했지만 내부는 그렇게 큰 편은 아니었다. 덕분에 돌아보는 데 그리 오랜 시간이 걸리지는 않았다. 대신 오랫동안 생각을 하게 만들었다. 구마모토가 아무리 부자라고 해도 일년에 몇 번 쓰지 않는 이곳에 이렇게 막대한 돈을 퍼부은 이유가 납득이 가지 않았기 때문이다.

시마타니 금고의 경우 귀중품과 약탈한 문화재를 안전하게 보관한다는 명분이 있었지만 이곳은 그런 실용성과 거리가 멀었다. 또 백두산 낙엽송, 점판암 같은 서로 어울리지 않는 재료들로 구성한 바깥, 그리고 도코노마가 있고 다다미가 깔린 안방과 샹들리에와 벽난로가 공존하는 거실이 있는 내부 공간의 조합은 도통 이해가 가지 않았다. 졸부의 돈 자랑이라는 생각도 들긴 했지만 자신이 부리는 소작농과 직원들만 있는 이곳에서 누구에게 무엇을 자랑할 생각이었을까? 구마모토가 이곳에 자주 내려오지 않았다는 얘기를 들으면서 어쩌면 그들에게 과시를 하고 싶었던 것일지도 모른다는 생각이 들었다. 자신은 비록 경성과 도쿄에서 지내고 있지만 엄청나게 비싼 비용을 들여서 지은 자신의 별장이 그들을 지켜보고 있다는 사실을 일깨워주고 싶었던 것이다. 소작농들과 직원들은 주인 없는 별장을 지날 때마다 거기에 들어간 막대한 비용과 특이한 외형을 보면서 구마모토 리헤이의 존재감을 끝없이 느꼈을 것이다. 구마모토 리헤이는 이곳에 없지만 그가 세운 제국의 흔적을 통해 인식하게끔 유도한 것이었다. 어쩌면 이 건물은 별장이 아니라 자신이 세운 제국을 지키는 감시탑이었을지도 모르겠다.

그러나 1,000년은 너끈히 갈 것이라고 자신했던 그의 제국은 광복과 함께 허물어지고 말았다. 젊고 야심만만한 젊은이로 건너와 제국을 세웠던 그는 일흔의 몸을 이끌고 일본으로 가는 귀국선을 타야 했다. 그리고 구마모토 농장이라는 이름의 제국은 몰락했다.

그가 떠난 별장은 이영춘 박사에게 주어졌다. 세브란스 의학전문학교를 졸업하고 일본 교토 제국대학으로 유학을 가서 박사학위를 딴 그는 조국으로 돌아와 구마모토 농장의 진료실 책임자로 일하게 되었다. 구마모토 리헤이는 소작인들의 건강에 관심을 기울였는데, 수확량과 직결되는 문제였기 때문이다. 이영춘 박사는 헌신적으로 소작농들을 돌보면서 신임을 얻었다.

광복이 되고 구마모토가 떠난 후에도 이영춘 박사는 소작농들의 요청에 의해 그대로 머물렀다. 그러면서 구마모토 리헤이가 세운 별장에서 지냈다. 이때부터 이 건물에는 이영춘 가옥이라는 이름이 붙었다.

1948년 농촌 위생연구소를 설립하면서 농민들의 건강에 깊은 관심을 보인 이영춘 박사는 개정중앙병원을 세워 환자들을 돌보는 일을 게을리 하지 않았다. 나중에는 학교와 영아원도 세우면서 가난하고 병든 농민과 고아들을 위한 삶을 살았다. 피도 눈물도 없는 제국의 주인이 세운 별장이 가슴 따뜻한 의사의 손길을 거치면서 재탄생한 것이었다. 역사가 어떻게 흘러가는지, 그리고 비정상이 어떻게 정상으로 바뀌어가는지 보여주는 사례인 셈이다.

### 찾아가는 길

두 군데 모두 외진 곳에 있으므로 자가운전을 하거나 택시로 가는 것을 추천한다. 이영춘 가옥은 군산 시내에서 월명체육관을 지나 직진하다 군산구불4길을 따라 가면 나오는 군산간호대학교 안에 있다. 시마타니 금고가 있는 발산초등학교는 군산 시내에서 개정면 방향으로 가다 최호장군 교차로를 지나면 개정면사무소 뒤편에 있다. 둘 모두 같은 방향이므로 함께 둘러보는 것을 추천한다. 차로 이동이 가능하므로 특별한 옷차림이나 준비물은 필요하지 않다.

## 시마타니 금고 연표

정확한 제작연도 알 수 없음

1920년대 만든 것으로 추정

## 이영춘 가옥 연표

정확한 제작연도 알 수 없음

1920년대 만들어진 것으로 추정

1945년 광복 이후 이영춘 박사의 가옥으로 사용

2009년 이영춘 전시관 개관

# 바다를 박차고
# 날아오르다

●

여수 수상비행장과 방공호

## 우리나라 유일의
## 수상비행장

여수는 조선시대에 순천부에 속했고, 전라좌도
수군절도영이 설치된 곳이었다. 진남관이 있던 자리가 바로 본영이
었다. 임진왜란이 일어나기 1년 전인 1591년, 이순신 장군이 전라
좌도 수군절도사로 부임해서 외침에 대비한 준비를 했던 곳이기도
하다.

여수는 오랫동안 순천부에 속한 고을이었다가 1897년 여수군이
만들어지면서 비로소 독립적인 행정구역이 되었다. 거제도와 남해
가 있고, 서쪽으로는 진도와 완도가 위치해 있기 때문에 세금으로

거둔 곡식을 한양으로 운반하는 조운선이 지나가는 해상 교통의 요지로 주목받았다.

여수의 운명 역시 한말의 격동기 속에서 요동쳤다. 1876년 강화도조약이 체결된 이후 일본은 빠른 속도로 조선을 잠식해나갔다. 특히 일본과 지리적으로 가까운 남해안의 여수 지역은 그 피해가 더욱 컸다.

조약 체결 5년 만인 1881년, 여수에 일본인이 세운 고뢰농장이 자리 잡은 것이 그 시작이었다. 을사늑약과 한일강제병합을 계기로 일본인들의 여수 진출은 가속되었다. 본토와 가깝고 기후도 따뜻한 지역이었기에 쉽게 자리 잡을 수 있었고, 한반도 남부 지역에서 수탈한 쌀과 면화 등을 일본으로 수출하기 위해 여수 신항이 본격적으로 개발되었기 때문이다.

항만과 철도가 들어서고 여수와 일본을 오가는 정기 연락선이 오가면서 여수는 토지 부족 현상을 겪을 정도로 규모가 커졌다. 여수는 계속 발전했지만 일본의 수탈을 위한 창구라는 목적이 우선이었기에 조선인들은 소외될 수밖에 없었다.

중일전쟁이 발발하고 전시동원 체제가 시작되면서 이런 현상은 더욱 가속화되었다. 여수에 일본과 조선 간의 물자 수송을 담당하는 항구가 있었기 때문이다. 그리고 태평양전쟁이 벌어지자 미군의 공격에 대비한 군사시설들이 들어섰다. 신월동 해안가에 수상비행장 기지가 들어선 것도 이때였다.

여수 신월동의 해안도로인 신월로를 따라 달리다 보면 목적지인 활주로에 도달하게 된다. 이 활주로는 특이하게도 바다를 향해 나 있고 끝은 물속에 잠겨 있다. 수상비행기가 물 위로 활주할 수 있게 해주는 곳으로, 국내에서 유일하게 남아 있는 수상비행장의 활주로 인 셈이다. 일본군 문서에는 활주대라고 나와 있지만 편의상 활주로 라고 부르도록 하겠다.

수상비행기는 지금은 굉장히 드문 존재지만 2차 세계대전 당시에 는 다양하게 사용되었다. 일반 비행기와 다른 구조를 갖춰야 한다는 단점이 있었지만, 활주로가 필요 없었다. 각국의 군대는 그런 장점 을 십분 살려 수상비행기를 장거리 초계기나 구조기, 혹은 수송기로 이용했다.

일본 역시 94식 수상정찰기나 2식 대정, 2식 수상전투기 같은 다 양한 수상기를 전쟁에 투입했다. 이 사실은 알고 있었지만 한반도에 일본군의 수상비행장이 존재했다는 사실은 이번 답사를 준비하면 서 처음 알게 되었다. 그렇다면 왜 일본은 여수에 수상비행장을 만 들었을까?

수상비행장이 들어선 신월동의 해안가 주변을 둘러보자 고개가 끄덕여졌다. 입지조건이 수상비행기를 띄우기에 최고였기 때문이 다. 태평양전쟁 당시 일본의 해양 보급로를 지독하게 괴롭힌 것은 다름 아닌 미군 잠수함이었다.

이들의 활약으로 인해 일본은 조선을 비롯한 식민지로의 해상 운 송로는 물론 본토의 연안까지 위협 받게 되었다. 결국 일본은 한반 도 남해안의 요새화 작업을 진행하면서 잠수함의 공격에 대비한 대

─────── 여수 하든베이 호텔 방향에서 바라본 신월동 해안가. 사진 오른쪽의 푸른색 건물 뒤편에 수상비행장의 활주로가 있다.

책을 세워야 했다.

가장 좋은 방법은 잠수함이 오갈 만한 곳에 기뢰를 설치하는 것이었지만 그러면 일본 선박의 운행도 불가능했다. 결국 먼 거리까지 날아갈 수 있는 항공기를 배치해서 미군 잠수함을 탐지하는 것이 가장 효율적이었다.

당시 잠수함은 잠항 중에는 축전지를 동력으로 삼았는데 속도도 느리고 유지 시간도 몇 시간 안 되었다. 따라서 이 시기의 잠수함들은 물 위로 움직이다 목표물을 발견하면 잠항해서 접근하는 방식을 취했다. 독일 유보트 승무원의 회고대로 이 시기의 잠수함은 '잠수를 하는 배'가 아니라 '잠수가 가능한 배'였다. 따라서 항공기를 이용해 수상을 항주하는 잠수함을 탐지하는 방식은 꽤 효과가 있었다. 설사 발견하지는 못해도 상대측 잠수함으로 하여금 공격을 포기하거나 주저하게 만드는 효과를 줄 수 있었기 때문이다. 여수는 앞서 설명한 대로 남해안의 중간이었기 때문에 정찰기를 띄우기에는 가장 적당한 장소였다.

수상비행장 기지가 건설된 신월동 해안가는 반도처럼 튀어나온 여수는 물론 돌산도, 금오도, 백야도 같은 섬들에 빙 둘러싸여 있다. 안쪽으로 움푹 들어가 있어 가막만이라고 부르는 곳으로, 육지와 섬에 둘러싸인 곳이라 파도가 높게 일지 않아 수상비행기를 띄우기에 최적의 장소였다.

또 뒤편에 구봉산과 장군산이 있어 바람을 막아주었고, 여수 신항과 가까웠기에 물자를 보급받기도 쉬웠다. 구봉산을 넘어야 하는 어려움은 지하터널을 뚫는 것으로 해결했다.

이곳에 수상비행장을 설치한 것은 일본 해군이었다. 태평양전쟁이 벌어질 당시 일본 공군은 아직 독립한 상태가 아니었기 때문에 육군이나 해군에서 운용했다. 일본 해군 항공대는 진주만 기습을 비롯해 여러 항공전에 참가했는데, 그들의 대표적인 전투기는 '제로센'이었다.

수상비행장 기지에는 활주로, 유도로, 격납고, 무기고 등이 함께 자리 잡고 있다. 해군 202부대에서 운영했다고 전해진다. 수상비행장이 세워질 당시에는 신월리였던 이곳에는 원래 어촌 마을이 몇 개 있었지만 기지가 들어서면서 모두 강제 이주 당했다. 1942년부터 시작된 공사에는 인근 여수수산학교와 순천중학교 학생들도 강제로 동원되어야 했다.

## 사막처럼 황량한
## 활주로

수상비행장 기지 건설에 발맞춰서 여수 신항에서 이곳까지 철도선을 연결하는 공사도 진행되었다. 길옆 공터에 차를 세우고 조심스럽게 가드레일을 넘어서자 황량한 사막 같은 수상비행장의 활주로가 보였다. 국내의 유일한 수상비행장 활주로와 만난 것이었다.

해안도로에서 바다 쪽으로 경사진 콘크리트 활주로는 생각보다 넓고 길었다. 오랫동안 방치된 탓에 부서지고 깨진 곳이 많았다. 특히 바다와 맞닿은 쪽은 훼손이 심각한 편이었다. 하지만 워낙 크고 넓은 탓에 전체적인 모습을 살펴보는 데는 별 어려움이 없다. 원래는 가로 210미터, 세로 100미터에 달하는 큰 활주로였지만, 해안도로인 신월로가 만들어지면서 일부분이 사라졌다. 그러니까 사진을 찍은 위치도 예전에는 활주로가 있었던 자리였다.

사진을 보면 바다 건너편도 섬이 막아주고 있는 것을 알 수 있다. 활주로로 내려서자 오래된 활주로를 좀 더 자세히 살펴볼 수 있었다. 무엇보다 궁금했던 것은 바닷가에 어떻게 콘크리트 활주로를 건

──────── 해안도로인 신월로에서 내려다본 수상비행장 활주로. 바닷물과 맞닿은 쪽이 많이 훼손되어 있다.

설했는지였다. 지금처럼 중장비가 있던 시기도 아니었고, 무엇보다 콘크리트가 염분에 약하다는 사실을 어떻게 극복했는지 의문이었다. 활주로에 내려서자 그런 의문은 더 증폭되었다. 해안도로 쪽의 활주로 바닥은 가로 세로가 족히 몇 미터는 될 법한 커다란 콘크리트 블록이었기 때문이다. 운반이 가능한 작은 타일 크기의 콘크리트 덩어리를 운반해서 끼워 맞췄을 것이라고 예상했지만 보기 좋게 틀린 것이었다.

활주로의 콘크리트 블록은 세월과 바람에 시달려 훼손된 부분들이 많았다. 그러나 여전히 엄청난 크기와 두께를 자랑하고 있었다. 사람의 힘으로 옮기기에는 불가능해 보였다. 사실 무거운 콘크리트는 운반도 어렵지만 현장에서 완전히 고정시키는 건 더 어렵다고 건축 전문가가 말해주었다. 그래서 레미콘 트럭이 현장에 가서 타설을 하는 게 일반적인 작업 방식이다.

물론 최근에는 블록으로 만들어 작업하기도 한다. 그러나 그것도 운반을 할 수 있고 현장에서 정밀한 조립을 할 수 있다는 전제하에만 가능한 일이다. 또 이곳은 수상비행기가 물 위로 뜨기 위해 지나가는 활주로였다. 높낮이가 조금만 맞지 않으면 귀중한 수상항공기가 파손되는 큰 사고로 이어질 수 있었다.

그리고 콘크리트 덩어리 아래로 커다란 돌들이 보였다. 강자갈이 아니라 정으로 쪼갠 흔적이 있는 큰 돌들인 것을 보면 어디선가 운반해 와서 깔아놓은 것 같았다.

수상비행기는 지상에서 뜨는 비행기와 달리 바퀴 대신 물 위에 뜰 수 있는 플로트Float를 장착한다. 따라서 지상에서는 자력으로 움직일 수 없었고, 별도의 운반 장치가 필요했다. 일본 해군 202비행대에 소속된 수상비행기들도 격납고에서 여기 활주로까지 오기 위해서는 뭔가의 도움을 받아야 했을 것이다. 작은 비행기는 병사들이 밀고 올 수 있었겠지만, 프로펠러가 여러 개 달린 큰 비행기를 운반하려면 바퀴 달린 트레일러와 이를 움직일 수 있는 차량이 필요했을 것이다.

기록에는 사람이 끌거나 말이 끌었다고 나와 있었다. 그렇다면 대형 수상비행기는 사용하지 않은 것 같았다. 착륙 후 격납고로 돌아갈 때도 마찬가지였을 것이다. 수상비행기 자체의 무게와 트레일러

바다와 접한 쪽의 활주로에 깔린 독특한 모양의 콘크리트 블록(왼쪽)

바닷물에 잠긴 콘크리트 블록(오른쪽)

같은 운반 장치의 무게를 감당할 수 있을 만큼 튼튼하게 만들어야 했다는 얘기가 된다. 그 무게를 견디기 위해 다른 곳에서 캐낸 돌을 바닥에 깔고 그 위에 콘크리트 블록을 현장에서 직접 양생해서 설치하는 방법을 사용한 것으로 보였다.

둥근 강자갈을 섞은 거대한 콘크리트 블록들이 마치 바둑판처럼 질서정연하게 활주로에 펼쳐져 있었다. 바닥의 돌과 콘크리트 블록이 한몸이 된 것처럼 접착되면서 활주로는 수상비행기의 엄청난 중량을 견딜 수 있는 힘을 얻게 되었다.

그러나 시간이 흐르면서 단단하던 콘크리트 덩어리들은 모서리가 떨어져나가고 금이 갔다. 어떤 이유에서인지 통째로 사라진 부분도 있어서 황량함이 더 컸다. 세월에 무너진 콘크리트 덩어리들을 지나 바닷가 쪽으로 향했다. 이쪽은 그렇다 치고 염분이 강한 바닷물과 맞닿은 부분은 어떤 식으로 만들어졌을지 직접 보고 싶어서였다.

바닷가와 접한 활주로 역시 독특했다. 군대에서 먹었던 건빵이 떠오를 법한 모양새였다. 정확하게 거리를 측정하는 못했지만 바닷가에 가까워지면서 큰 콘크리트 블록은 건빵 모양의 작은 블록으로 바뀌었다. 크기도 훨씬 작아졌다. 혼자서는 무리지만 여러 명이 힘을 합치면 들 수 있을 것 같은 크기였다.

블록 가운데에는 구멍이 두 개 뚫려 있었는데, 구멍 안에 철근 같은 것이 가로질러져 있었다. 여기에 밧줄이나 갈고리를 걸고 들어 올려서 운반했던 것으로 보였다. 그 밖에 눈에 띄었던 것은 위아래에 요철 모양의 홈이 있었다는 점이었다. 바닷물과 세월에 콘크리트가 씻겨나가면서 부분이 제일 많이 망가졌지만 비슷한 형태로 만들어졌음을 알 수 있었다.

단순히 여수 해안가에 수상비행장의 활주로가 있었다는 것만 알고 왔던 나로서는 뜻밖의 치밀함에 머리를 맞은 것 같은 충격을 받았다. 딜레마라고 표현할 수밖에 없는 지점에 봉착한 것이었다. 이곳도 앞서 둘러본 일본군 군사 건축물처럼 방치된 지 수십 년이 지났음에도 끄떡없이 원형을 유지하고 있었다. 견고하고 단단하게 지어졌기 때문에 가능한 일이었다. 새삼 일본의 치밀함과 장인정신이 떠올랐다.

우리는 부실공사와 관련된 뉴스를 볼 때마다 수십 년간 흔들리지 않고 서 있는 그들의 건축물과 비교하는 경우가 많다. 하지만 집에 돌아와서 관련 기록들을 보며 나는 거기서 꼭 빠지지 않는 두 가지 이야기를 발견했다. 토지 몰수와 강제 징용이 그것이다.

일본은 자신들이 필요한 시설을 지을 때 헐값으로, 혹은 비용을 지불하지 않고 토지를 마음대로 빼앗았다. 그리고 조선인들을 강제로 끌고 와 시설을 짓게 시켰다. 급료도 지불하지 않았고, 먹을 것도 제대로 주지 않았다. 실제로 징용 피해자들의 회고록을 보면 빠지지 않고 나온 것이 바로 배고픔이었다. 그리고 엄청난 작업량과 그걸 채우지 못했을 때 가해졌던 폭력에 관한 얘기들. 결국 건축비에서 많은 비중을 차지하는 토지 수용비나 인건비를 들이지 않았기 때문에 상대적으로 저렴한 비용으로 튼튼한 건축물을 만들 수 있었던 것이다.

그런 인과관계를 생각하지 않고 눈앞에 보이는 현상들, 그러니까 건축물들이 튼튼한 것만 생각하면 역사를 바로 볼 수 없게 된다. 아는 만큼 볼 수 있고, 이야기보다 침묵 속에 답이 있는 경우가 많기 때문이다. 역사는 수많은 원인과 과정을 거쳐 하나의 결론으로 집약된다. 그리고 원인, 과정, 결론 사이에는 그 시대만의 인과관계가 있다. 조선시대의 신분제도를 이해하지 못하면 양반, 족보, 제사에 대해 제대로 파악할 수 없다. 그런 것들을 알아내려는 부단한 노력이 역사를 똑바로 볼 수 있는 시선을 만들어준다. 한두 가지의 생각만 가지고는 여수의 바닷가에 왜 수상비행장이 만들어졌는지, 그리고 어떻게 일본이 지금까지 남아 있는 튼튼한 건축물들을 만들었는지 이해할 수 없거나 혹은 왜곡된 결론을 내릴 수밖에 없다.

바다와 접촉하거나 닿을 가능성이 높은 쪽의 콘크리트 블록들은 다른 곳의 블록에 비해 작았다. 또 운반하거나 대체할 수 있는 장치도 있었다. 바닷물의 염분에 의해 콘크리트가 빨리 부식될 수 있다는 것을 감안하여 수리와 교환이 가능하도록 조치를 취한 것이었다. 크기가 작아지면서 하중을 견디지 못하고 밀려나거나 움직일 수 있는 점에 대비, 블록끼리 고정시킬 수 있도록 요철을 준 것도 눈에 띄었다. 수상비행장의 활주로라는 특수성을 살리고, 그중에서도 바닷물에 닿는 쪽은 특별한 공법으로 만든 치밀함이 돋보였다. 콘크리트 블록은 바닷물 속까지 이어져 있었다.

쉴 새 없이 들이닥치는 파도를 70년 넘게 맞아온 콘크리트 블록들은 상처투성이였다. 하지만 외형을 알아볼 정도는 되었다. 오히려 이쪽의 콘크리트 블록들이 표면은 더 깨끗해 보였다. 바닷물과 직접 닿거나 물속에 들어간 블록들은 아까 본 블록의 절반 정도 크기로 줄어들었다. 그리고 들어낼 수 있는 갈고리나 밧줄을 걸 수 있는 구멍도 하나만 보였다. 하지만 서로 맞물릴 수 있는 요철은 그대로 유지되어 있었다.

바닷물에 직접 닿기 때문에 더 많이 파손될 것을 염두에 두고 크기를 더 줄인 것으로 보였다. 파도가 넘실거리는 바닷속에도 콘크리트 블록이 깔려 있는 것이 보였다. 어디까지인지는 모르지만 수상비행기가 물 위에 뜰 수 있는 거리까지는 콘크리트 블록을 깔아둔 것 같았다. 바닷가 쪽을 살펴본 다음 측면으로 향했다. 어떻게 마무리를 했을지 궁금했기 때문이다. 양옆 부분은 파도에 의해 많이 유실된 상태였다.

위쪽의 콘크리트 블록은 물론 그 아래에 있던 큰 돌도 상당 부분 흩어져 있었다. 정면뿐 아니라 측면에서도 파도가 몰아치는 바람에 훼손이 다른 곳보다 심한 편이었다. 이곳을 살펴보다가 흥미를 끌 만한 것을 발견했다. 콘크리트 블록의 아래를 지탱하던 큰 돌들 아래에서 작은 자갈들이 깔린 바닥을 본 것이었다.

상태로 봐서는 어디서 가져온 것 같지는 않았고, 원래 이곳에 있

——— 수상비행장 활주로의 측면. 상당 부분 유실되어 있다.

던 자갈밭 같았다. 그렇다면 이곳에 수상비행장을 지을 때 일본군은 가막만이라는 조건 외에 활주로를 세울 만한 자갈밭이 있었다는 점도 고려했다는 얘기가 된다. 차라리 이곳이 주변에 섬들이 없어서 파도가 몰아치는 모래밭이었다면 주민들이 강제로 쫓겨나지는 않을 수도 있었겠다는 생각이 머릿속을 스쳐갔다.

측면의 콘크리트 블록에는 뭔가를 꽂아 넣었던 것으로 보이는 구멍들이 보였다. 이곳이 끝이라는 의미의 깃발을 세웠던 것 같았다. 황량한 사막을 닮은 수상비행장 활주로는 고요한 바닷가와 어울리지 않는 침략과 전쟁이 탄생시킨 괴물 같은 존재였다.

답사를 마치고 가드레일을 넘어 해안도로로 올라왔다. 수상비행장에는 활주로만 있는 것이 아니었다. 기지 안으로 비행기를 끌고 들어가는 유도로와 격납고, 연료와 폭탄을 비롯한 각종 물자를 저장하는 창고들도 있었다.

## 공장이 된 비행장

이 시설들은 원래는 하나로 이어진 형태였지만 해안도로가 놓이면서 단절되어버렸다. 길 건너편에는 비행장과 관련된 시설물들이 보였다. 굴뚝이 있는 것으로 봐서는 공장도 들어와 있지 않았나 싶었다. 수상비행장 기지 안까지 철로가 놓였다는 점은 그런 추측에 무게감을 실어줬다. 수상비행장만 운영하는 데는 군이 철로까지 놓을 필요가 없기 때문이다. 그렇다면 이곳에서 생산된 군수물자를 수상비행기에 실어서 운송할 계획도 존재하지 않았나 싶었다.

광복 이후 일본군이 철수하면서 이 시설은 미군에 접수되었다. 그리고 1948년 이곳에서 국방경비대 제14연대가 창설되었다. 같은 해 10월, 제14연대는 제주도로 출동하라는 명령을 거부하고 반란을 일으켰다. 여순사건의 시작점이었다. 해안도로의 가드레일 옆에는 이 사실을 기록한 짧은 팻말이 세워져 있었다. 제14연대가 해산된 후 이곳에는 육군병원이 들어왔고, 이후에는 한국화약 여수공장이 들어서서 현재까지 계속 자리 잡고 있다.

수상비행장의 시설 대부분은 공장 내부에 편입되었기 때문에 답사가 불가능했다. 다만 주차장에 있는 방공호는 사전에 허가를 받으면 답사가 가능했다. 따라서 기지 내부 답사는 주차장의 방공호를 보는 것으로 만족해야만 했다. 주차장 구석에 있는 방공호의 철문에는 민방위 대피소라는 표지판이 붙어 있었는데, 현재도 사용 중이라는 답변을 들었다.

출입구는 모두 네 군데로, 가장 왼쪽에 있는 출입구를 제외하고는 모두 폐쇄된 상태였다. 유일하게 들어갈 수 있는 출입구의 철문을 열고 내부로 들어가자 대낮임에도 한 치 앞을 바라보기 어려운 어둠이 기다리고 있었다. 벙커의 통로는 콘크리트로 된 아치형이었다. 널빤지를 대서 양생한 흔적이 또렷하게 보였는데, 바닥 한쪽에는 물을 흘려보내는 배수로가 있었다. 네 개의 출입구는 곡선 통로를 따라 가운데로 모였고, 그 뒤쪽에 큰 공간이 있었다. 이 방공호의 핵심

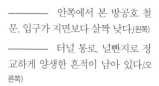
──────── 안쪽에서 본 방공호 철문. 입구가 지면보다 살짝 낮다.(왼쪽)
──────── 터널 통로. 널빤지로 정교하게 양생한 흔적이 남아 있다.(오른쪽)

은 바로 그곳이었다.

처음에는 대피용 벙커일 거라고 생각했는데, 그런 것 치고는 너무 정성껏 만든 흔적이 역력했다. 또 통로의 폭과 높이가 2.5미터가 넘는 것을 보면 뭔가 다른 용도로 사용했던 것임을 알 수 있었다. 사람만 대피시킬 용도였다면 이렇게 크고 넓게 만들 이유가 없었을 것이기 때문이다. 그래서 탄약이나 연료 같은 귀중한 물자를 저장해놓는 곳이 아닐까 추측했다.

뒤쪽 공간 역시 폭이 6미터에 가까웠고, 높이는 4미터가 넘었다. 천장 중간에는 녹슨 쇠고리 네 개가 박혀 있었다. 바닥도 이상했다.

콘크리트로 된 다른 공간과 달리 자갈이 그대로 노출되어 있었고, 측면의 배수로까지 홈이 연결되어 있었다. 또 콘크리트 벽에는 사각형 각목을 끼워 넣을 수 있는 구멍이 곳곳에 뚫려 있었다. 따라서 일반적인 물자 저장용 벙커가 아니라 뭔가를 수리하는 정비용 벙커라고 동행한 공저자가 의견을 제시했다.

통로가 크고 넓은 것도 사람이 아니라 정비해야 할 엔진이나 부품이 들어와야 했기 때문이었을 것으로 보였다. 천장을 지나치게 높게 만들고 쇠고리를 걸어둔 것도 수리를 위해서였던 것 같았다. 바닥의 홈은 기계 같은 것을 설치했던 흔적이 아닌가 싶었다. 벽의 구멍은 각목을 끼우고 널빤지를 걸쳐 작업용 선반이나 보관대로 사용하기 위해 뚫은 듯했다.

방공호를 둘러보는 것으로 여수 수상비행장 답사를 마무리했다. 다른 시설들을 돌아보지 못한 것이 아쉽긴 했지만 답사라는 것은 늘 여백을 남길 수밖에 없는 법이다. 어쩌면 그 여백에 무엇을 채워 넣느냐가 답사의 진정한 목적일지도 모르겠다.

## 찾아가는 길

대중교통이 불편하므로 자가운전, 혹은 택시를 추천한다. 여수 시내에서 하든베이 호텔을 지나 여수스카우트 캠프장 방향으로 신월로를 따라 가다 보면 바닷가 쪽에서 볼 수 있다.

## 여수 수상비행장 연표

1942년 착공
1945년 광복 이후 미군 접수
1948년 국방경비대 제14연대 창설
현재 육군병원을 거쳐 한화 여수공장으로 사용 중

5장
언제랑 돌아가실 거깡

모슬봉과 이교동 방공호 ●

- - - - - - - - - - - - - - - - - - - - - - - - - - - - - - - - - - - - - - - - - - - - - - - - -

● 알뜨르 비행장과 지하 벙커

한반도 남쪽의 큰 섬 제주도는 아픔을 간직하고 있는 섬이다. 한말 서구의 침략은 제주도에도 큰 상처를 남겼고, 천주교를 둘러싼 갈등은 이 섬에 피바람을 불러일으켰다.

특히 일본이 이 섬에 남겨놓은 흔적은 거의 저주에 가까울 정도였다. 태평양전쟁에서 패색이 짙어지면서 본토를 공격당할 위기에 놓이자 제주도를 요새로 만든 것이었다. 결7호 작전이라는 이름하에 섬 곳곳에 동굴진지를 만들고 자살특공병기들을 숨겨놓은 진지를 세웠다. 수백 명의 병력이 너끈히 들어가 수 있는 엄청난 길이의 지하 터널도 한둘이 아니었다. 최종적으로는 이 섬에 7만 명이 넘는 수비군을 배치할 계획이었다고 하니, 얼마나 많은 동굴진지와 방공호가 만들어졌을지 짐작이 간다.

이렇게 셀 수 없이 많은 진지들의 공사에는 제주도 주민들의 피와 땀이 서려 있다. 생각 같아서는 전부 담고 싶었지만 고르고 고른 세 군데만 담게 되었다. 알뜨르 비행장은 제주도 남쪽 알뜨르 평야에 세워진 비행장으로, 일본이 중국을 폭격하는 도양폭격의 중간 기착지로 사용하기 위해 만들었다.

군사시설은 이후 태평양전쟁이 시작되면서 계속 확장되었다. 지금도 지하

성산 일출봉 해안 동굴진지

벙커와 대공포대, 탄약고의 흔적을 어렵지 않게 찾아볼 수 있다. 모슬봉과 이교동의 방공호는 지금은 알뜨르 비행장과 떨어져 있지만 태평양전쟁 시기에는 붙어 있는 시설이었다. 모슬봉 방공호는 용도가 불분명했는데, 이번 답사를 통해서 어느 정도 답을 찾을 수 있었다.

관광객들의 사랑을 받는 성산일출봉의 해안가에는 일본이 제주도에 배치한 자살특공병기 신요를 숨겨둔 동굴진지가 남아 있다. 그 옆에는 해안에 상륙하는 미군을 공격할 동굴진지도 함께 만들어졌다. 제주도에 남아 있는 다양한 일본의 흔적 위에는 4·3학살의 기억이 새겨져 있다.

# 송악산 너머로 사라진
# 전쟁의 기억들

●

## 알뜨르 비행장과 지하 벙커

### 제주도의 슬픔

　　　　　'열 손가락 깨물어 안 아픈 손가락 없다'는 속담
이 있다. 하지만 역사에는 더 아픈 손가락이 있을 수 있다. 나는 우
리 역사 속의 제주도가 그런 손가락이라고 생각한다.

　제주도가 우리 역사로 온전하게 편입된 것은 고려시대였다. 그리
고 삼별초와 여몽 연합군의 전쟁터가 되었다 몽골의 반식민지가 되
었다. 공민왕 때는 고려군이 몽골인들을 몰아내려 하면서 한바탕 피
바람이 불었다. 우리 역사에는 빼앗긴 땅을 수복했다고 기록되어 있
지만, 그 전쟁에 휩쓸린 제주도 사람들이 그 일을 어떻게 생각했는
지에 대한 기록은 찾아볼 수 없다.

조선시대 말기에는 외세의 침략에 시달렸고, 태평양전쟁 때는 미군과의 싸움을 준비하면서 하마터면 오키나와에서 일어난 것과 같은 비극이 일어날 뻔했다. 그리고 광복 이후에는 4·3학살이라는 비극이 일어났다.

그들에게 우리는 어떤 존재였고 무엇을 해줬는지 떠올려보면 글이든 말이든 쉽게 나아갈 수 없다. 지금도 제주도에 가면 그런 상처들을 어렵지 않게 볼 수 있다. 숨기려 노력하고 있지만 역사를 찾는 탐정을 자처하는 내 눈에는 너무나 잘 보인다. 그래서 제주도의 아름다운 풍광을 보면서 감탄하는 내외국 관광객들과 내 표정은 너무나 확연하게 차이가 난다. 그것은 내가 찾아가고 이야기하는 것들이 얼마나 어두운 곳에 자리 잡고 있는지를 상징적으로 보여준다.

제주도의 어둠을 쫓는 여행은 알뜨르 비행장에서 시작되었다. 조선이 일본의 식민지가 되었을 때 제주도에는 아주 소수의 일본군만 주둔했다. 고립되어 있다는 지리적 특성상 반일활동이 보이지 않았기 때문이다. 그래서 제주도는 조선의 해안 경비를 맡는 해군의 진해요항부鎭海要港部가 책임을 졌다. 초기에는 약 300명의 수비대가 제주도와 우도, 마라도 등지에 주둔했다. 그런 상황은 20년 넘게 계속되었다.

변화가 찾아온 것은 1931년에 만주사변이 일어나면서였다. 조선과 대만을 집어삼킨 일본은 만주를 점령하고 괴뢰국가 만주국을 세웠다. 그리고 이듬해부터 제주도 대정면 상모리와 하모리의 토지 약 6만 평을 사들여 비행장을 세웠다.

비행장은 항공대가 주둔하는 것이 아니라 귀환 중인 항공기가 비상시에 착륙할 목적으로 만들어졌다. 전쟁은 만주에서 일어났는데 왜 엉뚱하게 한반도 남쪽 바다의 제주도에 비상착륙용 비행장을 만들었을까?

만주를 차지한 것으로 멈출 생각이 없었기 때문이다. 제주도는 당시 일본의 식민지 중 중국과 가장 근접한 곳이었다. 따라서 일본 해군은 이때부터 중국 침략을 계획했던 것으로 보인다. 어쨌든 일본 해군이 제주도에 비행장을 건설하기로 결심했을 때 남쪽 대정읍의 상모리와 하모리 일대가 선정되었다. 왜 이곳에 비행장을 건설했는지는 이곳에 와보고서야 명백하게 깨달을 수 있었다.

화산섬인 제주도에서는 평지를 찾아보기 어렵다. 하지만 비행장이 세워진 지역은 수평선이 보일 정도로 넓은 평지였다. 그래서 아래 벌판이라는 뜻의 알뜨르라 불렸다. 해안가라 바람이 심하게 분다는 단점이 있지만, 넓은 벌판은 그런 문제점을 잊게 할 만큼 매력적이었다.

6만 평 면적의 알뜨르 비행장은 일본의 야심에 발맞춰 확장되어 갔다. 중일전쟁 발발 직전인 1936년, 일본은 알뜨르 비행장의 규모를 넓히기로 결정하고 토지 구입에 나섰다. 전광석화와 같은 매입 절차로 14만 평의 땅이 확보되면서 알뜨르 비행장의 규모는 한층 커졌다. 중일전쟁이 일어나고 일본 육군이 상해에 상륙하자 해군도 뒤질세라 바다를 건너서 적을 폭격하는 '도양폭격'渡洋爆擊이라는 비장의 카드를 꺼냈다.

——— 드론으로 촬영한 알뜨르 비행장. 넓은 평지라는 사실을 알 수 있다.

목표는 당시 중국의 수도 난징이었다. 비행기가 발명된 지 30년 밖에 지나지 않았고, 레이더나 GPS가 없던 당시로서는 엄청난 모험일 수밖에 없었다. 그 밖에도 한 가지 문제가 더 있었다. 일본 본토에서 이륙하고 난징을 폭격한 다음 돌아오기에 연료가 부족했던 것이다. 그래서 돌아올 때는 이륙한 비행장이 아닌 알뜨르 비행장에 착륙했다. 나중에는 아예 알뜨르 비행장에서 이륙하게 되었다. 그러면서 알뜨르 비행장은 매일 이착륙하는 비행기들의 소음으로 가득했다.

그러다 일본이 상해를 점령하고 중국 본토에 비행장을 확보하자

알뜨르 비행장은 평온을 되찾았다. 그리고 그 자리는 고추잠자리를 뜻하는 '아카톰보'赤とんぼ라는 별명을 가진 훈련기들이 차지했다.

알뜨르 비행장이 누렸던 잠깐의 휴식은 태평양전쟁이 터지면서 끝났다. 전쟁 초반 일본이 승승장구할 때는 괜찮았지만, 미드웨이 전투 이후 일본이 계속 밀리면서 알뜨르 비행장과 제주도에는 전운이 감돌았다. 그러면서 알뜨르는 계속 확장되었다. 여러 시설이 들어섰고, 그 시설들을 보호할 또 다른 시설들도 들어섰다. 20만 평 크기의 알뜨르 비행장은 60만 평으로 확장되었다.

그 와중에 인근 마을 주민들은 하루아침에 삶의 터전을 잃고 쫓겨나야 했다. 대대적인 확장 공사를 하면서 적의 폭격으로부터 비행기를 보호하는 콘크리트 격납고가 만들어졌고, 지휘소를 비롯한 모든 중요 시설에 지하 벙커가 만들어졌다.

이런 공사들에는 모두 현지 주민과 뭍에서 건너온 조선인들이 동원되었다. 강제 동원된 조선인들은 일본군이 먹을 것을 제대로 주지 않고 밤낮으로 일을 시키는 바람에 힘들었다고 술회했다. 현지 주민들에게는 그런 고통이 더욱 심했는데, 심지어 어린 아이들까지 공사에 동원되었다고 한다. 일본이 이렇게 알뜨르 비행장의 확장을 서두른 이유는 파멸이 눈앞에 다가왔기 때문이었다.

미드웨이 전투 이후 미군의 공세에 밀리던 일본은 어느덧 본토까지 위협받았다. 1945년 3월 미군에게 이오지마를 빼앗기자 일본은 본토 방어 작전인 '결호작전'을 구상했다. 미군이 상륙할 만한 지역들을 방어하는 계획이었는데, 주요 예상 지역인 일곱 군데에 번호를

붙였다. 그중 본토를 제외한 유일한 지역이 제주도였다. 제주도는
마지막 번호인 7번을 부여받았고, 이후 제주도의 방어 계획은 모두
결7호 작전에 의거해 진행되었다.

　일본이 예측한 미군의 상륙예상지점은 규슈 남단이었다. 실제로
미군은 1945년 8월 규슈에 상륙하는 올림픽 작전을 구상했다. 일본
입장에서는 제주도를 빼앗기는 것은 적에게 본토를 공습할 수 있는
비행장과 보급 기지를 내주는 셈이었다. 또 잠수함과 항공기의 공격

──────　벌판 너머로 일본이 만든 콘크리트 격납고
들이 보인다. 그 뒤로는 산방산이 있다.(왼쪽 위)

──────　비행기를 안전하게 보호하는 콘크리트 격
납고. 안에 있는 것은 일본의 대표적인 전투기 제로센
을 철골로 형상화한 것으로, 2010년에 설치되었다.(오른
쪽 위)

──────　꼬리 날개가 들어가는 공간. 날개 크기에
맞도록 줄어들어 있다.(아래)

으로 인해 날로 힘들어지는 일본과 조선 사이의 해상 수송에 치명적인 타격을 입는다는 얘기였다. 또 그러면 무방비 상태인 동해안 지역으로의 진출을 허용해야 했다.

따라서 일본은 제주도를 지키기 위해 동군에서 차출된 제111사단을 필두로 막대한 병력과 장비를 투입했다. 일본에게 알뜨르 비행장은 적을 막기 위한 중요한 비행장이었고, 그래서 조선인들을 가혹하게 독촉하며 공사를 재촉했다.

광복 이후 그들이 철수하면서 알뜨르 비행장은 원래의 벌판으로 돌아왔다. 하지만 이곳은 제주도민의 것이 아니라 국방부 소유이고, 현재도 공군 부대가 주둔하면서 관리중이다.


**밭으로 변한 활주로**

주민들은 이 땅을 알뜰하게 농경지로 만들었다. 그 중간 중간에는 일본이 남긴 전쟁의 흔적들이 고스란히 남아 있다. 빼앗긴 들에 봄이 찾아왔지만 역사는 그대로 남아 있는 것이다. 가장 눈에 띄는 것은 비행기를 보호하기 위해 만들어놓은 콘크리트 격납고였다.

현재 20개 정도 남아 있는 격납고는 적의 공습으로부터 귀중한 전투기를 보호하기 위해 콘크리트로 튼튼하게 지어졌다. 그리고 타원형 지붕 위에 흙과 잔디를 심어서 공중 관측을 피하고자 했다.

사진에서 볼 수 있듯 격납고의 콘크리트는 꽤 두꺼웠다. 시간이 흐르면서 시멘트가 군데군데 떨어져나가 안에 섞인 자갈들이 드러나긴 했지만, 대부분의 격납고는 여전히 자리를 지키고 있다.

야트막한 타원형으로 만든 격납고의 입구 윗부분에도 벽이 있었다. 다만 가운데에는 공간이 있는데, 사진처럼 비행기의 프로펠러가 돌아가는 자리였다. 뒤쪽의 크기는 상대적으로 작은 편이었다. 꼬리 날개가 들어가는 공간만 확보하면 되기 때문에 크기를 줄인 것으로 보였다. 태평양전쟁 당시의 비행기들은 프로펠러를 사용했으므로 지상에 주기해놓으면 앞쪽은 높고 뒤쪽은 낮았다. 따라서 격납고 형상도 거기에 맞춘 것이다.

꼬리 날개가 들어가는 공간을 줄여서 만든 것은 중요한 전략 물자인 시멘트를 아끼려는 이유도 있었다. 강제 징용을 당한 피해자의 증언을 보면 어떻게 격납고를 만들었는지 알 수 있다. 일단 나무로 거푸집을 만들면 일본군 공병대가 와서 철근을 섞은 콘크리트를 타설하는 방식으로 만든 것이다. 콘크리트가 양생 과정을 거쳐 완전히 굳으면 거푸집은 뜯어서 다른 격납고를 만드는 데 사용했다. 격납고의 규격이 똑같았기 때문에 그대로 사용할 수 있었던 것이다. 증언에 따르면 작업 도중 미군 비행기가 나타나면 모두 숨었다고 한다.

격납고는 공습에 의한 피해를 줄이기 위해서인지 띄엄띄엄 떨어져 있었고, 출구 방향도 제각각이었다.

격납고 내부를 살펴보니 널빤지를 댄 흔적들 사이로 무언가를 뽑아낸 홈들이 보였다. 처음에는 공정상의 실수인가 싶었는데, 홈 중간 중간에 남은 녹슨 철근이 보였다. 격납고를 만들 때 넣었던 철근을 광복 후 고철 수집업자들이 떼어간 것이다. 당시에는 고철이 굉장한 귀중품이었기에 버려진 일본군 무기나 건물에서 철을 떼어 가는 경우는 흔했다. 알뜨르 비행장의 격납고에 있던 철근도 그들의 손길을 피해갈 수 없었다.

천장에는 그들이 미처 가져가지 못한 철근들이 뱀처럼 휘어진 채 매달려 있었다. 이곳 알뜨르 비행장의 격납고들에는 한 가지 공통점이 있었다. 땅속에 묻혀 있다는 점이었다. 제로센이 전시되어 있는 격납고를 제외하고는 땅을 파고든 것처럼 보여서 의아했다.

시간이 흐르면 기존의 토양 위에 새로운 토양이 쌓이면서 지표가 높아진다. 그래서 유적지를 발굴 조사할 때 각 지층별로 출토되는 유물들로 시대 구분을 하기도 한다. 서울 종로만 해도 빌딩을 짓기 위해 땅을 파면 조선시대 행랑터 유적이 나오곤 한다. 하지만 이곳은 만들어진 지 100년도 되지 않은 곳이다. 이렇게 눈에 띌 만큼 지표가 높아질 만한 시간은 아니었다.

해답은 주변에 있었다. 광복 후 이곳을 농경지로 만들기 위해 주민들이 땅 위에 흙을 덮은 것이었다. 그래서 알뜨르의 벌판에는 각종 채소들이 잘 자라는 중이었다. 지력을 높이기 위해 그들은 격납고가 낮아져 보일 정도로 흙을 가져다 부었다. 지금이야 트럭을 비롯한 중장비들이 많지만 예전에는 그런 것들이 있을 턱이 없었다. 빼앗긴 땅에 돌아와 농작물을 재배하기 위해 주민들은 필사적으로 노력해야 했다. 알뜨르는 지금도 국방부 소유다. 한때 공군이 이곳에 비행장을 만들려고 했다 주민들의 반대에 부딪혀 무산된 적이 있다. 현재도 이곳을 관리하는 공군 부대가 남아 있다. 역사가 현재 진행형이라는 사실을 다시금 깨닫는 순간이었다.

내부에서 바깥을 살펴보자 그 사실을 눈으로 확인할 수 있었다. 지표는 어림잡아 1미터 가까이 올라가 있었다. 그렇게 쌓은 흙 위에 주민들은 가족의 생계를 위해 씨와 비료를 뿌리면서 채소를 길렀다. 그러면서 전쟁이 잊히고 평화가 찾아왔다. 언젠가 벌판에 남아 있는 격납고들이 흙속에 파묻히는 날 진정한 평화가 찾아올지 모른다는 헛된 상상을 하면서 발걸음을 돌렸다. 이곳을 찾는 사람들이 관제탑이라고 오해하는 구조물을 살펴보기 위해서였다.

——— 땅속으로 파고든 것처럼 보이는 알뜨르 비행장의 격납고

가던 도중에 이곳에 짧은 시간 동안 얼마나 많은 흙이 부어졌는지 알 수 있는 증거를 또 하나 발견했다. 아령이나 실을 감아두는 실패처럼 생긴 콘크리트 구조물은 땅속에 깊이 잠겨 있었다. 그래서 먼 발치에서 봤을 때는 일부러 땅속에 매몰시킨 방어용 벙커라고 생각했다.

하지만 가까이 가서 보자 놀랄 만한 사실이 확인되었다. 이 구조물은 항공 기지나 군부대에서 흔히 볼 수 있는 콘크리트 창고였다. 탄약이나 연료 같은 귀중한 물자를 보관하는 곳이긴 하지만 이렇게 땅속 깊이 매설해서 사용하는 사례는 찾아본 적이 없었다.

———— 밭고랑 가운데 반쯤 묻힌 콘크리트 창고

광복 이후 끊임없이 흙이 쌓이면서 엄청나게 빠른 속도로 지표가 올라갔다는 얘기였다. 끝없이 펼쳐진 밭고랑을 보면서 전쟁의 흔적들을 삶의 현장으로 바꿔버린 땀과 눈물이 느껴졌다.

콘크리트 창고 건물은 양쪽이 높고 가운데가 낮은 형태였다. 그 위에 흙과 잔디를 씌워 위장을 하기 위해서였다. 비행장의 가장 큰 적인 폭격을 피하기 위해서 취한 조치였는데, 그렇다면 이 창고 안에는 꽤 중요한 군수물자가 보관되었을 것이다. 전쟁을 위해 태어났지만 이제는 밭고랑 사이에서 잠든 콘크리트 창고를 지나 관제탑으로 알려진 시설로 향했다.


## 그들이 남긴 흔적들

격납고를 비롯한 다른 시설물들이 모두 낮게 지어졌거나 땅속에 묻혀 있는 반면, 이 구조물은 꽤 높은 편이어서 눈에 잘 띄었다. 모두 여섯 개의 기둥으로 받쳐져 있었고, 한쪽에는 올라갈 수 있는 계단이 있었다.

비행장 한복판에 있어 다들 관제탑이라고 추정했다. 하지만 그렇게 단정하기에는 미심쩍은 구석들이 있었다. 일단 일본군이 미군에게 항복하면서 넘겨준 기지 현황과 설비 목록에는 관제탑이나 그와 유사한 것이 없었다.

그리고 알뜨르 비행장보다 규모가 컸던 일본 오무라 해군 항공 기지에서 근무했던 일본군의 증언에 의하면 당시 비행장에는 별도의 관제탑이 없었다. 오늘날의 비행기가 관제탑의 통제를 받아 이착륙하는 것을 생각하면 상상하기 어려운데, 이착륙거리가 짧았던 프로펠러 항공기는 관제탑 없이도 그렇게 할 수 있었다. 통신을 주고받을 수 있는 무전기 성능이 좋지 않아 아예 떼어버리는 경우도 있었기에 관제탑과 교신할 수 없는 경우도 많았다.

또 프로펠러 항공기는 바람의 영향을 심하게 받는다. 따라서 일직선으로 그어진 활주로에 착륙하는 것보다 평지에 착륙하는 방식이 더 편리했다. 속도도 빠르지 않았던 편이라 충돌에 대한 염려가 적었다는 점도 관제탑의 존재를 불필요하게 만들었다.

───── 알뜨르 비행장의 물탱크. 관제탑으로 많이 오해받는다.

알뜨르 비행장에서 일했던 조선인 징용자는 이것이 관제탑이 아니라 물탱크라고 증언했다. 그리고 일본군이 아니라 나중에 이곳을 제1훈련소로 사용한 국군이 설치한 것이라고 했다. 이런저런 증언과 자료를 감안하면 일본군 내지는 나중에 이 시설을 이용한 한국군이 설치한 물탱크로 봐야 할 것 같았다.

직접 확인해보기 위해 계단을 타고 올라갔다. 내심 대공포 포대가 아니었을까 하는 생각도 해봤다. 주변에 대공포를 배치할 만한 산이 안 보였기 때문이다.

계단을 밟고 올라가자 평평한 사각형 바닥에 커다란 원형 테두리가 둘러져 있었다. 테두리 안에 뭔가 설치되었던 흔적은 보였지만 대공포를 올렸을 만한 포판은 보이지 않았다. 그 순간 이곳이 관제탑이 아니라 물탱크였다는 확신이 들었다. 이 위에 끌어온 물을 보관하는 원형의 철제 탱크를 설치했고, 원형 테두리는 철제 탱크를 고정시키는 역할을 했을 것이다.

비행장이 커지면서 주둔하는 병사들의 수도 자연스럽게 늘어났고, 이에 따라 물 사용량이 늘면서 설치된 것 같았다. 혹은 훈련소를 사용하면서 많은 인원이 들어오자 국군 제1훈련소에서 세웠을지도 모른다. 특히 제주도는 식수가 부족하기 때문에 대규모 인원이 집결했을 때는 이런 물탱크가 필수적이다.

물탱크 주변에는 건물이 있었을 법한 기단의 흔적들이 있었다. 병사들이 머무는 막사였다면 물탱크가 필요할 만도 했다. 이 물탱크는 이제 알뜨르 비행장의 랜드마크로 자리 잡았다. 넓고 광활한 비행장을 내려다볼 수 있는 전망대 역할을 해주기 때문이다.

계단을 내려와서 다음 장소로 향했다. 알뜨르 비행장은 광복 이후 주변이 개발되고 떠났던 주민들이 돌아오면서 규모가 많이 줄어들었다. 하지만 아직도 많은 부분이 농경지로 이용되고 있었다. 그러다 보니 지금은 재미있어도 예전에는 서글프고 고달팠던 존재들을 볼 수 있었다. 워낙 많은 보급 물자가 필요한 비행장이다 보니 다양한 용도로 지어놓은 건물들이 많을 수밖에 없었다. 지었을 때는 조선인들의 피땀이 어린 원망 섞인 존재였고, 광복 이후 경작지로 이용되었을 때는 귀중한 농작물을 심는 데 방해가 되는 걸림돌이 된 구조물들이었다.

비닐이 씌워진 경작지 한가운데 자리 잡은 것은 다 무너진 어떤 건물의 잔해였다. 표면에 가로와 세로로 금이 가 있어 처음에는 외벽에 타일을 붙인 것으로 오해했다. 가까이서 보자 타일을 붙인 게 아니라 외벽 안에 시공한 철근을 뽑아 간 흔적이라는 것을 알게 되었다. 앞서 본 콘크리트 격납고 천장의 철근을 떼어낸 이들과 같은 사람들인지는 모르겠다. 하지만 격납고 쪽은 장비와 인내심 부족인지 군데군데 남아 있었다면 여기는 마지막 한 조각까지 남김없이 가져간 모습이었다. 그 후 건물은 이런저런 이유로 부서지고 허물어지다 마지막에는 더 이상 부술 수 없는 아랫부분만 남게 된 것이었다. 바깥으로 돌출된 기둥과 아낌없이 사용된 귀중한 철근 등을 보면 일상적인 용도로 지은 건물 같지는 않았다. 하지만 확인할 수 있는 자료가 없었다. 아쉬운 마음으로 돌아서야 했다.

이 건물 맞은편 언덕에는 비슷한 처지의 건물이 많이 보였다. 한눈에도 두꺼워 보이는 콘크리트 창고가 밭고랑에 포위된 채 외롭게 자리를 지키고 있었다. 그보다 더 눈길을 끈 것은 출입구가 흙과 쓰레기로 막힌 거대한 지하 벙커였다. 아래쪽에 입구가 있다면 내가 서 있는 장소는 땅이 아니라 어떤 구조물의 지붕이라는 얘기였다. 전혀 감을 잡을 수 없었지만 다행히도 마지막에 둘러본 지하 벙커를 보면서 구조를 유추해볼 수 있었다.

──────── 지하 벙커의 외관. 곡선 지붕 덕분에 언덕으로 보인다.(왼쪽 위)

──────── 지하 벙커의 주요 공간. 두 개의 공간을 지나야 만날 수 있을 정도로 철저하게 숨겨진 곳이다.(오른쪽 위)

──────── 출입구로 내려가는 계단. 이런 출입구가 양끝에 하나씩 있다.(아래)

## 지하 벙커의 정체

나는 알뜨르 비행장을 두 차례에 걸쳐서 둘러봤는데, 처음 왔을 때의 지하 벙커는 그저 어둠속에 잠긴 땅굴에 불과했다. 두 번째 답사를 왔을 때는 조명이 설치되어 있었고, 내부도 깨끗하게 정리되어 있어 쉽게 둘러볼 수 있었다.

위장은 완벽했다. 콘크리트 격납고처럼 곡선 지붕 위에 흙과 잔디가 깔려 있었고, 세월이 지나며 나무도 제법 크게 자라났다. 겉으로봐서는 지하에 뭐가 있는지, 출입구가 어디인지 쉽게 알 수 없을 정도였다. 대체 어떤 용도로 이렇게 철저하고 꼼꼼하게 위장을 한 것인지 궁금했지만, 안내판에는 부속시설로 지어진 지하 벙커라는 얘기만 적혀 있었다.

출입구는 계단을 밟고 내려가야 할 정도로 깊이 숨어 있었다. 양쪽 끝에 출입구가 하나씩 있었는데, 앞쪽에 일종의 격벽 같은 것이서 있어서 출입구의 위치를 가리고 있었다. 표면은 울퉁불퉁했지만예전에는 돌로 차곡차곡 쌓아올렸거나 시멘트로 매끈하게 만들었을 것 같은 흔적이 남아 있었다.

계단을 내려가자 입구가 우리를 기다리고 있었다. 입구는 계단 왼쪽에 있었는데, 주변에는 붕괴를 막기 위한 돌이 쌓여 있었다. 문은사각형이었고, 위쪽은 하중을 견디는 목적의 두꺼운 콘크리트가 올라가 있었다.

안으로 들어서자 작은 현관 같은 공간이 보였다. 오른쪽에는 또다른 곳으로 이어지는 계단이 보였고, 정면 한쪽에는 안으로 들어갈 수 있는 입구가 있었다. 외양포의 대피소처럼 입구에서 바로 안쪽이 보이지 않도록 일부러 어긋나게 만든 것이었다. 위쪽은 하중을 잘 견디는 아치형 구조로 되어 있었다. 콘크리트를 아낌없이 사용한 흔적이 보였다. 현관 같은 곳 안쪽에는 작은 방이 하나 더 있었고, 그 너머에 더 넓고 큰 공간이 보였다.

모든 출입문에는 문이 있었음을 암시하는 테두리와 홈이 파여 있었다. 그리고 현관 안쪽에 있는 작은 공간의 벽면에는 뭔가를 올려놓기 위한 받침대가 보였다. 벽면에는 잘린 철근이 있었는데, 뭔가를 세워놨던 흔적이 아닌가 싶었다.

사실 나는 들어오기 전에 이 공간의 용도에 대해 동행한 공저자들과 많은 얘기를 주고받았다. 애초에 내가 생각한 것은 폭탄이나 탄약을 보관하는 탄약고였다. 반 지하의 두꺼운 콘크리트 구조물이었고, 비행장 안에 있었기에 그렇게 생각한 것이었다. 지하로 내려가서 두 개의 문을 통과해야 하는 내부 구조도 그런 의구심에 무게를 더했다. 지심도의 탄약고도 안쪽에 별도의 공간이 있었기 때문이다.

또 다른 의견은 지휘소였다. 전쟁을 이끌 수뇌부를 보호할 곳이므로 지하에 튼튼하게 지어놓았을 것이라는 추측이었다. 하지만 안쪽으로 들어가자 그런 예상들을 비웃는 내부 구조가 모습을 드러냈다.

아치형 지붕을 가진 내부 구조는 크지도 작지도 않은 적당한 규모였다. 문제는 한쪽 벽에 뚫린 환기구들이었다. 탄약고는 탄약을 안전하게 보관하기 위해 공기조차 통하지 않도록 밀폐해야 하는데 이렇게 큰 환기구를 만들어놨을 리 만무했다. 또 출입구가 지하에 있고 앞쪽이 막혀 있다는 사실도 마음에 걸렸다. 탄약고는 안전하게 보관하는 것만큼이나 신속하게 꺼내는 것도 중요하기 때문이다.

## 예측을 벗어난
## 내부 구조

이 지하 벙커는 계단을 이용해서 출입해야 할 정도로 깊은 곳에 있고, 출입문은 90도로 꺾여 있다. 무겁거나 조심해서 다뤄야 할 탄약을 신속하게 꺼내기에는 적당하지 않았다. 지심도 탄약고는 철제문으로 밀폐시킬 정도로 보관에도 신경을 쓰고, 탄약고에서 꺼낸 탄약을 곧바로 포상으로 이동시킬 수 있는 동선도 계산되어 있는 모습이었다. 실물은 없지만 레일 같은 것을 깔아 빠른 속도로 탄약을 나를 수 있도록 한 것이었다. 하지만 이 지하 벙커는 은폐에 신경을 쓰느라 오가는 동선은 불편한 편이었다. 따라서 탄약 같이 신속한 이동을 필요로 하는 물자를 보관하는 곳은 아니라고 말한 공저자 신효승의 의견에 모두 찬성을 표했다.

서 있는 곳에서 그대로 몸을 돌려서 방금 들어온 곳을 바라봤다. 지금은 지키는 사람도 없고 문도 사라졌지만, 예전에는 입구에서 들어오려면 두 개의 문을 통과해야 했다. 중간의 벽들을 살펴보니 이 공간에서 들어오는 쪽의 문을 열어주도록 경첩이 달려 있었고, 가운데 공간으로 들어가는 문도 이 공간에서 열고 닫을 수 있는 구조였다. 가운데 큰 공간과 바깥 사이의 이 방은 출입을 통제하는 곳이라

——— 지하 벙커 측면에 뚫린 환기구. 크고 작은 구멍들이 일렬로 뚫려 있다.

는 얘기였다. 그렇다면 누군가가 이곳을 지키고 있었을 것이다. 이 공간의 정체가 더욱 궁금해지는 순간이었다.

단서는 아무래도 가운데 공간 옆에 뚫린 환기구가 제공해줄 듯싶었다. 크고 작은 사각형 환기구 다섯 개가 같은 높이로 나란히 뚫려 있었다. 큰 환기구는 사람이 들어갈 정도였고, 작은 환기구는 주먹이 들락거릴 정도였다. 다가가 살펴보니 벽에 무언가를 붙여놓았던 흔적들이 보였다.

콘크리트에 흔적이 남을 정도인 것을 보면 아예 처음 만들 때부터 함께 설치했을 가능성이 높았다. 높이를 재봤지만 책상으로 보기에는 너무 높았다. 확실한 것은 이 환기구와 깊은 연관이 있는 무언가가 설치되어 있었을 것이라는 점이었다. 무언가를 붙인 흔적은 환기구 아래까지만 이어져 있었기 때문이었다.

환기구를 살펴보기 위해 들어왔던 곳의 반대쪽 출입구로 향했다. 뒤쪽 출입구는 첫 번째와 두 번째 출입문을 어긋나게 해서 안쪽을 감춘 앞쪽 출입구는 달리 일직선으로 뚫려 있었다. 중간에 별도의 공간도 보이지 않았다. 아까 들어온 곳이 원래 출입구고 이쪽은 비상시에 이용하는 출입구 같다는 느낌을 받았다. 물론 이쪽도 콘크리트 벽의 두께는 만만치 않았다. 그리고 앞쪽 출입구와 마찬가지로 바깥쪽 벽은 현무암으로 되어 있었다. 출입문 테두리에는 경첩과 빗장을 달았던 흔적이 보였다. 안쪽에서 잠그고 열 수 있는 걸 보면 역시 비상시에 안에서 밖으로 나갈 때 사용하는 용도인 것 같았다.

뒤쪽도 가운데 공간에서 밖으로 나오면 한쪽에 반 층 높이의 계단이 보였다. 바깥쪽에 현무암이 쌓여 있었는데, 강도를 보강하기 위해 시멘트를 접착제처럼 사용한 모습이었다. 계단이 있었지만 전체 높이는 그대로였기 때문에 허리를 굽혀야만 올라갈 수 있었다.

그곳에서 다시 90도로 꺾인 통로가 보였다. 사람이 못 들어갈 정도는 아니었지만 서서 들어갈 수 있을 정도는 아니었다. 위쪽에 새로 설치한 조명이 없었다면 끝이 어디인지 알 수 없었을 정도로 깊고 좁았다. 콘크리트로 만든 어둠의 터널 건너편은 아까 들어왔던 출입구와 맞닿아 있었다. 그러니까 이 통로는 지하 벙커의 옆을 따라서 쭉 이어진 것이다. 사람이 이동하는 통로 치고는 너무 작았고, 물자를 보관할 만한 곳도 아니었다.

새로 설치된 조명에 의지해 살펴보자 왼쪽에 지하 벙커의 가운데 공간과 연결된 환기구가 보였다. 위쪽으로도 환기구가 뚫려 있었다. 즉 이 공간은 일반적인 통로가 아니라 사무실 공간의 천장에 있는 환기통로 같은 셈이다.

의문은 해결되었지만 또 다른 의문이 들었다. 알뜨르 지하 벙커는 완전히 밀폐되어 있지도 않았고, 환기구를 여러 개 만들 정도로 크지도 않았다. 경희궁 방공호도 100미터가 넘는 복층으로 구성되어 있었지만 환기구는 하나뿐이었다. 일단 더 살펴보기로 하고 환기통로 안쪽으로 들어가 봤다. 허리를 잔뜩 굽히고 안으로 들어가서 왼쪽에 난 환기구를 살펴봤다. 예상대로 지하 벙커의 가운데 공간과 직접 연결되어 있었다. 문제는 위쪽으로 난 환기구였는데, 고개를

———— 환기통로에서 위쪽으로 난 통로의 모습. 끝에 빛이 보인다.(왼쪽)
———— 지하 벙커 측면에 있는 통로(오른쪽)

들자 빛이 보였다.

통로라기보다 굴뚝같은 느낌을 받았는데, 실제로 중간에 철근으로 만든 손잡이 같은 게 보였다. 결론적으로 말하자면 이 지하 벙커는 옆쪽의 환기통로와 이곳을 통해 바깥과 직접 연결된 셈이었다.

통로의 존재를 확인하면서 이곳이 탄약고였을 가능성은 사라졌다. 결국은 지휘관이 있는 벙커였다는 것인데, 문제는 이 공간이었다. 환기구라고 보기에는 너무 크고, 탈출용 통로라고 보기에는 빠져나가기가 너무 애매했다. 일단 밖으로 나와서 살펴보기로 했다. 지하 벙커를 나오자마자 방금 아래에서 위를 향해 바라봤던 통로를 찾았다. 흙과 잔디를 씌운 지붕 한쪽에서 통로의 맞은편을 찾았다. 굴뚝처럼 나란히 치솟은 세 개의 구조물 안을 바라보자 아까와는 반대의 풍경이 펼쳐졌다. 환기통로와 직접 이어져 있었지만 굴뚝이나 환기구치고는 수가 너무 많다는 생각이 지워지지 않았다.

의문은 답사를 끝내고 집으로 돌아와 관련 자료를 찾아본 다음에야 풀렸다. 많은 전문가들은 이곳을 일본 본토와 통신을 주고받던 전신소로 추정했다. 전쟁이 끝나고 일본군이 미군에게 넘겨준 알뜨르 비행장의 장비와 설비 목록에는 일곱 개의 전신소가 기록되어 있었다.

먼 거리의 통신은 무선과 유선으로 나뉘는데, 유선이 훨씬 잘 들리고 편하지만 통신선이 쉽게 끊어진다는 단점이 있다. 따라서 보통은 별도의 케이블을 깔 필요가 없는 무선 통신 장비 역시 함께 보유한다. 무선의 경우에는 안테나를 최대한 높이 달아야 전파를 수신할 수 있다. 그래서 안테나를 밖으로 빼기 위해 이렇게 외부와 연결된 굴뚝 형태의 통로가 있어야 했다. 지하 벙커 옆의 연결통로는 무전기 본체나 혹은 안테나와의 연결 장치를 놓아두는 장소였던 것이다.

전신소들은 전파 간섭 현상을 피하기 위해 거리가 많이 떨어져 있어야 했다. 이곳과 제법 떨어진 이교동 쪽에 유사한 구조를 가진 전신소가 있었다. 지금은 도로변에 있지만 예전에는 그곳도 알뜨르 비행장 안에 속했던 곳이다.

고사포 진지와 몇 군데를 더 둘러봤는데 모두 알뜨르 비행장과 관련된 시설들이었다. 그중엔 알뜨르 비행장과는 한참 떨어진 모슬봉 기슭에 있는 시설도 있었다.

공사에 강제 동원된 조선인들과 삶의 터전을 빼앗긴 주민들의 고통은 시설의 크기에 비례해서 커질 수밖에 없었다. 조선인들이 피땀으로 만든 알뜨르 비행장은 미군이 들어오면서 찬밥 신세가 되었다. 해안가에 너무 근접해 있어서 미군의 함포사격에 노출되는 데다 빼앗기게 되면 오히려 일본군을 공격하는 비행장으로 이용될 수 있었기 때문이다.

해군에서 제주도의 방어권을 넘겨받은 육군은 알뜨르 비행장의 확장 공사를 중단하고 오히려 미군이 이용할 수 있는 일부 시설을 파괴하라고 지시했다. 그리고 육군 소속의 비행장을 별도로 만들었다. 짧은 시간 동안 굉장한 확장이 이루어졌지만 정작 미군은 제주도로 오지 않았다. 일본군이 떠나고 콘크리트로 만든 격납고와 벙커가 있던 벌판은 흙이 덮이고 씨가 뿌려졌다. 그리고 밭고랑과 배수로가 전쟁의 흔적을 지워버렸다.

　고단한 답사를 마치고 돌아와서 벌판을 찍기 위해 띄웠던 드론으로 활용한 영상과 사진들을 살펴봤다. 색색의 물감을 칠한 것 같은 밭이 아름답게 펼쳐졌다. 수확이 끝난 밭은 트랙터가 오가면서 새로운 씨앗을 뿌리기 위해 밭고랑을 만드는 중이었다. 바닷가로 튀어나온 송악산 너머에는 신들의 황혼 같은 햇살이 비쳤다. 밭과 밭 중간에는 담장을 두른 무덤들이 보였다. 알뜨르는 제주도 사람들에게는 삶과 죽음이 공존하는 곳이다. 이곳에는 4·3의 비극이 전해지는 섯알오름 학살터가 있고, 일본군이 만들어놓은 벙커와 창고, 고사포 진지, 지하동굴이 존재한다. 과거의 일이라고 눈을 돌리기에는 너무 많은 과거들이 공존하고 있다.

──── 위쪽에서 안쪽으로 내려다본 통로의 모습

───── 지금은 농경지가 된 알뜨르 비행장. 바다와 접한 송악산이 보인다.


    일본이 제주도에 남겨놓은 흔적들은 저주의 낙인처럼 남았다. 그럴 수밖에 없게 된 것은 일본군이 만들어놓은 시설에서 4·3학살이 벌어졌기 때문이다. 전쟁의 공포와 학살의 아픔이 겹쳐지면서 제주도의 상처는 아직도 아물지 않았다. 하지만 송악산 너머에서 반짝거리는 아름다운 햇살을 본 순간, 적어도 그 순간만큼은 전쟁의 기억을 잊고 싶었다.

### 찾아가는 길

교통이 불편하므로 자가운전을 추천한다. 올레길 중간 루트이기도 하므로 올레길을 걷다 도중에 들르는 것도 좋다.

### 알뜨르 비행장 연표

1932년 알뜨르 비행장 설립
1951년 육군 제1훈련소로 사용
1956년 훈련소 폐쇄

# 길옆의 기억들

●

## 모슬봉과 이교동 방공호

### 고구마 저장고

모슬봉이 올려다 보이는 산기슭, 정확하게는 대
정고등학교 정문 건너편 길옆에는 대단히 특이한 창고가 하나 있다.
포복한 것처럼 산기슭에 바짝 붙여 건축되는 바람에 이곳에 뭔가 있
다는 사전 정보가 없다면 지나칠 수도 있는 건물이었다. 길옆 공터
에 차를 세우고 여행객에게 친절을 베풀지 않는 창고 앞에 섰다.

문은 일본식으로 쌓은 축대 아래의 땅으로 살포시 파고들어 있었
다. 문 위에는 하얀색 페인트로 '고구마 저장고'라고 적혀 있었다. 사
실 제주도에서 고구마는 우리가 알고 있는 고구마가 아닌 감자를 뜻
한다. 감자는 영화제목으로도 쓰였던 지슬이다.

하지만 이 창고는 본래 고구마 저장고로 지어진 것은 아니었다. 1945년, 연이은 패전으로 미군이 코앞까지 다가오자 일본은 본토를 지키기 위해 제주도의 병력을 서둘러 증강했다. 한때 도양폭격의 근거지였던 제주도는 본토 결전을 위한 전쟁터가 될 운명에 처했다.

일본은 미군의 공습을 막기 위한 레이더 기지 설치를 시작으로 제주도의 요새화를 진행했다. 조선 전역을 수비하기 위한 제17방면군이 창설되고, 제주도 방어를 전담하는 제58군도 만들어졌다. 그 외에 관동군 소속의 제111사단을 비롯하여 일본 본토에서 창설된 제96사단, 독립혼성 제108여단 같은 방어부대들이 속속 제주도로 들

─── 서귀포 대정고등학교 정문 맞은편의 고구마 저장고

어왔다. 그리고 제주도 곳곳에는 지하 동굴진지가 만들어졌고, 공습을 피하기 위한 주요 시설들을 지하로 숨기는 작업이 이루어졌다. 해군이 관할하던 알뜨르 비행장도 진해 경비부 소속의 제201부대가 확장 작업을 계속하던 중이었다.

비행장 확장 작업에는 조선인, 특히 제주도 주민들이 다수 동원되었다. 그들은 주로 방공호를 만들고 돌과 흙을 퍼내는 일을 했다. 모슬봉 산기슭의 고구마 창고가 지어진 것도 그 즈음이었다.

고구마 저장고의 문을 열자 새하얀 햇빛과 시커먼 어둠이 대치했다. 솔직히 고백하자면 나는 이런 순간이 가장 두렵다. 일제 군사시설물이라는 이름의 역사 혹은 괴물과 만나야 하기 때문이다. 역사 앞에서 선입견을 가져서는 안 되지만, 이 괴물은 조선 사람들의 피와 눈물, 심지어 목숨까지 한껏 빨아들여 만들어졌다. 만들어진 과정과 사연을 알수록 미워진다.

앞서 살펴봤던 알뜨르 비행장과 모슬봉 기슭에 있는 이곳은 무려 3킬로미터나 떨어져 있다. 예전에는 여기까지 비행장이었기 때문에 이곳에 살던 사람들은 강제로 쫓겨나는 것은 물론 비행장 확장 공사에 동원되어야 했다. 자신이 살던 옛 집이 헐리고 그곳에 낯선 시설물을 세우는 데 끌려온 사람들의 심정이 어떨지 상상이 가지 않았다.

산기슭에 자리 잡은 이 방공호는 아직까지 정확한 용도가 밝혀지지 않았다. 문 옆의 안내판에도 탄약고 내지는 발전소라는 추정만 적혀 있다. 일본군이 만들어놓은 지도에는 이 시설의 위치가 표시되어 있지만, 기밀 유지를 위해서인지 용도는 적혀 있지 않았다.

강제 징용을 당해 일했던 조선인들이 적지 않았지만, 건물이 어떤 용도로 사용될지에 대해서는 그들도 직접 들은 바가 드물었다. 덕분에 방공호의 용도는 아직까지 정확하게 밝혀지지 않고 있다. 기록이나 증언이 남아 있지 않다는 점 외에 이 방공호가 사람들을 미궁으로 빠지게 하는 이유는 괴상한 구조 때문이다.

## 특이한 내부 구조

방공호는 붕괴나 매몰에 대비해 입구를 여러 곳에 만든다. 입구의 수에 따라서 형태도 다양해지지만 대개는 90도로 꺾인다. 하지만 모슬봉의 방공호는 Y자형 구조였고, 내부에는 다른 곳에서 볼 수 없는 특이한 벽이 존재했다. 문을 열자마자 바로 그 벽을 볼 수 있었다.

통로 중간에 사람 키 높이 정도로 일종의 칸막이가 있었는데, 일정 간격을 두고 사각형 구멍이 뚫려 있었다. 이 벽은 방공호 안쪽에 칸칸이 자리 잡고 있었다. Y자형이라는 내부 구조에 이런 특이한 벽까지 존재하는 바람에 용도를 알아차리는 일은 오리무중이 되었다. 안쪽으로 좀 더 들어가 보기로 했다.

내부 구조는 역시 붕괴에 잘 견딜 수 있는 아치형으로 되어 있었다. 널빤지를 댄 흔적도 보였다. Y자형의 양쪽 축은 통로 역할이라고 볼 수 있었다.

——— 방공호 안쪽에서 입구 쪽을 바라본 모습. 특이하게 생긴 벽이 좌우에 있다. 입구 위쪽을 보면 이 공간이 얼마나 높은지 알 수 있다.(왼쪽)
——— Y자형 방공호의 가장 안쪽. 역시 특이한 벽이 서 있다. 천장을 자세히 보면 녹슨 쇠갈고리가 일렬로 매달린 것이 보인다.(오른쪽)

　안쪽으로 깊숙하게 자리 잡은 곳이 가장 큰 공간이었는데, 이곳역시 특이한 벽으로 가득했다. 방공호는 본래 꽤 높은 데다 면적도넓은 편이지만, 이곳은 이 벽 덕분에 굉장히 작고 좁아 보였다.

　가장 큰 안쪽 공간에는 벽이 아예 3열로 세워져 있었다. 내부 크기는 앞서 둘러본 알뜨르 비행장이나 여수 수상비행장의 벙커보다컸다. 여수에서 본 지하 철도 터널에 육박할 정도였다. 답사하면서 둘러봤던 것 중 경희궁 방공호 다음으로 가장 컸다. 거기다 병사처럼 도열해 있는 이 벽의 정체는 무엇인지도 방공호의 용도가 무엇일까 하는 의문에 무게를 더했다.

다른 한쪽 통로의 출입구는 문이 굳게 닫혀 있었다. 문의 루버창에서 흘러드는 가는 빛이 동굴 안의 어둠을 어느 정도 식혀주었다. 이 방공호는 두 개의 큰 출입문과 안쪽의 거대한 공간으로 구성되어 있었다. 철도 터널을 연상시킬 정도로 거대한 공간이라서 단순한 대피용이 아닌 것은 확실했다.

일단 중간 중간 서 있는 벽의 정체는 금방 알아차릴 수 있었다. 사진이나 인터넷으로 봤을 때는 몰랐지만, 직접 눈으로 보자 방공호와 구멍 난 벽의 콘크리트 색깔이 많이 달랐다. 정확하게는 구멍 난 벽이 한참 나중에 만들어져 훨씬 깨끗한 상태였다. 그러자 벽에 뚫린 사각형 구멍의 정체도 알 수 있을 것 같았다. 각목을 끼운 다음 바구니를 걸쳐 고구마를 저장하는 목적으로 만든 것 같다고 동행한 공저자는 말했다. 밖에 적힌 고구마 저장고라는 명칭 그대로 인근 주민들이 오랫동안 고구마 저장소로 사용했다는 것이었다. 그러다 등록문화재가 되면서 더 이상 사용하지 않았던 것으로 보였다. 현지 주민을 인터뷰했다면 확실히 알 수 있었겠지만 아쉽게도 낮 시간이어서인지 주민을 만나보지 못했다. 이 구멍 뚫린 벽 때문에 방공호의 정체는 오리무중이 되어버렸다. 하나의 의문이 풀리긴 했지만 또 다른 의문, 즉 이 방공호의 진짜 용도가 무엇인지는 좀 더 살펴봐야 했다.

## 방공호의 용도

　　　　　동행한 공저자 신효승은 이 방공호가 연료 저장용이라는 기존의 의견에 조심스레 반대를 표했다. 너무 높다는 이유였다. 높이 쌓을 수가 없는 상황이라면 굳이 귀한 재료와 시간을 낭비하면서 높게 지을 필요가 없었다. 지금처럼 지게차가 있던 시기가 아니어서 높게 쌓는 것이 불가능했기 때문이다.

　광주 학생독립운동 기념관 근처에서 발견된 터널은 일본군의 연료 저장고로 추정되고 있다. 하지만 광주의 터널은 일직선으로 수십 미터씩 뻗어 있어 많은 양의 연료를 신속하게 넣고 뺄 수 있었다. 그곳과 이곳의 높이는 비슷했지만 길이는 이곳이 훨씬 짧았다. 더욱이 이 방공호가 있는 곳은 산기슭이어서 연료를 운반하기에는 적당하지 않았다. 따라서 연료 저장고일 가능성도 배제되었다. 발전소일 가능성을 염두에 두고 살피다가 천장에서 흥미로운 것을 발견했다.

　천장 중앙에 쇠갈고리가 일렬로 달려 있는 것이었다. 지심도 서치라이트 보관소의 입구에서도 같은 걸 봤던 것이 떠올랐다. 또 여수 수상비행장 지하 벙커의 천장에서도 쇠갈고리들이 붙어 있는 것을 본 기억이 났다. 여수 수상비행장의 지하 벙커 역시 탄약고로 추정되었지만 우리 답사 팀이 내린 결론은 기계를 수리하는 정비용 벙커였다. 그 근거로 삼았던 것이 무언가를 매달 수 있는 쇠갈고리였다. 탄약고나 연료 저장고에는 필요하지 않은 것이었고, 오직 기계를 정비할 때 유용한 도구였기 때문이다. 여수 수상비행장의 방공호처럼 정비 목적을 위한 것이었다면 바닥도 비슷할 것이라는

———— 천장에 일직선으로 붙은 쇠갈고리. 엔진이나 부품을 정비할 때 들어올리기 위한
용도로 추정된다.

생각이 들었다.

예상대로 바닥 곳곳이 파여 있었다. 중요한 물자 등을 보관하는
방공호는 모두 바닥에도 콘크리트가 반듯하게 깔려 있었다. 하지만
이곳 바닥은 울퉁불퉁했다. 세월에 못 이겨 파손된 것이 아니라 뭔
가를 설치했다 떼어낸 흔적이었다.

처음부터 이곳에 무언가를 설치해놓고 콘크리트를 타설한 것이
었다. 뭔지는 모르겠지만 이 방공호를 처음 설계하고 시공할 때부터
설치가 예정되어 있었고, 절대로 위치가 바뀌지 않았던 것이다. 뒤
집어 얘기하면 이 방공호의 설치 목적이 바로 여기 있던 무언가라고

할 수 있는 셈이다. 이곳이 알뜨르 비행장 근처라는 점을 감안하면 여수처럼 비행기 엔진을 비롯한 부품을 수리하는 곳일 수도 있었다. 물론 관련 자료를 더 살펴봐야 하겠지만 답사에서 답을 내릴 수 있었다는 것은 행복한 일이 아닐 수 없었다. 동행한 공저자들과의 활발한 토론이 신빙성 있는 예상 답안을 내놓을 수 있게 하는 원동력이 된 것이다. 홀가분해진 마음으로 방공호 안을 좀 더 살펴보기로 했다. 가장 궁금했던 것은 Y자형 통로가 만나는 곳을 어떻게 처리했느냐였다.

각기 다른 방향으로 콘크리트를 고정시켰던 널빤지들이 정교하게 맞춰져 있었다. 뒤쪽 정비 공간은 직선이었고, 나머지 두 출입구로 향하는 쪽이 비스듬하게 맞춰졌다. 지붕과 벽에는 사진에서 보이는 것처럼 검정색 방수제가 발려 있었다. 이곳을 고구마 저장고로 사용하던 주민이 빗물이 새는 것을 막기 위해 바른 것으로 보였다. 그리고 천정에는 철제로 만든 원통형 환기구가 여러 개 뚫려 있었다. 원래 있던 것인지 나중에 만들어진 것인지는 알 수 없었다. 안쪽에는 출입구 하나 더 있었다.

쇠갈고리가 걸려 있는 정비 공간 끝에 위치한 이 출입구는 가파른 계단을 한참 올라가야 도달할 수 있었다. 산기슭을 파고든 형태로 지어진 방공호의 가장 안쪽 공간이어서 이런 식으로 만들어진 것 같았다. 다른 출입구들보다 작고 계단까지 있는 걸 보아 유사시 대피할 용도인 듯했다.

계단 옆에는 보조계단 같은 것이 하나 더 있었다. 만들어진 시기에 차이가 있음을 알 수 있었다. 고구마 저장고로 사용되던 시절 너무 가파른 원래의 계단 옆에 좀 더 완만한 경사의 계단을 만들어 이용한 모양이었다.

방공호 안을 살펴본 후 밖으로 나왔다. 발전소나 탄약고, 혹은 일제 군사시설로만 알려진 모슬봉 방공호의 정체를 어느 정도 파악한 것은 성과라면 성과였다. 이곳은 워낙 특이한 형태이고 보존도 잘되어 있는 편이어서 지난 2006년 등록 문화재 제314호로 지정되었다. 앞으로 별일이 없다면 이곳은 모슬봉 일제 군사시설 내지는 정비용 방공호로 불릴 것이다. 하지만 나는 이곳을 모슬봉 기슭의 고구마 저장고로 기억하고 싶다. 정비용 방공호로 지낸 시절보다 더 오랜 세월 동안 주민들의 소중한 먹거리를 보관하는 고구마 저장고로 지내왔기 때문이다. 답사를 마치고 방공호를 나오는데 근처에서 또 다른 구조물을 발견했다. 땅속에서 굴뚝이 불쑥 솟아오른 듯한 형태였는데, 알뜨르 지하 벙커에서 본 것과 유사한 모습이었다.

가까이서 안쪽을 살펴보니 예상대로 굴뚝처럼 안이 뚫려 있었다. 아래쪽은 흙과 쓰레기로 막혀 있었지만 옆으로 통로가 이어져 있었다. 아래쪽을 볼 수 있는 장비가 없어 더 이상 살펴보는 것은 불가능했지만, 이 통로 아래에도 지하 벙커 같은 것이 있다는 추측이 가능했다. 방공호의 경우 산기슭에 있기 때문에 출입문을 밖에 둘 수 있었지만, 통로가 보이는 쪽은 거의 평지였기 때문에 지하에 만들어야 했다. 지상과 통하는 입구가 막히면서 오직 이 통로만 바깥과 연결고리로 남은 것이다. 등록문화재는 물론이고 연구 자료에도 언급되는

——— Y자형 통로가 만나는 지점. 각
기 다른 방향으로 널빤지를 대서 결합한
것을 알 수 있다.(왼쪽)

——— 가파른 계단으로 이어진 또 다
른 출입구(오른쪽)

——— 이교동 길거리에 있는 일제 군사시설. 겉보기에는 두 개의 아치형 문이 전부다.
뒤쪽으로 넝쿨에 둘러싸인 네 개의 기둥이 보인다.

경우가 없기 때문에 새로운 일본군 군사 시설을 발견할 수 있을지도 모르겠다. 다음번 답사 때는 아래쪽을 살필 수 있는 장비를 가지고 와서 답사해보기로 하고 다음 목적지로 아쉬운 발걸음을 뗐다.

## 길가의 방공호

　　　　　　　모슬봉 기슭에서 내려와 근처에 있는 이교동으로 향했다. 직선거리로 700미터쯤 떨어진 곳의 또 다른 방공호를 살펴보기 위해서였다. 보통 이교동 일제 군사시설이라 불리는 이 방공호는 2차선 도로 한쪽에 자리 잡고 있었다. 이곳 역시 등록문화재 제315호로 지정되었다. 모슬봉 방공호가 제314번이니까 바로 다음 번호를 부여받은 것이다. 길옆에 있는 작은 창고 문 두 개가 간격을 두고 서 있는 형태였다. 생각보다 입구가 좁고 낮았다.

아치형으로 콘크리트를 엉성하게 다듬은 문이 낮았던 이유는 가까이 가서 살펴보고 나서야 알게 되었다. 도로를 깔고 보도블록을 놓으면서 지표면의 위치가 높아지는 바람에 문이 상대적으로 낮아진 것이었다. 길옆에 노출되어 있으면서 방공호라는 이름이 붙은 게 아이러니였지만, 원래는 위에 흙을 덮어 위장을 했을 것이다.

아치형 입구는 큰 돌을 섞은 두꺼운 콘크리트로 되어 있었다. 나무로 된 문이 달려 있었지만 건설 당시의 것은 아니었다. 비교적 엉성하게 만든 편이긴 하지만 만만치 않은 두께를 자랑하고 있었다.

이 시설물의 용도는 비교적 일찍 밝혀졌다. 대부분 통신 시설로 사용된 것으로 추정하고 있는데, 알뜨르의 지하 벙커와 동일한 내부 구조 때문이었다. 사진에서는 나무에 가려져 있긴 하지만, 언덕 위에 네 개의 안테나용 통로가 일직선으로 올라와 있다. 방공호의 용도가 밝혀진 상태였기 때문에 비교적 홀가분한 마음으로 답사에 나설 수 있었다.

전체적인 형태는 ㄷ자 모양인데 두 개의 출입구가 수평으로 이어져 있었고, 가운데 공간이 수직으로 붙어 있었다. 출입구로부터 이어지는 통로는 한 사람이 겨우 들어갈 수 있을 정도로 좁았다. 더욱이 별도의 조명이 없어 어둠속에 갇힌 느낌이었다. 벽과 천장은 널빤지를 대서 콘크리트를 굳힌 흔적이 그대로 남아 있었다. 안으로 걸어 들어가자 막다른 지점이 보였다. 이곳에도 알뜨르 비행장의 지하 벙커처럼 출입문 주변에 현무암이 쌓여 있었다. 그리고 그 돌이 쌓인 막다른 곳에서 왼쪽으로 90도 꺾어지는 통로가 나왔다.

여기까지 오자 비로소 내부 구조가 머릿속에 들어왔다. 전체적인 형태는 알뜨르 비행장의 지하 벙커와 같았다. 다른 점이 있다면 알뜨르는 계단을 밟고 내려가야 하는 지하인 반면, 이곳은 평지에 만들어져서 그대로 걸어갈 수 있다는 점이었다.

랜턴 불빛에 의지해 꺾어진 통로 안으로 들어섰다. 예상대로 옆에 반 층쯤 올라가는 계단이 있었고, 이 계단은 안테나를 뽑아 올리는 통로와 연결되어 있었다. 일본이 미군에게 항복하면서 넘긴 목록에 적힌 일곱 개 전신소 중 하나가 바로 이교동 방공호였던 것이다. 모슬봉 기슭의 시설도 그렇지만, 이곳도 알뜨르 비행장과는 제법 떨어

져 있었다. 여기까지, 아니 이곳 너머까지 전부 알뜨르 비행장이었
다면 대체 얼마나 많은 제주도 주민들이 삶의 터전에서 쫓겨난 것일
까? 빛 한 점 없는 방공호 안의 어둠보다 더한 막막함이 느껴졌다.

알뜨르 비행장의 지하 벙커처럼 들어가 보고 싶었지만 너무 어두
운 탓에 포기해야 했다. 가운데 자리 잡은 공간은 빛이 없는 탓인지
음침하기 그지없었다. 조명이 없어 흐릿하기는 하지만 측면에 알뜨
르 비행장의 지하 벙커에서 볼 수 있었던 크고 작은 사각형 구멍들
을 확인할 수 있었다. 이곳도 알뜨르 비행장의 지하 벙커처럼 전신

———— 통로 중간에서 입구
쪽을 바라본 모습. 통로가 엄청
나게 좁은 것을 알 수 있다.

소 역할을 했던 곳이다. 다른 곳이 등록문화재로 자리매김했다면 이 교동의 방공호는 그저 어둠속에서 기다리고 있을 뿐이었다.

　좁은 통로를 빠져나오자 빛이 우리를 기다리고 있었다. 삭막한 어둠속으로 들어간 탓에 지친 내 곁으로 차들이 지나갔고, 개를 끌고 산책을 하는 여성이 스쳐갔다. 문득 그들과 내가 방금 나온 곳의 거리를 떠올려봤다. 몇 미터라는 말이 사치일 정도로 가까웠다. 문득 역사가 우리와 얼마나 가까이 자리 잡고 있는지 새삼 깨달았다.

### 찾아가는 길

모슬봉 방공호는 제주 대정고등학교 정문 길 건너편에 있다. 이교동 방공호는 서귀포시 대정읍 상모리 3262−1번지 길거리에 위치해 있다. 산이수동입구 사거리에서 북쪽 방향으로 조금 올라가면 있다. 교통편이 불편하므로 자가운전을 하는 것이 좋다.

# 그곳에 일본군 위안부가
있었다

●

성산일출봉 해안 동굴진지

## 성스러운 산

　　　　　　제주도 동쪽 끝에 자리 잡은 성산은 언제 봐도
아름답다. 이름처럼 성스러워 보이기도 한다. 화산 활동으로 탄생한
성산은 바닷가에 우뚝 솟은 모양새로 아침 일찍 바다에서 떠오른 햇
살을 받으면서 신령스러운 자태를 뽐냈다. 제주도 동쪽 끝자락에 있
는 덕분에 제일 먼저 해가 뜨는 걸 볼 수 있어 일출봉이라고도 불렸
고, 어느 순간부터인가는 두 개의 이름이 붙어 불리게 되었다.

　이곳은 바다에서 분출한 화산이 만든 산이라는 독특함 덕분에 제
주도 주민들은 물론 외지의 관광객들에게도 큰 사랑을 받고 있다.
우리 일행이 탄 차가 성산일출봉이 올려다 보이는 주차장에 도착한

것은 오전이었다. 그래서인지 관광객들은 보이지 않았다.

장비를 챙겨 향한 곳은 성산일출봉 쪽이 아니라 바다에 접한 해안 가였다. 바닷가로 내려가자 콘크리트로 만든 부두가 있었다. 조선시 대에 육지로 보낼 말들을 실었던 곳이어서 수마포라는 지명이 붙었 다. 제주도 올레길 제1코스이기도 해서 많은 사람들이 이곳에 오지 만, 해안가에 내려가 동굴까지 살펴보지는 않는다.

콘크리트로 만든 수마포의 부둣가 끝까지 가자 해안가에 도착했 다. 모래보다는 굵고 자갈보다는 작은 흙이 쌓여 있어 발이 푹푹 빠 졌다. 조금 걷다 보니 사진에는 보이지 않는 움푹 들어간 공간이 나

───── 해안가에서 바라본 성산일출봉. 자세히 보면 해안가 절벽에 동굴진지의 입구들 이 있다.

타났고, 그곳에 우리가 찾던 것이 있었다.

1944년 들어 한때 기세등등하던 일본은 몰락의 길을 걸었다. 진주만 기습으로 격분한 미국이 본격적인 반격에 나서면서 패배를 거듭한 것이다.

태평양전쟁 초기에 점령했던 지역은 물론 본토까지 위협받게 된 일본은 비상수단을 꺼내들었다. 바로 가미카제 특공대였다. 비행기를 몰고 미군의 함선에 자살공격을 감행하는 식으로 전세를 뒤집으려 한 것이다. 비행기를 사용하는 방식이 가장 먼저 등장하긴 했지만 비행기 숫자는 넉넉하지 않았고, 조종사를 양성하는 데도 적지 않은 시간이 걸렸다.

따라서 더 쉽게 만들고 간단히 조종할 수 있는 자살특공무기가 속속 등장했다. 가미카제 다음으로 잘 알려진 것은 일본 해군의 93식 산소어뢰에 사람이 직접 탑승해서 적 함선과 충돌하는 인간어뢰 카이텐이다. 합판으로 만든 모터보트에 폭발물을 싣고 그대로 목표물에 돌진하는 신요도 잘 알려져 있다. 그 밖에도 날개를 부착해서 조종성을 향상시킨 특수 잠항정 카이류 등이 있다. 나중에는 아예 잠수복을 입은 잠수부가 물속을 걸어가 적의 함선에 접촉기뢰를 찌르는 방식의 복룡伏龍이라는 자살특공병기도 등장했다. 전쟁의 광기가 가장 소중한 존재인 사람의 목숨을 스위치로 바꿔버린 셈이다. 가미카제를 제외한 여러 자살특공병기 중 가장 쉽게 만들어지고 사용된 것은 신요다. 합판과 엔진만 있으면 쉽게 만들 수 있고, 물속을 움직이는 잠항정에 비해 조종이 간편했기 때문이다.

이 이야기는 광기에 휩싸인 오래전의 남의 나라 일이 아니라 우리가 직면한 역사이기도 했다. 1945년 이오지마를 빼앗기고 오키나와가 공격당할 위기에 처하자 일본은 제주도의 요새화 작업에 박차를 가했다. 그리고 미군의 압도적인 공격력을 막아내기 위해 자살특공무기를 배치했다.

성산일출봉의 해안가에도 그런 전쟁의 광기가 남긴 흔적들이 있었다. 해안가를 한동안 걷자 부둣가에서 보이지 않던 움푹 들어간 지형 안에 두 개의 동굴이 바닷가를 향해 나란히 자리 잡고 있는 것이 보였다. 정확하게는 동굴진지였다.

떠밀려온 흙과 풀에 가려져 있긴 했지만 입구 주변과 내부는 콘크리트로 튼튼히 보강되어 있었다. 제주도의 토질은 쉽게 파고 들어갈 수 있지만 반대로 쉽게 무너질 수 있기 때문에 중요한 진지는 이렇게 콘크리트를 이용해서 보강해야 했다. 아치형으로 굴착된 내부의 벽과 천장이 모두 그랬다.

태평양전쟁 말기가 되면서 극심한 물자 부족에 시달린 상황이라는 점을 감안하면 꽤 신경을 써서 만든 것이었다. 같은 해안가에 굴착된 다른 동굴진지들이 방수를 위해 석회를 바른 정도를 제외하고 어떤 보강도 하지 않았다는 점을 감안하면 더욱 그렇다. 이는 이 동굴진지가 일반적인 방어진지와 다른 목적 혹은 가치를 지니고 있었음을 의미한다. 동굴진지 안에는 해녀들과 어부들이 가져다놓은 각종 어구들이 쌓여 있었다. 둘 중 한 곳의 바닥에는 아예 물에서 나온 해녀들이 불을 쬐는 불턱이 있었다. 전쟁이 끝나고 일본이 물러간

후 어떻게 이용되었는지 알 수 있는 흔적이 남은 것이었다.

진지 자체는 정교하게 마무리되어 있었지만 내부는 크거나 깊지 않았다. 덕분에 어떤 자살특공무기가 보관되었는지 쉽게 유추할 수 있었다. 이에 관해서는 기록이나 증언도 많이 남아 있는 편이다.

이곳에 주둔한 것은 제45신요부대였다. 엔진을 단 모터보트에 폭탄을 장착해 적선에 자폭하는 신요를 담당하는 부대였다. 당초에는 가이텐, 카이류 같은 다른 자살특공무기들도 배치될 예정이었지만, 실제로 부대가 편성되고 배치된 것은 신요가 유일했다.

일본은 147개 신요부대를 편성하여 일본 전역과 오키나와, 대만과 제주도 일대에 배치했다. 제주도에 배치된 신요부대는 모두 세

개였다. 제45신요부대는 성산일출봉에, 제119신요부대는 삼매봉에, 제120신요부대는 수월포에 배치되었다. 각각 제주도의 동쪽, 남쪽, 서쪽에 자리 잡은 셈이었다. 이는 실제로 일본이 예측한 미군 상륙 지점과도 일치했다.

그중 가장 먼저 실전에 배치된 부대는 성산일출봉 동굴진지에 있던 제45신요부대였다. 부대장의 이름을 따서 무라야마라고 불리기도 한 이 부대에는 제주도에 배치될 100여 척의 신요들 중 절반이 배속되었다. 다른 부대들보다 먼저 배치되기도 했다.

성산일출봉의 동굴진지 공사는 일본 해군 시설부에서 맡았지만 실제 굴착과 시공을 맡은 것은 모두 조선인들이었다. 현지 주민들은 물론, 육지에서도 끌려와서 강제노역에 시달려야만 했다. 주로 굴착

──── 동굴진지 내부

을 해본 경험이 있는 전라도 지역의 광부들이 강제로 끌려왔다고 전해진다.

공사는 성산일출봉의 해안가 절벽을 따라 진행되었다. 절벽과 물이 만나는 곳, 즉 물이 차면 닿는 곳에 7미터 정도 굴착을 하고 지붕과 벽을 콘크리트로 보강했다.

이곳에 배치된 신요1형은 길이가 5미터 조금 넘었기에 충분히 보관이 가능했다. 그리고 안에는 두 바퀴가 달린 리어카 비슷한 것을 두고 그 위에 일본인들이 '교라이테'魚雷艇라 부르는 신요를 실었다. 그리고 그대로 사람이 바다까지 밀어서 띄웠는데, 빨리 움직일 수 있도록 동굴진지와 바닷가까지 시멘트로 일종의 도로를 만들어두었다. 합판으로 만들었기 때문에 사람이 밀고 가는 게 가능했다. 고하도의 해안 동굴진지에 바닷가까지 움직일 수 있도록 암석을 파내 만든 길과 비슷한 방식이었다. 성산 앞바다에 적이 나타나면 바로 출격해서 공격할 수 있도록 만반의 준비를 해놓은 것이었다.

하지만 죽음을 불사한 각오와 달리 현실은 초라했다. 제45신요부대가 제주도에 배치된 것은 1945년 4월이었다. 그때는 아직 공사도 끝나지 않았고, 기반시설도 마련되지 않았던 것이다. 바닷가에서 진행되는 작업이라 물이 들어오는 동안은 일을 하지 못했고, 별다른 장비가 없어 모든 공정을 사람 손으로만 해야 했다. 제주도에 온 신요부대 병사들은 임시로 움막을 짓고 지내야 했다. 더 큰 문제는 해안가의 동굴이라 전기 장치의 부식이 심하게 일어났다는 점이다. 결국 그들은 신요를 동굴진지에 넣어두는 대신 해안가 모래밭에 엎어놓고 위장을 해두어야 했다. 신요의 최대 장점인 빠른 준비가 불가능해져버린 것이었다.

성산일출봉에 배치된 신요는 요카렌予科練들이 조종하기로 되어 있었다. 해군비행예과연습생海軍飛行予科練習生의 줄임말인 요카렌은 늘어나는 비행기 조종사의 수요를 맞추기 위해 일정 이상의 학력을 갖춘 지원자들을 뽑아 속성으로 훈련시킨 후 임명한 부사관들을 지칭한다. 이들은 태평양전쟁 말엽 가미카제 특공대원으로 차출되었는데, 이들을 태울 비행기가 부족해지자 신요의 조종 임무도 맡게 되었다.

## 일곱 개의 단추

당시 상황을 증언하는 목격자들은 일곱 개의 단추가 달려 있는 제복을 입은 일본군이 신요를 조종했다고 말한다. 일곱 개의 단추가 달린 제복은 요카렌들의 상징이었는데 맨 처음 모집되었을 때의 불평등한 대우에 불만을 품자 군부에서 서둘러 만들어준 제복이었다.

경계와 잡일은 육군 병사들이 맡았고, 요카렌들은 다른 임무에 묶이지 않고 오직 신요를 동굴진지에서 꺼내 물에 띄우고 운행하는 훈련만 반복했다. 지켜본 주민의 회고에 따르면 신속하게 물에 띄워 섭지코지까지 갔다 오곤 했다고 한다.

성산일출봉의 해안가에는 신요를 보관하는 진지만 만들어진 것이 아니었다. 이곳에서 좀 더 들어가 보면 절벽 곳곳에 동굴들이 보

——————  성산일출봉 해안가 절벽의 동굴진지 입구. 풀에 절반쯤 가려졌다.

인다. 물론 자연적으로 만들어진 것은 아니다. 현재 성산일출봉에는 약 900평방미터 면적의 진지가 만들어져 있다. 또 해안가에 콘크리트로 조성된 두 곳을 비롯하여 18개의 동굴진지가 남아 있다.

그중 가장 크고 복잡하게 굴착된 王자형 동굴진지를 살펴보기로 했다. 우연인지 의도인지는 모르겠지만, 동굴진지의 입구는 무성하게 자라난 수풀로 절반 정도 가려져 있었다.

높은 곳에 굴착되어 있어 풀줄기를 잡고서 겨우 올라갈 수 있었다. 진지는 세 군데의 출입구와 배후 공간, 그리고 가운데 연결통로로 구성되어 있었다. 王자를 눕혀놓은 형태여서 보통은 王자형 동굴이라고 부른다.

신요를 출격시키는 진지와 달리 해수면에서 몇 미터 위에 지어진

──────── 안쪽에서 본 동굴진지 입구. 바닥의 높이가 일정하지 않다.

이곳은 내부 구조도 복잡했다. 안으로 들어서자 좁은 입구와 달리 내부가 넓다는 것이 느껴졌다. 내부 공간의 크기를 감추기 위해 일부러 진지 입구를 작게 만든 것이었다.

천장과 벽은 모두 말끔하게 다듬어져 있었는데, 곡괭이로 파낸 후 다듬는 과정을 거친 것으로 보였다. 콘크리트와 나무를 사용하지 않았다는 점도 눈에 띄었다. 신요를 보관하는 진지보다는 중요도가 떨어진다는 의미였을 것이다.

좀 더 안으로 들어가자 거대한 공간이 나왔다. 각각의 출입구를 이어주는 연결통로 역할을 하는 곳이었다. 그럼에도 단순히 통로라기보다는 공간이라는 표현이 어울릴 정도로 넓었다.

사진에서 보면 알 수 있듯 동굴 내부는 평평하게 굴착되지 않았다. 입구에서 조금 안으로 들어가면 바닥이 불쑥 튀어나와 오르막길을 걷는 기분이었다. 그 지점을 지나자 다시 내리막과 평평한 구간이 이어졌다. 그런 구조 때문에 이곳을 답사한 사람들의 후기 중에는 동굴 일부분이 무너졌거나 유실되었다는 표현도 있었다. 하지만 동굴진지 내부는 붕괴된 곳이 없었고, 유실된 흔적도 찾아볼 수 없었다.

가운데 연결 공간 안쪽으로도 동굴이 더 굴착되어 있었다. 안쪽을 살펴보는데 동굴 벽이 유달리 하얗게 보였다. 흙 색깔인 줄 알았는데 동행한 공저자가 방수를 위해 벽에 석회가루를 뿌린 것이라고 알려줬다. 콘크리트로 보강하거나 갱목을 대지 못했는데 물까지 새면 붕괴할 위험이 커지기 때문에 취한 조치였다.

세 군데의 입구로 이어지는 내부 공간 중 가운데 끝부분만 옆쪽으로 살짝 더 파고들어 있었다. 아마 귀중한 물자나 지휘관이 머무는 장소인 것 같았다. 동굴진지 내부는 상당히 컸기 때문에 1개 소대가량의 인원이 머물 수 있어 보였다. 특히 뒤쪽 공간에는 탄약이나 식량도 쌓아둘 수 있어 보였다.

그렇다면 이곳의 용도는 무엇이었을까? 일단 입구는 신요가 드나들기에 너무 작았고, 해수면보다 높았다. 따라서 신요를 숨겨두기 위해서 만든 곳은 아니었다. 해안가 절벽 가운데를 굴착해 만든 것은 가덕도 새바지와 대항포의 동굴진지와 유사했다. 그 동굴진지들은 병사들이 들어가서 해안가에 접근하는 적을 사격하는 용도였다. 따라서 이 동굴진지도 성산일출봉으로 접근하는 적을 관측하고 사격하기 위해서 만들어졌다고 봐야 할 것 같았다.

세 개의 입구는 출입하는 용도로도 사용되었지만 화기를 거치하고 사격하는 총안구 역할도 했다. 입구가 작게 굴착된 것도 상대방의 관측을 막기 위해서였다. 뒤쪽 공간은 예비 병력과 지휘관, 그리고 탄약 같은 것들을 보관하기 위해 굴착한 것으로 보였다. 세 개의 입구를 연결한 것도 붕괴 시에 탈출을 수월하게 하고, 병력 배치 또한 원활히 하기 위한 용도였다.

동굴 바닥이 평평하지 않은 이유도 이런 용도와 연결 지어 생각해 볼 수 있었다. 진지 안으로 적의 탄환이 날아올 경우 일직선으로 뚫려 있다면 안쪽의 병사나 물자에 명중할 수 있기 때문이다. 가덕도의 새바지 해안 동굴진지는 총안구 주변을 콘크리트로 두껍게 막아 놓거나 내부를 Y자형으로 만들어 총알이 들어오지 못하게 했었다. 그러나 이곳에서는 입구도 겸하고 있기 때문에 막을 수는 없었다. 그리고 옆에는 다른 출입구가 있었기에 날아드는 총알을 막으려면 바닥을 높여야 했다. 높게 지어진 탓에 입구에서 바깥을 바라보자 섭지코지 쪽의 바다는 물론 신요를 숨기는 동굴진지와 수마포가 한눈에 들어왔다. 평소에는 관측소로 사용했다 적이 나타나면 신요부대에 경보를 전달하고 병사들이 들어와 방어진지 역할을 수행했던 것으로 보였다.

신요부대의 요카렌들은 적이 나타나면 육탄 공격을 감행해서 죽을 것이라는 각오로 출격을 기다렸지만, 그들에게 전해진 소식은 항복한다는 일본 국왕의 방송뿐이었다. 낙담한 요카렌들을 비롯한 부

─────── 동굴진지의 가장 안쪽. 곡괭이로 파낸 흔적이 잘 남아 있다. 양쪽으로 연결되는 통로와 측면을 굴착해서 만든 공간이 보인다.

─────── 王자형 동굴진지 입구에서 해안가를 바라본 모습. 콘크리트 방파제와 신요를 숨겨두는 동굴진지가 보인다.

대원들은 보유하고 있던 신요를 모두 파기하고 폭탄과 화약을 바다에 빠뜨린 다음 일본으로 돌아갔다.

그들이 돌아간 후 신요를 넣어두었던 동굴진지는 어부들과 해녀들의 창고이자 휴식처가 되었다. 패전을 했으면서도 일본은 자신들이 우리들에게 무슨 짓을 저질렀는지 외면했다. 그리고 먼 옛날의 아련하고 아픈 추억으로만 치부했다. 우리 역시 일본군 위안부 할머니들을 오랫동안 외면하는 등 본능적으로 어둠을 멀리했다. 시간이 지나면 잊히는 것이 기억이기 때문이라고 위안을 삼으면서 말이다. 하지만 성산일출봉의 해안 동굴진지에 관한 글을 쓰면서 나는 기억이 아닌 생생한 역사와 만났다.

## 요카렌의 외출

　　　　　　죽음이 임무였던 요카렌들은 훈련을 제외한 어떠한 잡역도 하지 않았다. 그리고 휴일이 되면 일곱 개의 단추가 달린 제복을 입고 외출을 했다.

그들이 주로 향한 곳은 위안부들이 있던 위안소였다고 한다. 당시 성산읍에는 두 군데의 위안소가 있었는데 하나는 일본인이 운영하던 여관이었고, 다른 한 곳은 징발된 일반 주택이었다.

휴일이 되면 요카렌들은 제복을 차려입고 위안소 앞에 줄을 서서 차례를 기다렸다. 양쪽 위안소 모두 6~7명의 위안부가 있었는데, 어느 지역 출신인지, 또 나이가 어떻게 되는지는 알려져 있지 않다. 일본인이 운영하던 여관 위안소는 현재 반쯤 철거되었고, 다른 위안소는 완전히 철거되어 주차장으로 변했다.

그 글귀를 보는 순간 머리가 띵했다. 성산일출봉의 해안 동굴진지를 둘러보느라 차를 세운 곳이 바로 그 주차장이었기 때문이다. 보이는 역사만 살펴보느라 눈에 보이지 않지만 대단히 중요한 역사를 놓친 것이었다. 지금 살아 있다면 80~90세는 되었을 그 할머니들은 이후 어떤 삶을 살았을까? 죽을 고비를 넘기고 고향에 돌아왔더니 이미 죽은 사람 취급을 하더라는 할머니들의 얘기를 듣고 눈시울이 뜨거워졌던 기억이 났다. 기억이라는 열쇠가 망각이라는 자물쇠를 풀어버리면 이렇게 뜻하지 않은 곳에서 역사와 만나게 된다. 다음번에 다시 가게 된다면 성산일출봉의 아름다움에 감탄하기 전에 내가 서 있는 곳 어딘가에 다시금 기억해야만 하는 슬픔이 있다는 사실을 잊지 않을 것이다.

### 찾아가는 길

성산일출봉 아래 주차장에서 해안가의 방파제를 따라 걸어가면 절벽 아래의 동굴진지들을 볼 수 있다.

## 단행본

KBS 부산재발견 제작팀, 『부산 재발견』, 우진, 2013

강석훈 외, 『왜 우리는 군산에 가는가』, 글누림, 2014

강영조, 『부산은 항구다』, 동녘, 2008

고바야시 게이지 저, 홍영의 역, 『한일 역사의 현장』, 시간과공간사, 2006

군산시 문화체육과, 『근대문화의 도시 군산』, 전라북도, 2007

권기봉, 『권기봉의 도시산책』, 알마, 2015

김충식, 『목화꽃과 그 일본인』, 메디치미디어, 2015

나채훈, 박한섭, 『인천 개항사』, 미래지식, 2006

다카사키 소지 저, 이규수 역, 『식민지 조선의 일본인들』, 역사비평사, 2006

문동석, 『한양, 경성 그리고 서울』, 상상박물관, 2013

박종효, 『激變期의 한·러 關係史』, 도서출판선인, 2015

서울역사박물관, 『서울의 근대건축』, 서울역사박물관, 2009

오창섭 외, 『한국의 근대건축』, 북노마드, 2011

이광노, 『한국 근대 건축』, 곰시, 2014

이순우, 『통감관저, 잊혀진 경술국치의 현장』, 하늘재, 2010

이순우, 『손탁 호텔』, 하늘재, 2012

이완희, 『한반도는 일제의 군사요새였다』, 나남, 2014

이희환, 『이방인의 눈에 비친 제물포』, 인천문화재단, 2011

임석재, 『개화기 사회미학으로 읽는 서울 건축』, 이화여자대학교 출판부, 2011

임석재, 『서울, 건축의 도시를 걷다 1, 2』, 인물과 사상사, 2010

정혜경, 『우리 마을 속의 아시아태평양 전쟁유적 광주광역시』, 도서출판 선인, 2014

주철희, 『일제강점기 여수를 말한다』, 흐름, 2015

최석호, 박종인, 이길용, 『골목길 근대사』, 가디언, 2015

최예선, 정구원, 『청춘남녀 백년 전 세상을 탐하다』, 모요사, 2010

표용수, 『부산 역사의 현장을 찾아서』, 선인, 2010

한만송, 『캠프마켓』, 봉구네책방, 2013

논문

강순원, 「태평양전쟁기 제주도 주둔 일본군과 군사시설」, 제주대학교 석사학위 논문, 2006

허호준, 「태평양전쟁과 제주도: 미군의 제주도 주둔 일본군 무장해제 과정을 중심으로」, 《사회와역사》 통권72호, 2006

강철두, 「외양포 보고서: 가덕도의 일제 식민 군사시설에 관한 표현 연구」, 대구대학교 석사학위 논문, 2002

김근배, 「대한제국기-일제 초 관립공업전습소의 설립과 운영」, 《한국문화》 18, 1996

김대호, 「1910~20년대 조선총독부의 조선신궁 건립과 운영」, 《한국사론》 제50집, 2004

김란기, 「식민지시대 건축유산의 인식과 동향」, 《한국건축역사학회 학술발표대회논문집》, 2011

김란기, 「한국근대화과정의 건축제도와 장인활동에 관한 연구」, 《홍대박론》, 1989

김미현, 「전시체제기 인천지역 학생 노동력 동원」, 《인천학연구》 제12호, 2010

김백영, 「식민지 동화주의의 공간정치: 조선신궁의 건설과 활용을 중심으로」, 《인천학연구》 제11호, 2009

김백영, 「일제하 서울에서의 식민권력의 지배전략과 도시공간의 정치학」, 서울대학교 박사학위논문, 2005

김영수, 「1920~30년대 인천의 '관광도시' 이미지 형성: '인천 안내서'를 중심으로」, 《인천학연구》 제11호, 2009년

김원복, 「아시아·태평양전쟁 말기 제주도에 구축된 일본군 진지에 관한 연구: 모슬포 지역을 중심으로」, 한신대학교 석사학위 논문, 2009

김윤미, 「개항기 歐美 세력에 의한 국토 및 지역체계의 변화」, 한양대 박사학위 논문, 2011

김지민, 「건축으로 본 목포의 근대성」, 《전남대학교 호남학연구》 제42집, 2008

김진수, 문성주, 「군사적 측면에서 본 지심도의 역사적 위치」, 《한국도서연구》 25권 1호 통권42호, 2013

김천수, 「일제시기 용산기지 형성 과정에 대한 기초연구」, 《향토 서울》 제87호, 2014

덕간일아, 「개항기 목포 이주 일본인의 도시 건설과 도시 생활」, 전남대학교 석사학위 논문, 2010

문혜진, 「일제 식민지기 종교와 식민 정책: 경성신사 사례연구를 중심으로」, 한양대학교 박사학위논문, 2015

송지연, 「러일전쟁 이후 일제의 군용지 수용과 한국민의 저항: 서울(용산), 평양, 의주를 중심으로」, 이화여자대학교 석사학위논문, 1997

신주백, 「용산과 일본군 용산기지의 변화(1884년~1945년)」, 《서울학연구》 제29호, 2007

안종철, 「1930-40년대 남산 소재 경성호국신사의 건립, 활용, 그리고 해방 후 변화」, 《서울학연구》 제42호, 2011년

이동신, 「지심도 관광개발의 배경과 관광개발 가치성에 관한 연구」, 《한국도서연구》 24권 4호 통권41호, 2012

이신철, 「월남인 마을 해방촌(용산2가동)연구: 공동체의 성격을 중심으로」, 《서울학연구》 14, 2000

이지영, 서치상, 「只心島의 일본군사시설에 관한 연구」, 《건축역사연구》 제22권 제5호 통권90호, 2013

이지영, 서치상, 「가덕도 외양포의 일본군사시설에 관한 연구: 군막사 및 포대진지의 구축과정과 건축특성을 중심으로」, 《건축역사연구》 제19권 제3호 통권70호, 2010

조건, 「전시체제기 조선 주둔 일본군의 방공 조직과 활동」, 《숭실사학》 제27집, 2011

조성윤, 「알뜨르 비행장: 일본 해군의 제주도 항공기지 건설 과정」, 《탐라문화》 제41호, 2012

조성윤, 「제주도에 주둔했던 일본군 해안특공대」, 제주학회 학술대회 발표자료, 2010

츠카사키 마사유키, 「제주도에서의 일본군의 '본토결전' 준비-제주도와 거대 군사 지하시설」, 《4·3과 역사》 제4호, 2004

황석규, 「전쟁 말기 제주도 주둔 일본군의 이동, 배치, 편제, 전략 등에 관한 군사사회사적 의미: 제111사단을 중심으로」, 《사회와역사》 통권72호, 2006

「2015 찾아가는 내 고장 문화역사 바로알기: 광복 70주년 제주항일운동과 일제군사시설—대정읍」, 제주 역사문화진흥원, 2015

「2015 찾아가는 내 고장 문화역사 바로알기: 광복 70주년 제주항일운동과 일제군사시설—서귀포시」, 제주 역사문화진흥원, 2015

「개항도시 인천, '진센'과 '런촨' 사이를 걷다」, 《한양대학교 비교역사문화연구소 시민답사 답사자료집》, 2015

「용산공원의 세계유산적 가치」, 《서울시 우선 등재대상 유산의 세계유산적 가치 규명 학술대회 발표모음집》, 2015

「용산 기지 유적의 재발견」, 한겨레, 2013. 5. 17

「용산, 외국군 주둔의 역사」, 역사와 공간연구소 제3회 역사기행 답사지, 2015

「해방의 마을로」, 《역사문제연구소 해방 70주년 연속기획 답사 자료집》, 2015

문화재청, 「구 나가사키 18은행 군산지점 기록화조사보고서」

문화재청, 「구 일본우선주식회사 인천지점 기록화 조사보고서」, 2009

문화재청, 「태평양 전쟁 유적(대구. 경북, 충북지역) 일제조사 연구용역」, 2014

문화재청, 「태평양 전쟁 유적(부산. 경남, 전남지역) 일제조사 연구용역」, 2013

문화재청 근대문화재과, 「구 공업전습소 본관 정밀실측조사보고서」, 2010

부산광역시 강서구, 「외양포 실태조사 및 발전방향 연구용역 최종보고서」, 2015

부산광역시 강서구, 「외양포 일제 군사시설 관리활용 방안」, 2015

일제시기 건축도면 아카이브, http://theme.archives.go.kr/next/plan/viewMain.do

# 일제의 흔적을 걷다

**초판 1쇄 발행** 2016년 8월 10일
**초판 2쇄 발행** 2016년 10월 11일

**지은이** 정명섭 · 신효승 · 조현경 · 김민재 · 박성준 | **펴낸이** 신경렬 | **펴낸곳** (주)더난콘텐츠그룹

**본부장** 이홍 | **기획편집부** 남은영 · 허승 · 이성빈 · 이서하
**디자인** 박현정 | **마케팅** 서영호 · 박휘민
**관리** 김태희 | **제작** 유수경 | **물류** 박진철
**책임편집** 이성빈

**출판등록** 2011년 6월 2일 제2011-000158호
**주소** 04043 서울특별시 마포구 양화로 12길 16, 더난빌딩 7층
**전화** (02)325-2525 | **팩스** (02)325-9007
**이메일** book@thenanbiz.com | **홈페이지** http://www.thenanbiz.com

ISBN 978-89-8405-863-7 03910